Richard Foster · Gottes Herz steht allen offen

Edition
AUF:ATMEN

Richard Foster

Gottes Herz steht allen offen

Eine Einladung zum Gebet

R. BROCKHAUS VERLAG WUPPERTAL

BUNDES-VERLAG WITTEN

Die Edition A U F:A T M E N
erscheint in Zusammenarbeit zwischen dem
R. Brockhaus Verlag Wuppertal
und dem Bundes-Verlag Witten
Herausgeber: Ulrich Eggers

Deutsch von Andrea Wichmann

2. Auflage 1997
© 1994 der deutschen Ausgabe:
Oncken Verlag Wuppertal und Kassel
Bearbeitete Lizenzausgabe mit freundlicher Genehmigung
Umschlaggestaltung: Dietmar Reichert, Dormagen
Gesamtherstellung: Breklumer Druckerei Manfred Siegel KG
ISBN 3-417-24403-X (R. Brockhaus V.)
ISBN 3-926417-43-9 (Bundes-V.)

INHALT

VORWORT

Schon lange wollte ich über das Thema »Gebet« schreiben. Hätte ich es früher getan, dann hätte ich mich der Anmaßung schuldig gemacht. Ich war noch nicht reif dazu und mußte noch viel – noch sehr viel lernen, noch viele Erfahrungen machen. Bei anderen Themen kann man seine unfertigen Gedankengänge und sein Erstaunen anderen mitteilen, aber beim Thema »Gebet« betreten wir das Allerheiligste, wo wir vor den tiefsten Geheimnissen des Glaubens niederknien und uns davor fürchten, die Lade zu berühren. Jahre kamen und gingen, und obwohl ich immer noch ein Lernender auf den Wegen des Gebets bin (wer kann schon etwas meistern, bei dem es vor allem darum geht, selbst gemeistert zu werden?), spüre ich doch das zustimmende, göttliche Kopfnicken. Jetzt ist die Zeit da. Und so schreibe ich, und ich schreibe für all die Menschen ohne Gebet, wie ich es einer war. Und ich schreibe für die Menschen des Gebets, von denen ich hoffe, einer zu werden.

Im Verlauf dieses Buches werde ich versuchen, unsere Gebetserfahrungen mit einem Namen zu versehen. Auf diese Weise möchte ich den Charakter unseres Dialogs mit Gott beschreiben. Zahllose Menschen beten weit mehr, als es ihnen bewußt ist. Oft haben sie eine unklare Vorstellung vom Gebet und bemerken gar nicht, welche Erfahrungen sie mit dem Gebet machen; sie machen sich Vorwürfe, daß sie nicht beten.

Ich hoffe, daß viele Abschnitte in diesem Buch für Sie sofort erkennbar sein werden, so daß Sie denken: »Natürlich! Das habe ich erlebt!« Wenn wir unseren Erfahrungen einen Namen geben, verstehen wir besser, was Gott unter uns tut, und können zielgerichteter beten.

Zu Beginn muß ich auf ein besonderes sprachliches Problem eingehen, das entsteht, wenn wir Gott anreden. Ich habe mich entschlossen, der Gewohnheit gemäß das maskuline Pronomen zu benutzen, obwohl ich mir sehr wohl darüber im klaren bin, daß dies unvollständig ist. Unsere Sprache hat an dieser Stelle ihre Grenzen. Selbstverständlich übersteigt Gott unser Verständnis von Geschlecht, d.h. Gott ist keine männliche Gottheit, im Gegensatz zu einer weiblichen.

Wenn Jesus die Abba-Worte spricht und damit die Zärtlichkeits-form von »Vater« verwendet, drückt er aus, daß wir in unserer Beziehung zu Gott nicht nur die Stärke und Vollmacht erfahren, die oft mit Männlichkeit identifiziert wird, sondern auch die nährende und fürsorgliche Nähe, die wir normalerweise mit Weiblichkeit verbinden.

Hier ein kurzer Hinweis auf den Aufbau des Buches: Ohne das Bild zu sehr zu strapazieren, folgt das Buch dem Gebet zum dreieinigen Gott in drei Richtungen: Die Bewegung nach innen (Teil I) ist das Gebet zu Gott, dem Sohn, den wir als Retter und Lehrer erfahren. Die Bewegung nach oben (Teil II) ist das Gebet zu Gott, dem Vater, dem souveränen König und ewig Liebenden. Die Bewegung nach außen (Teil III) ist das Gebet zu Gott, dem Heiligen Geist, der als Bevollmächtiger und Evangelist unter uns wirkt. Die Bewegung nach innen steht an erster Stelle, einfach weil Gott sich uns am deutlichsten und am klarsten in Jesus Christus offenbart hat.

Noch ein Rat, bevor wir uns auf die vorsichtige Reise in das Heiligtum begeben: Ein gesundes Gebet braucht die häufigen Erfahrungen des ganz gewöhnlichen, alltäglichen Lebens. Ich meine damit Spaziergänge, Unterhaltungen und Gelächter oder Gartenarbeit, eine Plauderei mit den Nachbarn und Fenster putzen. Oder Liebe zu unserem Ehepartner, Herumtollen mit Kindern und Arbeit mit den Kollegen. Um für die Himalajas des Geistes in Form zu sein, müssen wir auf den Höhen und in den Tälern des täglichen Lebens trainieren.

Januar 1992   Richard J. Foster

Nach Hause kommen:
Eine Einladung zum Gebet

Wahres, echtes Gebet ist nichts anderes als Liebe.   Augustinus

Gott hat mir erlaubt, einen Blick in sein Herz zu tun, und ich möchte mit Ihnen teilen, was ich dort gesehen habe. Das Herz Gottes ist heute eine offene Wunde der Liebe. Ihn schmerzt unsere Entfremdung, unsere Überbeschäftigung. Er klagt darüber, daß es uns nicht näher zu ihm zieht. Er trauert, weil wir ihn vergessen haben. Er weint über unsere Besessenheit von »Viel« und »Wenig«. Er sehnt sich nach unserer Gegenwart.

Und er lädt Sie und mich ein, nach Hause zu kommen, dorthin, wohin wir gehören. Wir sollen nach Hause kommen, um das zu tun, wozu wir geschaffen wurden. Seine Arme sind weit ausgebreitet, um uns zu empfangen. Sein Herz ist riesengroß, um uns darin aufzunehmen.

Viel zu lange schon sind wir in einem fernen Land gewesen. In einem Land des Lärms, der Hetze und der Massen, in einem Land, wo man nach oben greift und nach unten tritt, wo man schubst und gestoßen wird, in einem Land der Frustration, der Angst und der Einschüchterung. Und er heißt uns willkommen zu Hause: wo man fröhlich ist und wo der Frieden wohnt. Zu Hause, wo Freundschaft, Gemeinschaft und Offenheit ist. Zu Hause, wo man sich angenommen weiß und wo man Bestätigung findet. Wir brauchen nicht schüchtern zu sein. Er lädt uns in das Wohnzimmer seines Herzens ein, wo wir unsere alten Hausschuhe anziehen und mit anderen erzählen können. Er lädt uns in die Küche seiner Freundschaft ein, wo wir am Tisch miteinander plaudern und es uns gut gehen lassen. Er lädt uns in das Eßzimmer seiner Kraft ein, wo wir nach Herzenslust schlemmen können. Und er lädt uns in das Arbeitszimmer seiner Weisheit ein, wo wir lernen können, wo wir wachsen und uns ausstrecken und all die Fragen stellen, die wir wollen. Er lädt uns an die Werkbank seines Einfallsreichtums ein, wo wir seine Mitarbeiter sein können, wo wir miteinander arbeiten und Ergebnisse mitbestimmen. Er lädt uns in das Schlafzimmer seiner Ruhe ein, wo wir neuen Frieden finden, wo wir nackt sein können, verletzlich und frei. Das ist auch der Ort tiefster Intimität, wo wir bis ins Tiefste erkennen und erkannt werden.

Der Schlüssel und die Tür

Der Schlüssel zu diesem Zuhause, zum Herzen Gottes ist das Gebet. Vielleicht haben Sie bisher noch nie gebetet, außer in Bedrängnis oder Angst. Vielleicht war der Name Gottes nur dann in Ihrem Munde, wenn Sie wütend waren. Das macht nichts, denn das Vaterherz ist ganz weit offen – Sie sind eingeladen, hereinzukommen.

Vielleicht glauben Sie nicht an das Gebet. Sie haben gebetet und sind bitter enttäuscht worden . . . und ernüchtert. In Ihren Augen haben Sie wenig Glauben oder gar keinen. Das macht nichts, denn das Vaterherz ist ganz weit offen – Sie sind eingeladen, hereinzukommen.

Vielleicht haben Ihnen die Spannungen des Lebens Verletzungen beigebracht, Ihnen blaue Flecken verpaßt. Andere Menschen haben Sie verletzt, und nun glauben Sie, Ihr Leben lang Narben tragen zu müssen. Sie haben alte und schmerzhafte Erinnerungen, die schändlich sind und sehr schmutzig. Verzweifeln Sie nicht. Das Vaterherz ist ganz weit offen – Sie sind eingeladen, hereinzukommen.

Vielleicht haben Sie schon jahrelang gebetet, aber die Worte sind kalt und brüchig geworden. Es passiert kaum mehr etwas. Gott scheint weit entfernt und unerreichbar zu sein. Hören Sie: Das Vaterherz ist ganz weit offen. Sie sind eingeladen, hereinzukommen.

Vielleicht ist Gebet die größte Freude Ihres Lebens. Sie haben schon Ihr ganzes Leben in diesem geheiligten Umfeld verbracht, und Sie können die Güte Gottes bezeugen. Aber Sie sehnen sich nach mehr: nach mehr Kraft, mehr Liebe, mehr von Gott in Ihrem Leben. Glauben Sie mir: Das Vaterherz ist ganz weit offen – Sie sind eingeladen, noch höher und weiter hineinzukommen.

Wenn das Gebet der Schlüssel ist, dann ist Jesus Christus die Tür. Wie gütig ist Gott, daß er uns einen Weg in sein Herz zeigt. Er weiß, daß wir dickköpfig und hartherzig sind, also hat er uns einen Weg gezeigt, um hineinzukommen. Jesus, der Christus, lebte ein vollkommenes Leben. Er starb an unserer Statt und ist, siegreich über alle dunklen Mächte, auferstanden, so daß wir durch ihn leben können. Das ist die wunderbare Gute Nachricht. Wir brauchen nicht länger draußen zu stehen, durch unsere Rebellion von Gott getrennt. Wir dürfen jetzt durch die Tür der Gnade und Barmherzigkeit Gottes in Jesus Christus eintreten.

Der Satzbau des Gebets

Ich habe dieses Buch geschrieben, damit es Ihnen hilft, dieses großartige Herz Gottes näher kennenzulernen. Es geht nicht um Definitionen *von* Gebet, um den Begriff *des* Gebets oder um Argumente *für* das Gebet, obwohl all diese Dinge ihren Platz haben. Es geht auch nicht um Methoden und Techniken des Gebets, obwohl ich sicher bin, daß beide Dinge auch vorkommen werden. Nein, in diesem Buch geht es um eine Liebesbeziehung: eine dauernde, anhaltende, wachsende Liebesbeziehung mit dem großen Gott des Universums. Liebe ist der Satzbau des Gebets. Um ein effektiver Beter zu sein, muß unsere Liebe effektiv sein. In dem Buch *The Rime of the Ancient Mariner* behauptet Samuel Coleridge: »Der betet gut, der gut liebt.« Coleridge hat die Idee dafür natürlich aus der Bibel, denn dieses Buch atmet förmlich die Sprache göttlicher Liebe. Echtes Gebet entsteht nicht dort, wo wir die Zähne zusammenbeißen, sondern wo wir uns verlieben. Deshalb ist die beste Literatur über Gebet offen und wunderbar erotisch. »Die Trinität«, so Juliana von Norwich, »ist unser ewiger Geliebter.«[1] »Oh, meine Geliebte«, ruft Richard Rolle. »Oh, meine Süße, oh, meine Harfe! Oh, mein Psalm, mein Lobgesang den ganzen Tag! Wann wirst du meine Trauer heilen? Oh, Wurzel meines Herzens, wann wirst Du zu mir kommen?«[2] »Jesus, Geliebter meiner Seele«, so bittet Charles Wesley, »laß mich in deinen Schoß kommen.«[3]

Ein Freund von mir ging eines Tages mit seinem zweijährigen Sohn durch ein Einkaufszentrum. Das Kind war sehr schlechter Laune; es machte Theater und wütete herum. Der frustrierte Vater versuchte alles, um seinen Sohn zu beruhigen, aber nichts half. Das Kind wollte einfach nicht gehorchen. Aufgrund irgendeiner besonderen Eingebung nahm der Vater den Sohn auf den Arm, hielt ihn nahe an seine Brust und begann ein improvisiertes Liebeslied zu singen. Die Worte reimten sich nicht, und er sang falsch. Und doch kam es direkt aus seinem Herzen. »Ich liebe dich«, sang er. »Ich bin so glücklich, daß du mein Sohn bist. Du machst mich froh. Ich mag die Art, wie du lachst.« Von einem Geschäft zum anderen gingen sie. Leise sang der Vater weiter, mit Worten, die sich nicht reimten. Das Kind entspannte sich und wurde still; es lauschte dem seltsamen und wunderbaren Lied. Schließlich hatten sie alles eingekauft und gingen zum Auto. Als der Vater die Wagentür öffnete und seinen Sohn in den Kindersitz setzen wollte, hob der Kleine den Kopf und sagte einfach: »Sing das Lied noch mal für mich, Papa! Sing noch mal für mich!«[4]

So ähnlich ist es auch mit dem Gebet. Mit der Einfachheit des Herzens erlauben wir uns, in den Armen des Vaters aufgenommen zu werden, und wir lassen ihn für uns ein Liebeslied singen.

Lieber Gott, ich bin so dankbar für die Einladung,
in dein liebendes Herz zu kommen. So gut ich kann, komme ich.
Danke, daß du mich empfängst.
Amen.

TEIL I

Die Bewegung nach innen: Die Veränderung suchen, die wir nötig haben

Beten heißt, sich verändern. Darin liegt eine große Gnade. Wie gut, daß Gott uns einen Weg zeigt, auf dem Liebe, Freude und Frieden, Geduld und Freundlichkeit, Güte und Treue, Sanftmut und Selbstkontrolle unser Leben zunehmend gestalten.

Der Blick nach innen steht an erster Stelle, denn ohne innerliche Veränderung würde uns die Bewegung nach oben, in die Herrlichkeit Gottes, überwältigen, und die Bewegung nach draußen, in den Dienst für andere, würde uns zerstören.

Einmal kam ein Jünger zu Abt Josef und sagte: »Vater, so weit es mir möglich ist, halte ich meine kleine Regel ein, faste ein wenig und bete ein wenig. Und soweit es mir möglich ist, reinige ich meinen Verstand von allen bösen Gedanken und mein Herz von allen bösen Vorhaben. Was soll ich jetzt noch tun?« Abt Joseph stand auf und streckte seine Hände gen Himmel, und seine Finger wurden wie zehn Lampen aus Feuer. Er antwortete: »Warum läßt du dich nicht völlig in Feuer verwandeln?«

1. Einfaches Gebet

Bete so, wie du kannst – nicht so, wie du nicht kannst.
Dom Chapman

Wir sehnen uns heute nach Gebet, und zugleich verstecken wir uns davor. Wir sind davon angezogen und werden gleichzeitig davon abgestoßen. Wir meinen, Gebet sei etwas, das man tun sollte, und etwas, was wir tun möchten. Aber es scheint, als ob es zwischen uns und dem Gebet eine große Kluft gibt. Wir erfahren den Schmerz der Gebetslosigkeit.

Wir sind uns nicht ganz sicher, was uns davon abhält. Natürlich sind wir mit der Arbeit, mit der Familie vollauf beschäftigt, aber das ist nur ein Tarnmanöver. Es passiert nur selten, daß wir vor lauter Beschäftigung vergessen, etwas zu essen, ins Bett zu gehen oder mit unserem Ehepartner zu schlafen. Nein, etwas Tieferes hält uns in Schach. Tatsächlich gibt es eine Reihe von Dingen, die uns abhalten – wir werden später näher darauf eingehen. Jetzt gibt es nur eine Sache, die unsere Aufmerksamkeit fordert. Es gilt die Annahme – und sie gilt fast weltweit unter uns hoch ambitionierten Menschen –, daß alles in Ordnung sein muß, bevor wir beten. Das heißt, bevor wir wirklich beten können, müssen wir unser Leben zurechtrücken. Wir müssen zuerst mehr darüber wissen, wie man betet, müssen die philosophischen Fragen erörtern, die es um das Gebet gibt, oder wir meinen, wir müßten die großen Gebetstraditionen zuerst besser verstehen. Und so weiter, und so weiter.

Das sind ja keine falschen Gedanken, und es wird auch eine Zeit geben, wo wir uns damit befassen können. Aber wir fangen am falschen Ende an – wir zäumen das Pferd von hinten auf. Unser Problem ist unsere Vorstellung, man könne das Gebet beherrschen, wie man Algebra oder Mechanik beherrschen kann. Das bringt uns in eine Position, wo wir »oben auf« sind, wo wir kompetent sind und alles unter Kontrolle haben. Aber wenn wir beten, dann sind wir nicht »oben auf«, sondern wir geben ruhig und freiwillig unsere Kontrolle ab und sind nicht mehr zuständig. Emilie

Griffin sagt es so: »Beten bedeutet die Bereitschaft, naiv zu werden.«

Ich habe immer gedacht, ich müßte die Motive für mein Handeln erst in Ordnung bringen, bevor ich wirklich beten könnte. Ich würde z.B. in irgendeiner Gebetsgruppe sein und das analysieren, was ich gerade gebetet hatte. Dann würde ich denken: »Wie vollkommen unsinnig und selbstbezogen! So kann ich doch nicht beten!« Und so würde ich beschließen, nie wieder zu beten, bis meine Motive völlig rein sind. Sie verstehen das: Ich wollte nicht heuchlerisch sein. Ich wußte, daß Gott heilig und gerecht ist. Ich wußte, daß Gebet keine magische Beschwörung ist. Ich wußte, daß ich Gott nicht für meine Zwecke mißbrauchen darf. Aber die praktische Konsequenz dieses innerlichen Suchens bedeutete, daß ich in meiner Fähigkeit zu beten völlig gelähmt war.

Die Wahrheit ist, daß wir alle mit unterschiedlichen Motiven beten – uneigennützig und selbstsüchtig, gütig und voller Haß, liebend und bitter zugleich. Ehrlich gesagt: diesseits der Ewigkeit werden wir es nie schaffen, das Böse vom Guten, das Reine vom Unreinen *völlig* zu trennen. Aber ich habe gelernt, daß Gott groß genug ist, um uns mit dieser ganzen Mischung aufzunehmen. Wir müssen nicht strahlend sein, nicht rein oder voll des Glaubens. Das ist es, was mit dem Wort »Gnade« gemeint ist. Und diese Gnade rettet uns nicht nur, sie läßt uns auch leben. Und mit ihrer Hilfe beten wir.

Jesus erinnert uns daran, daß Gebet so ist, wie wenn Kinder zu ihren Eltern kommen. Manchmal kommen unsere Kinder mit den absurdesten Wünschen zu uns. Oft macht uns die Gemeinheit oder die Selbstsucht ihrer Wünsche traurig, aber wir wären noch viel trauriger, wenn sie niemals zu uns kämen – nicht einmal mit ihrer Gemeinheit und ihrer Selbstsucht. Wir sind einfach froh darüber, daß sie zu uns kommen – mit all den gemischten Motiven.

Genauso ist es mit dem Gebet. Wir werden niemals ganz reine Motive dabei haben oder gut genug sein oder genug darüber wissen, wie man richtig betet. Wir müssen all diese Dinge einfach beiseite lassen und anfangen, zu beten. Allein durch das Beten selbst, durch die intime, andauernde Beziehung zu Gott, werden diese Dinge zur rechten Zeit geklärt.

So wie wir sind ...

Gott nimmt uns so an, wie wir sind. Und er nimmt unsere Gebete so an, wie sie sind. So wie ein kleines Kind kein schlechtes Bild malen kann, so kann ein Kind Gottes kein schlechtes Gebet sprechen. Damit kommen wir zur grundlegendsten, zur fundamentalsten Form des Gebets: Einfaches Gebet. Lassen Sie es mich beschreiben. Beim einfachen Gebet kommen wir so zu Gott, wie wir sind – auch mit innerlichen Runzeln und Falten. Wie Kinder, die vor ihrem liebenden Vater stehen, öffnen wir unsere Herzen und sprechen unsere Bitten aus. Wir versuchen nicht, die Dinge, d.h. das Gute und das Schlechte, vorher zu sortieren. Wir sagen einfach und ohne Vorbehalte unsere Sorgen und sprechen unsere Bitten aus. Wir sagen Gott zum Beispiel, wie frustriert wir über den Kollegen in der Firma sind oder über den Nachbarn nebenan. Wir bitten um Nahrung, gutes Wetter und Gesundheit.

Eigentlich sind wir der Mittelpunkt des einfachen Gebets. Unsere Nöte, unsere Wünsche und Sorgen dominieren unsere Gebetserfahrung. Unsere Gebete sind kurz und durchsetzt mit Stolz, Selbstgefälligkeit, Eitelkeit, Überheblichkeit, Hochmut und allgemeiner Egozentrik. Und ohne Zweifel gibt es dort auch viel Großmut, Großzügigkeit, Selbstlosigkeit und guten Willen.

Wir machen Fehler – und zwar viele. Wir sündigen, wir fallen oft zu Boden, aber jedesmal stehen wir wieder auf und fangen von neuem an. Wir beten wieder. Wir wollen Gott wieder folgen. Und dann besiegt uns unsere Anmaßung und Zügellosigkeit wieder. Das macht nichts. Wir bekennen und fangen wieder neu an ... und wieder ... und wieder. Man nennt das einfache Gebet manchmal auch das »Gebet des neuen Anfangs«.

Das einfache Gebet ist die häufigste Form des Gebets in der Bibel. Es gibt nicht viel Glorreiches oder Grandioses über die Glaubenshelden der Heiligen Schrift zu berichten. Man denke nur an Mose, der sich bei Gott über die halsstarrigen und ehemaligen Nachfolger beschwert: »Warum finde ich keine Gnade vor deinen Augen, daß du die Last all dieses ganzen Volks auf mich legst? Hab ich denn das Volk empfangen oder geboren, daß du zu mir sagen könntest: Trag es in deinen Armen, wie eine Amme ein Kind trägt, in das Land, das du ihren Vätern zugeschworen hast?« (4Mo 11,11b-12) Oder man denke an Elisa, der gegen die Kinder vorging, die ihn ausgelacht und ihn einen »Kahlkopf« genannt hatten: »Er verfluchte sie im Namen des Herrn. Da kamen zwei Bären aus dem Walde und zerrissen zweiundvierzig von den Kindern« (2Kön 2,24). Und dann ist da noch der Psalmist, der sich über den gewaltsamen Tod der Säuglinge seiner Feinde freut: »Wohl dem, der deine jungen Kinder nimmt und sie am Felsen zerschmettert!« (Ps 137,9)

Und doch sind inmitten all dieser selbstsüchtigen Gebete einige der besten und erhabensten Äußerungen des menschlichen Geistes zu finden. Man denke nur an Mose, der für die widerspenstigen und ungehorsamen Israeliten vor Gott eintritt: »Vergib ihnen doch ihre Sünde; wenn nicht, dann tilge mich aus deinem Buch, das du geschrieben hast« (2Mo 32,32). Derselbe Elisa, der vorher Kinder verflucht hat, zeigt sich einer Frau aus Schunem gegenüber barmherzig und prophezeit ihr: »Im nächsten Jahr um diese Zeit wirst du einen Sohn liebkosen« (2Kön 4,16; Einheitsübersetzung). Oder man werfe einen Blick in das Herz des Psalmisten, der zu Jahwe ruft: »Wie habe ich dein Gesetz so lieb! Täglich sinne ich ihm nach« (Ps 119, 97). Beim einfachen Gebet sind das Gute, das Böse und das Häßliche alle beieinander.

Das einfache Gebet findet man in der ganzen Bibel. Abraham betete auf diese Weise, wie auch Josef, Josua, Hanna, David, Gideon, Ruth, Petrus, Jakobus, Johannes und eine Reihe von anderen strahlenden Persönlichkeiten der Bibel.

Beim einfachen Gebet bringen gewöhnliche Menschen gewöhnliche Anliegen zu einem liebevollen und mitfühlenden Vater. Wir brauchen uns beim einfachen Gebet nichts vorzumachen. Wir müssen nicht vorgeben, heiliger, reiner oder seliger zu sein, als wir tatsächlich sind. Wir brauchen nicht zu versuchen, unsere streitenden und gegensätzlichen Motive vor Gott oder uns selbst zu verbergen. Wir schütten Gott unser Herz aus, dem Gott, der größer ist als unser Herz, und der alle Dinge erkennt (1Joh 3,20).

Einfaches Gebet ist anfängliches Gebet. Obwohl es das Gebet von Kindern ist, kehren wir immer dazu zurück. Teresa von Avila schreibt: »Keine Stufe des Gebets ist so erhaben, daß wir es nicht oft nötig hätten, zum Anfang zurückzukehren.« Jesus ruft uns zum Beispiel zu einem einfachen Gebet auf, wenn er uns lehrt, für unser tägliches Brot zu bitten. Und John Dalrymple beobachtet zu Recht: »Wir wachsen nie aus dieser Art des Gebets heraus, denn wir wachsen nie aus den Nöten heraus, die es entstehen lassen.«

Es gibt eine Versuchung – besonders bei den intellektuelleren Menschen –, die grundlegendste Art des Gebets zu verabscheuen. Sie möchten das einfache Gebet überspringen und hoffen, zu »reiferen« Formen des Gebets vorzudringen. Sie belächeln die egoistischen Bitten vieler Menschen. Sie halten große Vorträge darüber, wie man »egozentrisches Beten« vermeidet und statt dessen andere Menschen zum Inhalt des Gebets macht. Diese Menschen übersehen jedoch, daß das einfache Gebet notwendig ist. Es ist für das geistliche Leben sogar grundlegend. Die einzige Art und Weise, das egozentrische Gebet zu vermeiden (vorausgesetzt, wir können das überhaupt), ist, hindurchzugehen. Wir vermeiden es nicht dadurch, daß wir es umgehen wollen.

Die meinen, sie könnten das einfache Gebet überspringen, täuschen sich selbst. Oft haben sie selbst noch nicht gebetet. Sie haben sich vielleicht über Gebet unterhalten, haben das Gebet analysiert, haben vielleicht sogar Bücher über das Gebet geschrieben. Aber es ist sehr unwahrscheinlich, daß sie selbst gebetet haben. Wenn wir beten, wirklich von Herzen beten, dann wird die wahre Lage unseres Herzens deutlich. So soll es sein. Dann beginnt Gott wirklich mit uns zu arbeiten. Das Abenteuer fängt jetzt erst an.

Beginnen, wo wir sind

Bis zu diesem Punkt haben wir das einfache Gebet beschrieben. Aber das ist Theorie. Wir müssen über die Theorie hinauskommen, um die Frage zu stellen, für die das Vorherige nur die Einleitung war. Wie praktizieren wir das einfache Gebet? Wie machen wir das? Wo fangen wir an?

Ganz einfach: Wir beginnen dort, wo wir sind. In unseren Familien, an unserer Arbeitsstelle, mit unseren Nachbarn und Freunden. Ich hoffe, dies hört sich nicht zu oberflächlich an, aber auf der praktischen Ebene ist es die elementarste Wahrheit, wenn wir Gott erkennen wollen. Das ist die Grundlage des Gebets: zu glauben, daß Gott uns in den normalen Situationen unseres täglichen Lebens erreichen und segnen kann. Dabei ist es augenscheinlich so schwer für uns zu glauben, daß Gott unseren Raum betreten könnte. »Gott kann mich hier nicht segnen«, klagen wir. »Wenn ich erst meinen Abschluß in der Tasche habe . . .« »Wenn ich erst Vorsitzender des Komitees bin . . .« »Wenn ich erst Hauptpastor bin . . .« ». . . dann kann Gott mich segnen.« Das ist ein Irrtum. Denn der einzige Ort, wo Gott uns segnen kann, ist dort, wo wir sind, denn nur hier befinden wir uns wirklich!

Erinnern Sie sich an Mose und den brennenden Busch? Gott mußte ihm sagen, daß er die Schuhe ausziehen solle – denn er wußte nicht, daß er sich auf heiligem Boden befand. Wenn wir erst erkennen, daß der Boden, auf dem wir uns befinden, heiliger Boden ist – an unserer Arbeitsstelle und in unseren Häusern, bei unseren Kollegen und unseren Freunden und Familien –, dann lernen wir, dort zu beten.

Auf die natürlichste und einfachste Weise lernen wir, wenn wir die gewöhnlichen Dinge des täglichen Lebens aufgreifen und sie an Gott abgeben. Vielleicht erleben wir gerade einen niederschmetternden Mißerfolg, der uns mehr als nur eine schlaflose Nacht bereitet. Wir betreten die Arena *mit* Gott; wir erzählen ihm von unserem Schmerz, unserem Leid und unserer Enttäuschung. »Warum ich?« schreien wir, »warum ich?« Auch Frustration, Tränen und Wut sind Sprache des Gebets. Wir laden Gott ein, mit uns zu gehen, wenn wir um den Verlust unseres Traums trauern. Vielleicht löst eine Nebenbemerkung unseres Nachbarn eine Explosion von Gefühlen in uns aus: Wut, Neid und Angst. Na gut, dann sprechen wir offen und ehrlich mit Gott über das, was passiert ist, und bitten ihn, uns zu helfen, zum Schmerz hinter all den Gefühlen vorzudringen.

Wir sollten uns völlig frei fühlen, bei Gott zu klagen, mit ihm zu streiten oder ihn anzuschreien. Der Prophet Jeremia schrie Gott einmal an: »Du hast mich betört, und ich habe mich betören lassen; du hast mich gepackt und überwältigt. Zum Gespött bin ich geworden den ganzen Tag, ein jeder verhöhnt mich« (Jer 20, 7).[1] Ich kann mir gut vorstellen, daß Jeremia seine Faust gegen den Himmel ballte, als er diese Worte sprach! Gott kann sehr gut mit unserer Wut, unserer

Frustration und unserer Enttäuschung umgehen. C.S. Lewis rät uns, »das vor Gott zu bringen, was in uns ist, nicht das, was in uns sein sollte«.[2]

Wir dürfen niemals die Lüge glauben, daß die Kleinigkeiten unseres Lebens nicht der rechte Inhalt für das Gebet sind. Wir mögen vielleicht gelernt haben, daß das Gebet eine erhabene und außerweltliche Handlung sei, daß wir im Gebet zu Gott *über* Gott sprechen sollten. Folglich neigen wir dazu, unsere Erfahrungen als Ablenkungen von und Eindringlinge in unser wahres Gebets zu sehen. Das ist eine vergeistigte, körperfeindliche Spiritualität. Wir beten einen Gott an, der in einem stinkenden Stall zur Welt kam, der auf dieser Erde in Blut, Schweiß und Tränen gewatet ist, der aber trotzdem in ununterbrochener Beziehung zu seinem himmlischen Schöpfer stand.

Und so fordere ich uns auf: Laßt uns eine andauernde Unterhaltung mit Gott über unsern Alltagskram führen, so ähnlich wie Tevje in dem Musical »Anatevka«.[3] Sie brauchen sich nicht um das »richtige« Gebet zu kümmern; reden Sie einfach mit Gott. Erzählen Sie von Ihren Schmerzen, von Ihren Sorgen und Freuden, ganz frei und offen. Gott hört Ihnen mitfühlend und liebend zu, genauso, wie wir es mit unseren Kindern tun, wenn sie zu uns kommen. Er freut sich über unsere Gegenwart. Wenn wir dies bedenken, dann entdecken wir etwas von unschätzbarem Wert: Wir entdecken, daß wir durch das Gebet zu beten lernen.

Ratschläge auf dem Weg

Bevor wir uns auf das Abenteuer des Gebets einlassen, möchte ich noch ein paar Ratschläge weitergeben. Mein erster Rat ist einfach eine Erinnerung daran, daß Gebet nichts anderes ist als eine andauernde und wachsende Liebesbeziehung zu Gott, dem Vater, Sohn und Heiligen Geist. Dies gilt besonders für das einfache Gebet. Hier hat niemand einen Vorteil. Die Geschlagenen und Verletzten gehen ebenso frei in das einfache Gebet wie die Gesunden und Reichen. Madame Guyon schreibt:

»Diese Art des Gebets, diese einfache Beziehung zu unserem

Herrn, ist für jeden passend. Sie ist ebenso passend für den Langsamen und Unwissenden wie für den Gebildeten. Dieses Gebet, diese Erfahrung, die auf so einfache Weise beginnt, endet in einer völlig hingebungsvollen Liebe zu Gott. Nur eins ist gefordert – Liebe.«[4]

Zweitens: wenn wir anfangen, dann dürfen wir uns durch fehlendes Gebet nie entmutigen lassen. Selbst in unserer Gebetslosigkeit können wir uns nach Gott sehnen. Dann wird das Sehnen selbst zum Gebet. »Die Sehnsucht nach Gebet ist Gebet, das Gebet der Sehnsucht«, schreibt Mary Clare Vincent. Zur rechten Zeit wird die Sehnsucht uns ins Gebet führen, und das Beten wird die Sehnsucht noch vergrößern. Wenn wir nicht beten können, dann lassen wir Gott unser Gebet sein. Auch sollten wir uns durch die Härte unseres Herzens nicht ängstigen lassen – das Gebet wird das harte Herz erweichen. Wir geben selbst unser fehlendes Gebet an Gott ab.

Ein dem entgegengesetzter, aber ebenso wichtiger Rat ist folgender: Man darf nicht zu sehr versuchen zu beten. Manche Menschen arbeiten mit solcher Inbrunst am Gebet, daß sie eine geistliche Magenverstimmung bekommen. Es gilt das einfache Prinzip des Fortschritts auch im geistlichen Leben. Man setzt keine Gelegenheits-Jogger bei einem Marathon ein, und man darf das auch beim Gebet nicht tun. Die Mütter und Väter, die in der Wüste waren, sprechen von einer »geistlichen Habgier«, d.h. man will mehr von Gott, als man verdauen kann. Wenn das Gebet für Sie keine feste Gewohnheit ist, dann sollten Sie sich einige kurze Momente Zeit nehmen und dort all Ihre Energie einsetzen, anstatt mit einer Zwölf-Stunden-Sitzung zu beginnen. Wenn Sie genug haben, dann sagen Sie Gott einfach: »Ich muß mich jetzt ausruhen. Ich habe jetzt nicht die Kraft, die ganze Zeit bei dir zu sein.« Dies ist nebenbei völlig wahr, und Gott weiß, daß Sie noch nicht in der Lage sind, seine Gegenwart längere Zeit auszuhalten. Übrigens brauchen selbst die, die geistlich am meisten fortgeschritten sind – vielleicht *gerade* diese Menschen –, Zeiten zum Lachen und Spielen und Spaß haben.

Jetzt möchte ich einen Rat geben, der sich vielleicht seltsam anhört: Wir sollten selbst dann zu beten lernen, wenn wir an etwas Böses denken. Vielleicht kämpfen wir einen innerlichen Kampf gegen Wut, sexuelle Lust, Stolz, Habgier oder Ehrgeiz. Wir dürfen diese

Dinge nicht aus dem Gebet ausklammern. Statt dessen erzählen wir Gott, wie es in uns aussieht, daß wir wissen, wie sehr es ihm mißfällt. Wir heben selbst unseren Ungehorsam in die Arme des Vaters; er ist stark genug, um die Last zu tragen. Ganz sicher trennt uns Sünde von Gott, aber wenn wir die Sünde zu verstecken suchen, trennt uns das nur noch mehr von ihm. Emilie Griffin schreibt: »Der Herr liebt uns vielleicht dann am meisten, wenn wir hinfallen und es noch einmal probieren.«

Zuletzt möchte ich erwähnen (und damit vorschlagen), daß es einfach weise ist, sich nach normalen Gebetserfahrungen auszustrecken.[5] Göttliche Offenbarungen und Höhepunkte können uns überwältigen und uns von der wirklichen Arbeit im Gebet ablenken. Unsere Haltung muß eher die des Psalmisten sein, der schreibt: »Ich gehe nicht um mit großen Dingen, die mir zu wunderbar sind. Fürwahr, meine Seele ist still und ruhig geworden wie ein kleines Kind bei seiner Mutter« (Ps 131,1b-2). Zudem kann es so anregend und erfrischend sein, einfach schnell in die Gegenwart Gottes zu schlüpfen, daß es uns auf wunderbare Weise Freude bereitet.

Die Bekehrung des Herzens

In vielen Büchern über das Gebet wird das einfache Beten schlichtweg ignoriert. Ich habe mich oft gefragt, warum das so ist. Vielleicht deshalb, weil fromme Schreiber die eigennützigen Aspekte des einfachen Gebets fürchten. Wenn man sich sehr mit dem Selbst beschäftigt, kann das schnell zu Selbstsucht und Narzißmus führen. Darüber hinaus sind wir alle in der Gefahr, unsere Erfahrungen zu rationalisieren und zu manipulieren, so daß wir nur noch das hören, was wir hören wollen. Wir sind dann vielleicht so mit uns selbst beschäftigt, daß wir Gott völlig aus dem Blick verlieren und zum Schluß »dem Geschöpf dienen anstatt dem Schöpfer«, wie Paulus schreibt (Röm 1,25).

Das ist eine berechtigte Sorge. Die Gefahren liegen auf der Hand. Aber Joseph Schmidt drückt es so aus: »Das sind Gefahren auf dem rechten Weg. Wir müssen vorsichtig vorgehen, aber nicht wieder umkehren.« Und wir dürfen uns auch nicht umdrehen. Wenn wir göttlichen Schutz suchen, dann gehen wir ehrlich und offen voran.

Am Anfang sind wir tatsächlich Subjekt und Mittelpunkt unserer Gebete. Aber zu Gottes Zeit und auf Gottes Art erleben wir eine kopernikanische Wende unseres Herzens. Langsam, fast unbemerkt, gibt es eine Veränderung im Zentrum unseres Universums. Wir sehen Gott nicht länger als Teil unseres Lebens, sondern wir verstehen uns jetzt als Teil seines Lebens. Auf wunderbare und geheimnisvolle Weise bewegt sich Gott vom Rand unserer Gebetserfahrung in die Mitte. Ein Veränderung des Herzens geht vor sich, eine Umwandlung des Geistes. Auf dieser wunderbaren Arbeit göttlicher Gnade liegt das Hauptaugenmerk dieses Buches, und darauf wollen wir nun unsere Aufmerksamkeit lenken.

Lieber Jesus, ich muß unbedingt lernen, wie man betet.
Doch wenn ich ehrlich bin, dann weiß ich,
daß ich oft gar nicht beten will.
Ich werde abgelenkt!
Ich bin stur!
Ich bin egoistisch!
Herr, gib durch deine Gnade, daß das, was ich will, auch das ist,
was ich brauche, so daß ich immer mehr das will, was ich nötig habe.
In deinem Namen bete ich.
Amen.

2. Das Gebet der Verlassenen

Der Genuß, den du willst und noch nicht hast,
kommt auf einem Weg zu dir, der den Genuß nicht kennt.

Johannes vom Kreuz

Es gibt kein Gebet, das schmerzlicher ist und mehr von Herzen kommt, als der Schrei Jesu: »Mein Gott, mein Gott, warum hast du mich verlassen?« (Mt 27, 46b) Selbstverständlich war die Erfahrung Jesu am Kreuz völlig einmalig und unwiederholbar, denn er nahm die Sünde der ganzen Welt auf sich. Aber auf eigene Art und Weise werden Sie und ich dieses Gebet der Verlassenen beten, wenn wir die Nähe einer ewigen Gemeinschaft mit dem Vater erfahren wollen. Zeiten, in denen wir uns von Gott verlassen fühlen, in denen er abwesend ist und wir auf uns allein gestellt sind, scheinen allen Menschen gemein zu sein, die diesen Weg des Glaubens vor uns gegangen sind. Wir können uns auch gleich an den Gedanken gewöhnen, daß auch wir früher oder später wissen werden, was es heißt, sich von Gott verlassen zu fühlen.

Früher bezeichnete man diese Realität mit dem Begriff *Deus absconditus* – der »verborgene Gott«. Verstehen Sie nicht auch instinktiv, was damit gemeint war? Haben Sie jemals gebetet und dabei nichts gespürt, nichts gesehen und nichts wahrgenommen? Schien es je so, als ob Ihre Gebete an der Zimmerdecke hängenblieben? Hat es je Zeiten gegeben, wo Sie sich verzweifelt nach einem Zuspruch, einem Zeichen göttlicher Gegenwart gesehnt haben, und es geschah gar nichts?

Manchmal scheint es, als ob Gott sich vor uns verborgen hielte. Wir tun alles, was wir können. Wir beten. Wir dienen. Wir beten an. Wir leben so gläubig, wie wir nur können. Und immer noch passiert nichts . . . gar nichts! Es scheint, »als ob wir uns im Dunkeln die Fäuste am Himmelstor blutig schlagen«, so George Buttrick.

Sicher verstehen Sie, was ich meine, wenn ich von der Abwesenheit Gottes spreche. Ich meine damit nicht eine wirkliche Abwesenheit Gottes, sondern ein *Gefühl* von Abwesenheit. Gott ist immer bei uns. Theoretisch wissen wir das, aber es gibt Zeiten, in denen er seine Gegenwart unserem Bewußtsein entzieht.

Aber diese theologischen Nettigkeiten helfen uns wenig, wenn wir in die Wüste des Herzens gelangen. Hier erfahren wir wirkliche, geistliche Verlassenheit. Wir fühlen uns von Freunden, vom Ehepartner und von Gott verlassen. Jede Hoffnung verpufft in dem Moment, wo wir danach greifen. Jeder Traum erstirbt, wenn wir ihn Wirklichkeit werden lassen wollen. Wir stellen in Frage, wir zweifeln, wir kämpfen. Nichts hilft. Wir beten, und die Worte scheinen leer. Wir wenden uns an die Bibel und finden sie bedeutungslos. Wir hören Musik, doch sie berührt uns nicht. Wir sehnen uns nach Gemeinschaft mit anderen Christen und entdecken Verleumdung, Eigennutz und Egoismus.

Das biblische Bild für diese Erfahrungen ist die Wüste. Es ist ein passendes Bild, denn wir fühlen uns wirklich trocken, unfruchtbar, dem Verdursten nahe. Mit dem Psalmisten rufen wir laut: »Ich schreie, aber meine Hilfe ist ferne!« (Ps 22,2) Und wir beginnen, uns zu fragen, ob da überhaupt ein Gott ist, der uns antworten kann.

Diese Erfahrungen der Verlassenheit und Einsamkeit haben wir entweder bereits gemacht, oder wir werden sie ganz sicher machen. Daher ist es wichtig zu sehen, ob etwas Hilfreiches gesagt werden kann, wenn wir das ausgetrocknete Ödland der Abwesenheit Gottes betreten.

Eine Hauptstraße

Zuerst möchte ich Sie ermutigen: Wir befinden uns nicht auf einem Trampelpfad, sondern auf einer Hauptstraße. Viele sind diesen Weg vor uns gegangen. Mose zum Beispiel, der Jahr für Jahr auf den schweigsamen Gott wartete, damit er sein Volk erlöse. Und all das, nachdem er die Herrlichkeit und den Reichtum Ägyptens hatte hinter sich lassen müssen. Oder man denke an den verzweifelten Ruf des Psalmisten: »Warum hast du mich vergessen?« (Ps 42,10) Oder Elia, der in einer einsamen Höhle bei Wind, Erdbeben und Feuer Wache hielt. Oder Jeremia, der in einen Brunnenschacht hinabgelassen wurde, bis er im Schlamm steckte. Oder die einsame Wache, die Maria am Kreuz hielt. Oder die einsamen Worte auf Golgatha: »Mein Gott, mein Gott, warum . . . warum . . . warum?«

Christen haben durch die Jahrhunderte dieselbe Erfahrung gemacht. Johannes vom Kreuz nannte es »die dunkle Nacht der Seele«. Und ein anonymer englischer Autor beschrieb es als »Wolke des Unbekannten«. Jean-Pierre Caussade nannte es »die dunkle Nacht des Glaubens«, und George Fox sagte einfach: »Als es Tag war, sehnte ich die Nacht herbei, und bei Nacht wünschte ich mir den Tag.« Seien Sie getrost; Sie und ich sind in guter Gesellschaft.

Außerdem bedeutet es nicht, daß Gott unzufrieden mit uns ist, wenn wir den »beißenden Winden der Verborgenheit Gottes«[1] ausgesetzt sind, daß wir unsensibel für die Dienste des Geistes Gottes sind oder ein schreckliches Vergehen gegen den Himmel begangen hätten oder sonst etwas nicht stimmt. Die Dunkelheit gehört zum Gebet dazu. Man sollte darauf gefaßt sein, sie sogar willkommen heißen.

Maßgeschneiderter Weg

Die zweite Sache, die über unsere Erfahrung mit der Verlassenheit gesagt werden kann, ist: Jeder Glaubensweg ist maßgeschneidert. Unser Gefühl der Abwesenheit Gottes kommt nicht nach Stundenplan zu uns. Wir können nicht einfach eine Straßenkarte aus der Tasche ziehen, nach der sich jeder andere auch richten könnte.

Es stimmt: Jenen, die noch den ersten Schwung des Glaubens haben, werden oft ungewöhnliche Gnadengaben des Geistes zuteil, so wie ein kleines Kind, das gehätschelt und betätschelt wird. Es stimmt auch, daß einige der tiefsten Erfahrungen der Einsamkeit und Trennung von Gott über jene gekommen sind, die im Glauben bereits eine weite Strecke zurückgelegt hatten. Aber uns können die karge Wüste der Trostlosigkeit und die dunklen Klüfte der Verzweiflung an jeder Biegung unserer Reise begegnen.

Da es im Gebetsleben keine festgelegte Reihenfolge gibt, bewegen wir uns nicht einfach von einer Stufe auf die nächste und wissen, daß es z. B. auf den Stufen fünf und zwölf Erfahrungen mit der Verlassenheit von Gott geben wird. Natürlich wäre das viel einfacher, aber dann würden wir hier eher von einem mechanischen Ablauf reden als von einer lebendigen Beziehung.

Eine lebendige Beziehung

Das ist das nächste, was über unser Gefühl der Abwesenheit Gottes gesagt werden muß: Wir gehen eine lebendige Beziehung ein, die in gegenseitiger Freiheit ihren Anfang nimmt und sich entwickelt. Gott gibt uns völlige Freiheit, denn er wünscht, daß seine Geschöpfe sich frei für eine Beziehung zu ihm entscheiden können. Durch das Gebet der Verlassenen lernen wir, Gott die gleiche Freiheit zu geben. Beziehungen dieser Art können nie manipuliert oder erzwungen werden.

Könnten wir den Schöpfer des Himmels und der Erde hier und jetzt auf unseren Wink und unseren Befehl hin erscheinen lassen, dann würde es sich nicht um den Gott Abrahams, Isaaks und Jakobs handeln. Wir können das mit Dingen und Vorstellungen machen, aber Gott, der große Bilderstürmer, zerschmettert ständig unsere falschen Vorstellungen von dem, was und wie er ist.

Können Sie sich vorstellen, warum unser Gefühl der Abwesenheit Gottes eine unerwartete Gnade ist? Indem Gott sich verborgen hält, gewöhnt er es uns ab, ihn nach unserem Bilde gestalten zu wollen. So wie Aslan, die Christusfigur in den Narnia-Chroniken, ist Gott unzähmbar und frei; er kommt und geht, wann er will. Indem er es ablehnt, eine Marionette in unserer Hand oder ein Geist in unserer Flasche zu sein, befreit er uns von unseren falschen, abgöttischen Vorstellungen.

Außerdem sollten wir Gott wahrscheinlich dankbar dafür sein, daß er sich nicht immer zeigt, wenn wir es uns wünschen, denn wir wären vielleicht nicht in der Lage, eine solche Begegnung durchzustehen. Oft waren die Menschen halbtot vor Angst, wenn sie dem lebendigen Gott begegneten. »Gott soll nicht mit uns reden, sonst sterben wir«, flehen die Kinder Israels (2Mo 20,19; Einheitsübersetzung). Bisweilen sollte das auch unsere Bitte sein.

Anatomie der Abwesenheit

Ich möchte von einer Zeit erzählen, als ich das Gebet der Verlassenen kennenlernte. Äußeren Umständen nach zu urteilen, ging es mir gut. Verleger baten mich, für sie zu schreiben. Ich bekam mehr Einladungen zu Vorträgen, als ich wahrnehmen konnte. Und doch schien es mir, als ob Gott meinen Rückzug vom öffentlichen Leben forderte. Zusammengefaßt sagte Gott: »Sei still!« Und das tat ich. Ich sagte alle Veranstaltungen ab, hörte auf zu schreiben und wartete. Als dies alles anfing, wußte ich nicht, ob ich jemals wieder Vorträge halten oder schreiben würde – ich hatte eher den Eindruck, ich würde es nie wieder tun. Wie sich später herausstellte, dauerte diese Abstinenz vom öffentlichen Leben achtzehn Monate.

Ich wartete still. Und Gott war auch still. Ich stimmte in die Klage des Psalmisten ein: »Wie lange verbirgst du dein Antlitz vor mir?« (Ps 13,1) Und die Antwort, die ich bekam: Nichts. Absolut nichts! Es gab keine plötzlichen Offenbarungen. Keine tiefen neuen Einsichten. Noch nicht einmal freundliche Bestätigung. Nichts.

Sind Sie schon einmal an diesem Punkt gewesen? Vielleicht war es für Sie der tragische Tod Ihres Kindes oder Ehepartners, der Sie in die trostlose Wüste der Abwesenheit Gottes führte. Vielleicht war es eine Krise in Ihrer Ehe oder in Ihrem Beruf oder das Versagen am Arbeitsplatz. Vielleicht war es gar kein schwerwiegendes Ereignis. Sie sind vielleicht einfach aus dem warmen Schein der unmittelbaren Beziehung zu Gott in die eisige Kälte des . . . ja, des Nichts gerutscht. Jedenfalls kommt es einem so vor, als wäre es »Nichts«, weil da ja kein Gefühl ist. Es ist, als wären alle Gefühle in den Winterschlaf gegangen. (Sie merken, wie ich um Worte ringe, um diese Erfahrung der Verlassenheit zu beschreiben. Ich finde Worte, die bestenfalls fragmentarische Annäherungen sein können. Aber wenn Sie es selbst erfahren haben, dann verstehen Sie, was ich meine.)

Wie ich bereits erwähnte, dauerte diese Schweigeübung achtzehn Monate. Sie endete schließlich ganz undramatisch mit freundlichen Bestätigungen, daß es Zeit sei, in die Öffentlichkeit zurückzukehren.

Die reinigende Stille

Soweit ich das im nachhinein beurteilen kann, war die Stille Gottes, die Monat um Monat anhielt, eine reinigende Stille. Ich sage, »soweit ich das beurteilen kann«, weil die Reinigung kein dramatischer Akt war, sie war gar nicht spürbar. Es war ein wenig so wie bei Kindern: uns ist nicht bewußt, wie sehr ein Kind gewachsen ist, bis wir es an dem Türrahmen messen, wo wir bereits im vergangenen Jahr seine Größe angezeichnet haben.

Johannes vom Kreuz sagt, daß in der dunklen Nacht der Seele eine zweifache Reinigung geschieht, und in mancher Hinsicht habe ich sie beide erlebt. Die erste liegt darin, daß wir uns von allen *äußerlichen* Eindrücken und Bindungen lossagen. Wir sind immer weniger von den »großen Dingen« beeindruckt – von großen Gebäuden, großen Budgets, großen Produktionen, großen Wundern. Das heißt nicht, daß etwas mit den großen Dingen des Lebens nicht stimmt, aber sie beeindrucken uns nicht länger. Und wir werden auch nicht mehr von übertriebenem Lob und lautstarken Komplimenten angezogen. An freundlichen Bemerkungen ist nichts Falsches, aber sie bewegen unser Herz nicht mehr.

Und wir stumpfen gegenüber dem beeindruckenden Gebilde frommer Antworten über Gott ab. Liturgische Formen, sakramentale Symbole, Gebetshilfen, Bücher über persönliche Erfüllung, Einübungen in die Stille Zeit – all dies wird zu Asche in unserer Hand. Nicht, daß mit diesen Dingen etwas nicht stimmt, aber sie faszinieren uns nicht länger.

Die letzte Abhängigkeit von Äußerlichkeiten streifen wir ab, wenn wir unser Schicksal immer weniger kontrollieren und uns mehr am Wohl anderer ausrichten. Johannes vom Kreuz nennt es die »passive dunkle Nacht«. Das ist die Lage, in der Petrus war: Er gürtete sich und ging, wohin er wollte, entdeckte aber beizeiten, daß andere ihn gürteten und ihn führten, wohin er nicht gehen wollte (Joh 21,18-19).

Als ich nicht mehr die Regie hatte, machte ich die unmittelbare und ultimative Entdeckung, daß ich Gott nicht beherrschen konnte. Gott weigerte sich, zu springen, wenn ich sagte:«Spring!« Weder durch theologischen Scharfsinn noch durch religiöse Techniken ließ sich Gott erobern. Aber Gott eroberte mich.

2) Die zweite Reinigung, die Johannes vom Kreuz beschreibt, ist das Ablegen von *inneren Bindungen*. Dies ist beunruhigender und schmerzvoller als die erste Reinigung, denn es betrifft die Wurzel unseres Glaubens und unserer Hingabe. Am Anfang werden wir immer unsicherer über das Wirken des Geistes in uns. Nicht, daß wir nicht mehr an Gott glaubten; aber wir wundern uns tief drinnen, was das für ein Gott ist, an den wir glauben. Ist Gott gut und hat er Gutes für uns im Sinn, oder ist Gott gemein, sadistisch und im Grunde ein Tyrann?

Wir entdecken, daß das Wirken des Glaubens, der Hoffnung und der Liebe selbst zum Objekt von Zweifeln wird. Unsere persönliche Motivation wird uns verdächtig. Wir fragen uns, ob diese Handlung oder jener Gedanke durch Angst, Eitelkeit und Arroganz ausgelöst wurde, anstatt durch Glauben, Hoffnung und Liebe zu haben.

Wie ein verängstigtes Kind tasten wir uns durch den dunklen Nebel, der jetzt das Allerheiligste umgibt. Wir zweifeln an uns selbst und sind unsicher. Quälende Fragen greifen uns mit unvermuteter Kraft an. »Ist Gebet nur ein psychologischer Trick?« »Wird das Böse am Ende doch gewinnen?« »Hat das Universum irgendeinen Sinn?« »Liebt Gott mich wirklich?«

Durch all dies hindurch reinigt Gott paradoxerweise unseren Glauben, indem er ihn zu zerstören droht. Wir werden zu einem tiefen und heiligen Mißtrauen gegenüber allem oberflächlichen Treiben und menschlichen Sehnsüchten geführt. Wir wissen jetzt mehr als je zuvor um unsere Fähigkeit zum unbegrenzten Selbstbetrug. Langsam werden wir von nichtigen Sicherheiten und trügerischen Abhängigkeiten weggeführt. Unser Vertrauen in innere und äußere Erfolge wird zerstört, so daß wir den Glauben an Gott allein lernen können. Durch die Dürre unserer Seele hindurch läßt Gott Unabhängigkeit, Demut, Geduld und Langmut entstehen.

Und was am überraschendsten ist: gerade diese Durststrecke weckt die Gewohnheit des Gebets in uns. Alle Ablenkungen sind verschwunden. Sogar jegliche wärmende Gemeinschaft ist fort. Wir konzentrieren uns. Unsere Seele ist ausgelaugt. Und durstig. Dieser Durst kann uns ins Gebet führen. Ich sage »kann«, weil er uns auch in die Verzweiflung führen kann oder einfach dazu, daß wir unsere Suche abbrechen.

Das Gebet der Klage

Das bringt uns zu der Frage, was wir in den Zeiten der Verlassenheit tun. Gibt es ein Gebet, in das wir einstimmen können, wenn wir uns verlassen fühlen? Ja – wir können damit anfangen, das Klagegebet zu beten. Diese Art von Gebet ist aus unserer modernen und vernünftigen Religion beinahe verschwunden, aber die Bibel ist voll davon.

Die beste Art, um diesen gesegneten Zugang zu Gott wieder zu lernen, ist es, die »Klagepsalmen« zu beten.[2] Die alten Sänger wußten wirklich, wie man klagt, und ihre Worte des Schmerzes und der Frustration leiten unsere Lippen in dem Gebet, das wir nicht allein zu beten wagen. Sie drücken Ehrfurcht *und* Enttäuschung aus: »Gott, den ich lobe, schweig doch nicht!« (Ps 109,1; Einheitsübersetzung). Sie kannten hartnäckige Hoffnung *und* aufsteigende Verzweiflung: »Ich schreie zu dir, Herr, und mein Gebet kommt frühe vor dich: Warum verstößt du, Herr, meine Seele und verbirgst dein Antlitz vor mir?« (Ps 88,14-15) Sie vertrauten in das Handeln Gottes *und* verzweifelten nahezu daran, daß Gott nicht handelte: »Ich sage zu meinem Gott, meinem Fels: Warum hast du mich vergessen?« (Ps 42,9)

Die Klagepsalmen lehren uns, unsere inneren Konflikte und Widersprüchlichkeiten auszusprechen. Sie erlauben uns, die Verlassenheit aus den dunklen Höhlen unserer Einsamkeit herauszuschreien und dann das Echo immer wieder zu hören, bis wir die Worte bitter nachsprechen, bevor wir sie von neuem herausschreien. Die Klagepsalmen lassen uns Gott gegenüber die Faust ballen und im nächsten Moment einen Lobgesang anstimmen.

Kurze Pfeile sehnsüchtiger Liebe

Wenn wir mit dem Schweigen Gottes geschlagen sind, können wir noch etwas anderes tun: Wir können mit »kurzen Pfeilen sehnsüchtiger Liebe«[3] auf die Wolke des Unbekannten schießen. Wir können vielleicht nicht sehen wohin das führt, aber wir tun weiter das, was wir können. Wir beten, horchen, beten an, wir tun das, was der Moment verlangt. Was wir im Licht der Liebe Gottes gelernt haben, können wir auch im Dunkel seiner Abwesenheit tun. Wir fragen und fragen weiter, obwohl es keine Antwort gibt. Wir suchen und suchen weiter, obwohl wir nichts finden. Wir klopfen und klopfen weiter an, obwohl die Tür verschlossen bleibt.

Diese fortwährende, sehnsüchtige Liebe schafft eine Beständigkeit in uns. Wir lieben Gott mehr als die Gaben, die er uns gibt. Wie Hiob dienen wir Gott auch dann, wenn er uns schlägt. Wie Maria bekennen wir frei: »Ich bin die Magd des Herrn; mir geschehe, wie du gesagt hast« (Lk 1,38; Einheitsübersetzung). Das ist wunderbare Gnade.

Vertrauen kommt vor dem Glauben

Noch ein Rat für alle, die sich von der Gegenwart Gottes völlig entfernt fühlen: warten Sie auf Gott. Warten Sie – still und ruhig. Warten Sie – aufmerksam und antwortend. Lernen Sie, daß das Vertrauen vor dem Glauben kommt. Glaube ist ein wenig so, als ob man den Gang beim Autofahren einlegt, aber man kann nicht sofort fahren, man kann den Glauben nicht sofort ausüben. Aber wenn man sein geistliches Leben nicht in Gang setzen kann, braucht man noch lange nicht den Rückwärtsgang einzuschalten. Sondern man schaltet erst einmal in den Leerlauf. Vertrauen heißt, das geistliche Leben auf »Leerlauf« zu stellen. Vertrauen heißt: sich auf Gott verlassen zu können. Man kann fest und offen sagen: »Ich verstehe nicht, was Gott tut, oder wo er überhaupt ist, aber ich weiß, daß er unterwegs ist, um mir Gutes zu tun.« Das ist Vertrauen. So kann man warten.

Ich verstehe die Gründe für die Ödnis der Abwesenheit Gottes nicht völlig. Aber ich weiß dies: Obwohl die Ödnis notwendig ist, ist sie niemals ewig. Zu Gottes Zeit und auf Gottes Weise wird sich die Wüste in ein Land verwandeln, wo Milch und Honig fließt. Und während wir auf dieses verheißene Land der Seele warten, können wir das Gebet von Bernhard von Clairvaux nachsprechen: »Oh, mein Gott, eine Tiefe ruft die andere (Ps 42,7). Die Tiefe meines abgrundtiefen Leidens ruft die Tiefe deiner unendlichen Barmherzigkeit.«[4]

GOTT, WO BIST DU!?

Was habe ich getan, daß du dich vor mir verbirgst? Spielst du Katz und Maus mit mir, oder sind deine Pläne größer als meine Wahrnehmung? Ich fühle mich allein, verloren, verlassen.

Du bist der Gott, der sich offenbart. Du hast dich Abraham, Isaak und Jakob gezeigt. Als Mose wissen wollte, wie du aussiehst, hast du ihm nachgegeben. Warum ihnen und nicht mir?

Ich bin es leid, zu beten. Ich bin es leid, Fragen zu stellen. Ich bin es leid, zu warten. Aber ich werde weiterbeten, weiterfragen und weiter warten, denn ich habe niemand anderen, zu dem ich gehen könnte.

Jesus, du kanntest die Einsamkeit der Wüste und die Isolation des Kreuzes. Und durch dein Gebet des Verlassenseins spreche ich diese Worte. Amen.

3. Das prüfende Gebet

Gebet ist das innere Bad der Liebe, in das die Seele sich stürzt.
                    Jean-B.M. Vianney, Pfarrer von Ars

Es ist seltsam, daß uns die Bedeutung des prüfenden Gebets[1] in einem Zeitalter verlorengegangen ist, in dem man von der Suche nach dem Innersten des Menschen besessen zu sein scheint. Heutzutage ist es für Menschen möglich, jahrelang Gottesdienste zu besuchen, ohne jemals eine geistliche Prüfung erfahren zu haben. Wie tragisch! Was für ein Verlust! Kein Wunder, wenn die Leute heutzutage schwach sind. Kein Wunder, wenn sie es nur »gerade so« schaffen.

Wieviel reicher und voller ist da das biblische Zeugnis. Der Psalmist erklärt: »Herr, du erforschst mich und kennst mich« (Ps 139,1). Und König David, der es wissen muß, bezeugt: »Der Herr erforscht alle Herzen und kennt jedes Sinnen der Gedanken« (1Chr 28,9; Einheitsübersetzung). Und der Apostel Paulus erinnert uns: »Der Geist erforscht alle Dinge, auch die Tiefen der Gottheit« (1Kor 2,10). Und so geht es weiter. Diese Menschen des Glaubens kannten das prüfende Gebet und haben es nicht als schreckliche Sache erlebt, sondern als unglaubliche Stärkung und Befähigung.

Worum geht es also in diesem Gebet? Es hat zwei Seiten, wie die zwei Seiten einer Medaille. Auf der einen Seite ist es eine *Prüfung des Bewußtseins,* durch die wir entdecken, wie Gott den ganzen Tag bei uns gewesen ist und wie wir auf seine liebende Gegenwart reagiert haben. Der zweite Aspekt ist die *Prüfung des Gewissens,* wo wir jene Gebiete entdecken, die der Reinigung und Heilung bedürfen. Vielleicht ist es hilfreich, wenn wir diese beiden Aspekte nacheinander betrachten.

Die Erinnerung an die Liebe

Bei der *Prüfung des Bewußtseins* rufen wir uns im Gebet unsere Gedanken, Gefühle und Handlungen ins Gedächtnis, um zu sehen, wie Gott am Werk ist und wie wir reagiert haben. Wir schauen uns zum

34

Beispiel an, ob der lautstarke Nachbar von gestern vielleicht mehr war als die unliebsame Störung eines ruhigen Abends. Vielleicht, aber nur vielleicht, war es die Stimme Gottes, die uns aufforderte, die Schmerzen und die Einsamkeit der Menschen wahrzunehmen, die um uns herum leben. Vielleicht zeigte sich in dem wunderbaren Sonnenaufgang heute morgen Gott, der uns seine Liebe für die Schönheit entgegenrief und uns einlud, einzustimmen – aber wir waren zu müde oder zu abgelenkt, um darauf einzugehen. Vielleicht reagierten wir auf einen göttlichen Impuls und schrieben einen Brief oder riefen einen Freund an, und die Konsequenz unseres einfachen Gehorsams war schlichtweg verblüffend.

Durch die Prüfung des Bewußtseins macht uns Gott auf unsere Umgebung aufmerksam. Vor kurzem saß ich neben einem Studenten aus Teheran. Ich spürte, daß Gott mich genau an dieser Stelle haben wollte; ich sollte aufmerksam sein. Er hieß Reza, und in diesen kurzen Momenten, die wir einander begegneten, lehrte er mich, was Würde, Mut und Glauben heißt. Er sagte nur wenige Worte, aber jedes von ihnen war kraftspendend. Ich hatte Reza schon vorher gesehen, aber ich war ihm noch nie wirklich begegnet. Durch dieses Treffen wurde ich bereichert.

Ich rede hier nicht über etwas Kompliziertes oder Ungewöhnliches. Gott will, daß wir mit ganzem Herzen dort sind, wo wir uns gerade befinden. Er lädt uns dazu ein, zu hören und zu sehen, was um uns herum geschieht, und durch all den Lärm hindurch die Fußspuren des heiligen Gottes zu erkennen.

Die Prüfung des Bewußtseins ist eine Möglichkeit, um dem Ruf zu gehorchen, die mächtigen Taten Gottes in Erinnerung zu rufen. Ist Ihnen jemals aufgefallen, wie oft die Bibel uns drängt, uns zu erinnern? Denken Sie an den Bund, den Gott mit Abraham geschlossen hat. Daran, wie Jahwe sein Volk aus der Gefangenschaft in Ägypten befreite. Denken Sie an die Zehn Gebote. Oder an die Verheißung für David und sein Königtum. Denken Sie an den Erben Davids, dessen Leib gebrochen und dessen Blut vergossen wurde. Im Brot und Wein erinnern Sie sich an Golgatha.

Nachdem Israel die Philister geschlagen hatte, stellte Samuel einen Gedenkstein zwischen Mizpa und Schen auf und nannte ihn Eben-Eser, denn »bis hierher hat uns der Herr geholfen« (1Sam 7,12).

Er gab seinem Volk eine besondere Stütze, um sich zu erinnern. Darum geht es auch bei der Prüfung des Bewußtseins. Wir stellen unseren eigenen Eben-Eser auf und verkünden: »Hier ist Gott mir begegnet, hier hat er mir geholfen.« Wir erinnern uns.

Die Prüfung aus Liebe

In der *Prüfung des Gewissens* laden wir unseren Herrn ein, die Tiefen unseres Herzens zu erforschen. Dies ist nichts Schreckliches, denn es ist eine Prüfung aus Liebe. Wir sprechen überzeugt die Worte des Psalmisten: »Erforsche mich, Gott, und erkenne mein Herz; prüfe mich und erkenne, wie ich's meine. Und sieh, ob ich auf bösem Wege bin, und leite mich auf ewigem Wege« (Ps 139,23-24).

Ohne uns im voraus zu entschuldigen oder uns zu verteidigen, bitten wir darum, das sehen zu dürfen, was wirklich in uns ist. Wir tun dies zu unserem eigenen Wohl. Es ist uns zum Guten, zu unserer Heilung, unserer Freude.

Gott geht mit uns in die Prüfung des Gewissens. Es ist eine gemeinsame Suche, wenn man das so sagen darf. Aus zweierlei Gründen ist es hilfreich, dies zu wissen:

Wenn wir allein in den Tiefen unseres Herzens suchen, dann werden Tausende von Rechtfertigungen auftreten, um unsere Unschuld zu behaupten. Wir werden »Böses gut und Gutes böse« nennen, wie Jesaja es ausdrückt (Jes 5,10). Aber weil Gott bei der Suche dabei ist, hören wir eher zu und verteidigen uns nicht sofort. Unsere kümmerlichen Erklärungen und Ausflüchte vor der Verantwortung werden im Licht seiner Gegenwart einfach nicht toleriert. Er wird uns zeigen, was wir sehen müssen – und wann wir es sehen müssen.

Auf der anderen Seite neigen wir zur Selbstgeißelung. Wenn wir uns überlassen sind, dann sehen wir uns, wie wir wirklich sind, und stellen die Diagnose »unrettbar verloren«. Unser verletztes Selbstbild stimmt gegen uns, und wir fangen an, uns gnadenlos zu schlagen. Aber mit Gott an der Seite sind wir beschützt und getröstet. Er wird es nie zulassen, daß wir mehr sehen, als wir vertragen können. Er weiß, daß eine zu tiefe Einsicht in das eigene Ich uns mehr schadet als hilft.

Madame Guyon warnt davor, »uns bei der Entdeckung und Aufdeckung der Sünde eher auf die Gründlichkeit unserer eigenen Prüfung zu verlassen als auf Gott«. Wenn die Prüfung nur eine Selbst-Prüfung ist, dann landen wir am Ende immer bei purem Lob oder ausschließlich bei Vorwürfen. Aber unter den prüfenden Augen des großen Arztes können wir immer nur Gutes erwarten.

Nicht, daß es keine Schmerzen gäbe. Madame Guyon bemerkt: »Ist man mit dieser Art der Nachfolge vertraut, dann wird Gott sofort ein inneres Brennen entstehen lassen, wenn wir einen Fehler gemacht haben. Im Leben seiner Kinder darf nichts Böses unentdeckt bleiben.« Und deshalb ist da ein schmerzendes inneres Brennen. Aber wir wissen, daß es ein reinigendes Feuer ist und können es daher akzeptieren.

Die kostbare Gnade

Vielleicht fragen Sie sich jetzt, was dieses Reden von der Prüfung überhaupt soll. Was wollen wir damit erreichen? Das ist eine ehrliche Frage, und sie verdient eine ehrliche Antwort. Man kann die Antwort leicht geben, aber der Wert der Antwort ist schwer zu ermessen.

Das prüfende Gebet schafft in uns das kostbare Geschenk der Selbsterkenntnis. Ich wünschte, ich könnte Ihnen angemessen erklären, was für eine große Gnade das tatsächlich ist. Leider schätzen die Menschen die Selbsterkenntnis heutzutage nicht mehr so wie frühere Generationen. Für uns steht das technische Wissen über allem. Selbst wenn wir Selbsterkenntnis erstreben, reduzieren wir die Suche allzuoft auf ein lustbetontes Streben nach persönlichem Frieden und Glück. Wie arm wir sind! Selbst die heidnischen Philosophen waren weiser, als unsere Generation es ist. Sie wußten, daß ein ungeprüftes Leben es nicht wert war, gelebt zu werden. »Erkenne dich selbst!« heißt die bekannte Aufforderung des Sokrates.

Teresa von Avila verstand den Wert der Selbsterkenntnis. In ihrer Autobiographie schreibt sie: »Der Pfad der Selbsterkenntnis darf nie verlassen werden. Noch ist auf dieser Reise der Seele keine von solcher Größe, daß sie es nicht nötig hätte, häufig auf die Stufe eines Kleinkindes zurückzukehren.«[2]

Selbsterkenntnis ist nicht nur elementar, sondern auch eine Grundlage, die niemals wieder vergessen werden kann. Zu diesem grundlegenden Weg des Gebets müssen wir immer wieder zurückkehren.

Wenn Teresa versucht, uns den Wert der Selbsterkenntnis zu vermitteln, dann fügt sie etwas hinzu, was sich für unsere Ohren seltsam anhört: »Auf diesem Weg des Gebets ist die Selbsterkenntnis und das Bewußtsein der eigenen Sünden das Brot, das alle Gaumen schmecken müssen – egal, wie vornehm sie auch sein mögen. Sie können nicht bestehen ohne dieses Brot.« Ein ungewöhnlicher Gedanke, unsere Sündhaftigkeit sei das Brot, das uns nährt. Wie kann das sein?

Wie Sie sich sicher erinnern, fordert Paulus uns auf, unseren Körper (gemeint ist unser ganzes Ich) Gott als lebendiges Opfer hinzugeben (Röm 12,1). Dieses Opfer kann nicht auf abstrakte Weise durch fromme Worte oder religiöse Handlungen erbracht werden. Nein, es muß aus unserer Person, wer wir sind und wie wir leben. Wir müssen unsere Geschöpflichkeit akzeptieren, ja sogar schätzen lernen. Unser Opfer kann nur das Opfer unserer gelebten Erfahrung sein, denn das ist es, was uns ausmacht. Und wir können nur das als Opfer hingeben, was wir sind – nicht, was wir sein wollen. Wir geben Gott daher nicht nur unsere Stärken, sondern auch unsere Schwächen. Nicht nur unsere Begabungen, sondern auch unsere Gebrochenheit. Unsere Zwiespältigkeit, unsere Gier, unsere Selbstherrlichkeit, unsere Trägheit – alle diese Dinge legen wir auf den Opfertisch. Wir dürfen das Böse in den Tiefen unseres Herzens nicht verleugnen, denn auf paradoxe Weise wird unsere Schuldhaftigkeit uns zur Nahrung. Wenn wir das Böse, das in uns ist, wirklich als Teil der Wahrheit über uns selbst anerkennen und diese Tatsache Gott darbringen, dann werden wir auf geheimnisvolle Weise versorgt. Selbst die Wahrheit über unsere Schattenseiten macht uns frei (Joh 8,32).

Es gibt daher keinen Grund, Gottes Wahrheit über uns zu unterdrücken, abzulehnen oder zu verharmlosen. Vollkommene, totale und schlichte Selbsterkenntnis ist das Brot, das uns erhält. Ein »Ja«

zum Leben bedeutet auch ein ehrliches Eingeständnis des Bösen in uns, aber ebenso ein »Ja« zu Gott, der uns auch inmitten des Bösen erhält und uns in seine Gerechtigkeit zieht.

Durch Glauben führt die Selbsterkenntnis uns zu einer Annahme des eigenen Ich und zu einer Selbstliebe, die aus Gottes Annahme und Liebe rührt. Also stimmt es doch, was Teresa am Anfang behauptet hat: Es ist »das Brot, das alle Gaumen schmecken müssen«. Ihre Worte sind weise Ratschläge: »Der Pfad der Selbsterkenntnis darf niemals verlassen werden.«

Ein Blick nach innen

Ich habe bereits gesagt, daß das prüfende Gebet zwei Seiten hat. Das stimmt, wenn man theoretisch darüber nachdenkt. Aber wenn es praktisch wird, dann kann es falsche Vorstellungen wecken. In Wirklichkeit ist die Erfahrung mehr wie eine Computer-Grafik, bei der zwei konzentrische Kreise sich ständig überlappen, ineinander verschlingen, umeinander kreisen und miteinander verwoben sind. Wir suchen zum Beispiel nach dem Handeln Gottes in unserem Leben, und wenn wir es gefunden haben, entdecken wir, daß er uns eine Schattenseite gezeigt hat. Die Prüfung des Bewußtseins und die Prüfung des Gewissens sind wie die Wellen des Meeres: sie sind unterschiedlich, sie sind ein Ganzes und niemals völlig voneinander getrennt. Wenn wir das verstanden haben, können wir uns der Frage zuwenden, wie das prüfende Gebet praktisch aussieht.

Wir praktizieren es, indem wir uns nach innen wenden. Nicht nach außen, nicht nach oben, sondern nach innen. Anthony Bloom schreibt: »Dein Gebet muß nach innen gerichtet sein, nicht gen Himmel oder weit weg, zu irgendeinem Gott, sondern zu dem Gott, der näher ist, als du denkst.«

In dem prüfenden Gebet bohren wir, mehr als bei jedem anderen Gebet, tiefer und tiefer, so wie sich ein Bohrer in die Tiefen der Erde gräbt. Wir wenden uns ständig nach innen – aber auf eine besondere Art und Weise. Ich meine nicht, daß man sich nach innen kehrt und dabei noch selbstbezogener wird, und ich meine damit auch nicht, daß man sich nach innen wendet in der Hoffnung, in sich selbst irgendeine besondere Stärke oder einen inneren Retter zu finden, der die Erlösung bringt. Die Suche ist umsonst! Nein, es ist nicht eine Reise *in* uns selbst, die wir unternehmen, sondern eine Reise *durch uns hindurch*, so daß wir von der tiefsten Stufe unseres Ichs bei Gott auftauchen. So wie Johannes Chrysostomos schreibt: »Finde die Tür deines Herzens, und du wirst entdecken, daß es die Tür in das Reich Gottes ist.«

Madame Guyon bezeichnet diese besondere Art der Wendung nach innen als *Gesetz der zentralen Tendenz*: »Wenn du deine Seele tief in deinem Inneren festhältst, dann wirst du entdecken, daß Gott eine magnetische Anziehungskraft hat! Dein Gott ist wie ein Magnet! Gott zieht dich ganz natürlich immer weiter zu sich.«[3] Wir werden zum göttlichen Mittelpunkt gezogen, sagt sie, und das nicht durch eigene Anstrengung, sondern durch die Gnade Gottes. Sie schließt: »Wenn deine Seele einmal begonnen hat, sich nach innen zu wenden, dann gerät sie unter dieses . . . Gesetz der zentralen Tendenz. Du . . . fällst immer wieder zum Mittelpunkt zurück. Der Mittelpunkt ist Gott. Die Seele braucht keine andere Anziehungskraft als die Macht der Liebe.«

Persönliche Eben-Esers

»Aber wie«, so mögen Sie fragen, »macht man das – sich nach innen wenden? Gibt es Übungen für Körper, Seele und Geist, die uns helfen?« O ja, viele – mehr, als man zählen kann. Lassen Sie mich einige beschreiben.

Eine Art, um die Prüfung des Bewußtseins zu erleben, ist ein geistliches Tagebuch. Von den *Bekenntnissen* Augustins bis hin zu den Tagebuchaufzeichnungen von Dag Hammarskjöld haben Christen über Jahrhunderte hinweg den Wert der Aufzeichnungen ihrer geistlichen Reise geschätzt.

Das Schreiben eines geistlichen Tagebuchs ist eine zielgerichtete Reflektion der Geschehnisse. Es unterscheidet sich vom Schreiben eines gewöhnlichen Tagebuchs in der Frage nach dem Warum, anstatt nach dem Wer und Was. Die äußeren Geschehnisse sind nur Sprungbretter für das Verstehen dessen, was Gott tief in unserem

Herzen tut. Ein besonderer Wert dieses geistlichen Tagebuchs ist, daß etwas festgehalten wird. Wenn man so will, ist es ein persönlicher Eben-Eser. Wir können, sooft wir es wünschen, in den Seiten unserer persönliche Geschichte mit Gott blättern und die Dinge betrachten, mit denen wir gerungen haben. Und wir erkennen den Fortschritt, den wir gemacht haben.

Die vielen Tagebücher und geistlichen Aufzeichnungen des Frank Laubach sind wie ein Abenteuer in dem Bereich der Prüfung des Bewußtseins. Ich denke besonders an das Buch *Game with Minutes*, wo er versucht, herauszufinden, wie viele Minuten am Tag er sich Gottes Gegenwart bewußt sein kann. Neujahr 1937 schreibt er: »Gott, ich möchte dir jede Minute dieses neuen Jahres geben. Ich werde versuchen, dich jeden Moment meines Lebens in Gedanken zu halten!«[4] Und bei anderer Gelegenheit schreibt er: »Gott, nach einer schlaflosen Nacht öffne ich meine Augen und lache, denn wir sind zusammen. Schlaf ist nicht notwendig. Störungen, wie der Mann unter mir, der nachts immer hustet, sind gut für den Charakter, wenn ich nicht zulasse, daß sie mich von dir trennen.«

Ich denke auch an sein Buch *Learning the Vocabulary of God*, wo er sich für ein gesamtes Jahr vornimmt, durch normale Begebenheiten zu lernen, wie Gott spricht. Am Anfang des Experiments notiert er: »Gott, diese Suche nach deinem Wortschatz wird mir eine ganze Welt neuer Perspektiven verschaffen. Ich habe ein kleines Buch in meiner Tasche, um alle deine Worte aufzuschreiben, wie sie mir den ganzen Tag lang kommen, so als würde ich eine neue Sprache lernen.« Interessanterweise fand er durch die Erfahrungen dieses einen Jahres zu seiner Lebensaufgabe, die weltweit als »Laubachs Leselern-Methode« bekannt geworden ist. An einem Dienstag im Baruda Bazar in Indien schreibt er: »Mehr als 330 Millionen Menschen, die nicht lesen können, schreien nach Hilfe. Sie brauchen deine Sprache, ein Wort von dir. Wie kann man ein Problem lösen, das so überwältigend ist? Aber in ungelösten Problemen sprichst du; durch sie bist du unser Lehrmeister.«

Obwohl ich zum Schreiben eines geistlichen Tagebuchs ermutigen möchte, will ich es nicht überbewerten. Soweit ich weiß, hat Jesus nie ein Tagebuch geschrieben, auch nicht Franz von Assisi oder eine Reihe weiterer bekannter Christen. Und ihnen scheint es in

ihrer eigenen geistlichen Prägung auch ohne Tagebuch recht gutge-
gangen zu sein. Das muß heutzutage gesagt werden, denn es gibt einige Gruppen, für die das Schreiben eines geistlichen Tagebuchs so
wichtig geworden ist, daß sie annehmen, jeder *müsse* ein solches Tagebuch schreiben. Das ist einfach nicht wahr. Für einige Menschen
ist es gut, ein geistliches Tagebuch zu schreiben. Das gilt meistens für
jene, die sich sowieso gern verbal ausdrücken. Für andere ist es nicht
hilfreich. Wir können die Mittel der Gnade Gottes nicht bestimmen.

Man kann noch viele andere Dinge tun. Einen Sommer lang ging
ich jeden Abend gegen zehn Uhr zu dem kleinen Basketballfeld vor
unserem Haus. Ich warf allein auf den Korb und lud Gott jedes Mal
ein, eine geistliche Inventur meines Tages zu machen. Viele Dinge
kamen mir in den Sinn. Schuld war ganz sicher da: ein wütendes
Wort, eine Unhöflichkeit, eine verpaßte Gelegenheit, jemanden zu
ermutigen. Aber es gab auch das Gute: Ein kleiner Gehorsam, ein
stilles Gebet, das viel auszurichten schien, ein Wort zur rechten Zeit
am rechten Ort. Ich habe das nur einen Sommer lang gemacht und
danach niemals versucht, das Experiment zu wiederholen. Aber es
war ein Sommer, in dem ich die Prüfung des Bewußtseins erlebte.

Es gibt viele Wege, um die Prüfung des Gewissens zu erfahren.
Martin Luther regte regelmäßige Gebetsbetrachtungen über die
Zehn Gebote und über das Vaterunser an, um unserem Leben einen
moralischen Maßstab zu geben. Viele haben Zeiten, in denen sie sich
zurückziehen und ihr Leben überdenken.

Vielleicht möchten Sie auch den außergewöhnlichen Weg probieren, den eine Bekannte von mir für die Prüfung des Gewissens
einschlug. Sie versuchte die ganze Woche, als Kind Gottes zu leben,
seine Dienste zu tun und seine Gedanken zu denken. Am Freitag
oder Samstagabend verließ sie dann die Höhen und steigt in die Tiefen ihres Ichs hinunter. Sie bat den Geist Gottes, sie in die Ereignisse
und Gedanken der letzten Woche zurückzuführen, um Sünde und
Schuld aufzudecken. Dann hatte sie eine Zeit der Buße, die damit
endete, daß sie am Sonntagmorgen im Gottesdienst das Abendmahl
zu sich nahm.

Dies führt uns direkt zu unserem nächsten Kapitel – dem Gebet
der Tränen. Zu diesem wunderbaren Gebet wenden wir uns jetzt.

*Wunderbarer Erlöser, warum fürchte ich mich vor deiner Prüfung?
Deine Prüfung ist eine Prüfung aus Liebe. Doch ich fürchte mich . . .
Ich habe Angst vor dem, was an die Oberfläche kommen könnte.
Dennoch lade ich dich ein, mich bis in die Tiefen zu erforschen, damit
ich mich selbst – und dich – in größerem Maße kennenlerne.
Amen.*

4. Das Gebet der Tränen

Tränen sind wie Blut aus den Wunden der Seele.

Gregor von Nyssa

Das Gebet der Tränen heißt auf griechisch *Penthos*. Es gibt einfach keine gute deutsche Übersetzung dafür. Die Menschen, über die auf den Seiten der Bibel berichtet wird, haben es oft erlebt, und es ist ein immer wiederkehrendes Thema in den Werken großer Schriftsteller. Penthos bedeutet: ein zerbrochenes und bußfertiges Herz; eine innere, gottgewollte Traurigkeit; ein gesegnetes, heiliges Stöhnen; eine tiefe, herzliche Reue. Und mehr als alles andere ist Penthos das Gebet der Tränen.

Gregor von Nyssa sagte über Ephraem den Syrer: »Wenn ich an seine Tränenströme denke, dann fange ich selbst zu weinen an, denn es ist mir unmöglich, mit trockenen Augen durch das Meer seiner Tränen zu gelangen. Nie hat es einen Tag oder eine Nacht gegeben, in der mir seine wachsamen Augen nicht in Tränen gebadet erschienen wären.« Vater Antonius drückte es folgendermaßen aus: »Wer seine Tugenden fördern will, dem wird es gelingen, wenn er Tränen weint.«

Der warme Tränenregen

Was hat es auf sich mit dem Gebet der Tränen? Es geschieht dort, wo uns etwas »durchs Herz geht«, und zwar die Güte Gottes (Apg 2,37). Es ist das Weinen über die eigenen Sünden und die Sünden der Welt. Es ist die Erfahrung einer befreienden Schockwirkung durch die Buße. Es ist das unmittelbare und grundlegende Bewußtsein, daß Sünde uns von der Fülle der Gegenwart Gottes trennt. Am Morgen des 18. Oktober 1740 schrieb David Brainard, amerikanischer Missionar unter den Indianern, folgendes in sein Tagebuch:

44

»Meine Seele schmolz dahin, und ich beklagte meine immer größer werdende Sündhaftigkeit und Schlechtigkeit. Nie zuvor hatte
ich eine so tiefe Erkenntnis für die abscheuliche Natur der Sünde
empfunden. Dann wurde meine Seele auf ungewöhnliche Weise
liebevoll zu Gott getragen, und ich hatte eine lebendige Vorstellung von der Liebe Gottes zu mir.«[1]

Vor kurzem habe ich aufgrund von besonderer Gnade einen wärmenden Regen der Tränen erfahren. Ich besah meine Sünde und die
Sünde des Volkes Gottes. Ich hatte außerdem die gute Botschaft
Gottes (und die alten Dogmen der ersten Gemeinden) zu dem Thema »Schuldbewußtsein« meditiert – in mir war eine Traurigkeit, die
von Herzen kommt. Und während ich das tat, half Gott mir, im Namen der Kirche in ein heiliges Klagen einzustimmen. Zugleich war
ich voller Dankbarkeit für Gottes Geduld, seine Liebe und Barmherzigkeit – wie der Prophet Micha, der verkündet: »Wo ist solch ein
Gott, wie du bist, der die Sünde vergibt?« (Mi 7,18)

  Diese Erfahrung dauerte nur wenige Tage. Ich sehnte mich nach
mehr. Heutzutage scheinen diese Erfahrungen Ausnahmen zu sein;
aber es gab eine Zeit, da waren sie die Regel. Man erzählt sich von
der französischen Schauspielerin Eve LaVallière, daß ihre Augen
nach ihrer Bekehrung ständig gerötet waren vom fortwährenden
Weinen.

Eine Lied der Tränen

Die Männer und Frauen, die uns auf den Seiten der Heiligen Schrift
begegnen, kannten die Gabe der Tränen nur zu gut. In seinem
Schmerz ruft Hiob aus: »Unter Tränen blickt mein Auge zu Gott
auf« (Hiob 16, 20). Jesaja ist über die Sünde und Verwüstung Moabs
völlig verzagt und ruft: »Ich weine mit Jaser um den Weinstock von
Sibma und vergieße viel Tränen über dich, Heschbon und Elale«
(Jes 16,9).

  Jeremia ist als »Prophet der Tränen« bekannt, und er hat diesen
Ruf sehr wohl verdient: »Ach, daß ich Wasser genug hätte in meinem Haupte und meine Augen Tränenquellen wären, daß ich Tag
und Nacht beweinen könnte die Erschlagenen meines Volkes«

(Jer 8,23), klagt er. Wenn er nicht der Schreiber der Klagelieder gewesen sein sollte, er hätte es jedenfalls sein können: »Schreie laut zum Herrn, klage, du Tocher Zion, laß Tag und Nacht Tränen herabfließen wie einen Bach; höre nicht auf damit, und dein Augapfel lasse nicht ab!« (Klgl 2,18)

Fast jede Seite des Psalters ist feucht von den Tränen der Dichter. David klagt: »Ich bin so müde vom Seufzen; ich schwemme mein Bett die ganze Nacht und netze mit meinen Tränen mein Lager« (Ps 6,6). Das Weinen gehört so sehr zu David, daß er sich vor Gott auf seine Tränen berufen kann: »Mein Elend ist aufgezeichnet bei dir. Sammle meine Tränen in einem Krug, zeichne sie auf in deinem Buch!« (Ps 56,9; Einheitsübersetzung) Der Sänger, der zuvor auf so wunderbare Weise den Durst der Seele nach Gott beschrieben hat, fährt fort: »Meine Tränen sind meine Speise Tag und Nacht, weil man täglich zu mir sagt: Wo ist nun dein Gott?« (Ps 42,3). Und der Psalm 119, das Dank- und Loblied auf die Tora, enthält folgende Klage: »Meine Augen fließen von Tränen, weil man dein Gesetz nicht hält« (Ps 119,136).

Oder man denke an Jesus, der »Bitten und Flehen mit lauten Schreien und mit Tränen« Gott darbrachte (Hebr 5,7). Er hat über sein geliebtes Jerusalem geweint: »Wie oft habe ich deine Kinder versammeln wollen, wie eine Henne ihre Küken versammelt unter ihre Flügel; und ihr habt mich nicht gewollt!« (Mt 23,37) Oder die Seligpreisung, die den Gebrochenen, Geschlagenen und Ausgestoßenen gilt: »Selig sind die Trauernden, denn sie werden getröstet werden« (Mt 5,4; Einheitsübersetzung); bei Lukas heißt es: »Selig, die ihr jetzt weint, denn ihr werdet lachen« (Lk 6,21b; Einheitsübersetzung). Und man beachte die Sanftheit, mit der Jesus Maria begegnet, als sie seine Füße mit ihren Tränen benetzt. Er sagt: »Sie hat viel Liebe gezeigt«, und dann spricht er sie frei: »Deine Sünden sind dir vergeben.« Sein Segensspruch lautet: »Gehe hin in Frieden« (Lk 7,36-50).

Oder man denke an Paulus, der nach Asien kam, »und diente dem Herrn in aller Demut und mit Tränen« (Apg 20,19). Zu den Ephesern sagt er: »Drei Jahre lang habe ich Tag und Nacht nicht abgelassen, einen jeden unter Tränen zu ermahnen« (Apg 20,31). Und der Gemeinde in Korinth schreibt er: »Denn ich schrieb euch aus großer Trübsal und Angst des Herzens unter vielen Tränen« (2Kor 2,4), und später freut er sich darüber, daß ihre »Traurigkeit« und eine »göttliche Betrübnis« sie dazu geführt haben, Buße zu tun (2Kor 7,7-11).

Tiefe Freude

Worum geht es bei all dieser Trauer, dem Weinen und dem Klagen? Es hört sich ein wenig schwermütig an – wenigstens für jene von uns, die in einem Glauben großgeworden sind, wo es nur gute Gefühle und immerwährende Heiterkeit gibt. Aber die alten Schreiber sahen es ganz anders. Für sie war es eine Gabe, die man sich wünschen sollte, sozusagen ein Charisma der Tränen. Für sie waren die Menschen am meisten zu bedauern, die mit trockenen Augen und kalten Herzen durchs Leben gingen. Sie bezeichneten dieses innere Aufgewühltsein sogar als »tiefe Freude«.

Freude ist der sichtbarste Ausdruck eines Herzens, das vorher unter der Last der Schuld gebeugt war. M. Basilea Schlink schreibt, daß das erste Kennzeichen des Reiches Gottes die übersprudelnde Freude ist, die aus der Reue und Buße kommt: ». . . Reuetränen werden selbst harte Herzen aufweichen.«[2] Der Psalmist singt: »Die mit Tränen säen, werden mit Freuden ernten« (Ps 126,5).

Und so ist es auch. Bei einem Freund von mir kam diese tiefe Freude vor kurzem unerwartet zum Vorschein. Er ist Pastor einer kleinen Gemeinde, und dort kommen all die Sünden und Verletzungen vor, die es in unserer modernen Welt gibt. Oft ist er über die Sünden der Menschen ganz verzweifelt und weint um die Sünden und Sorgen seines Volkes, und manchmal, wenn er für einzelne betet, dann geht es in ein Schluchzen über.

Einmal besuchte er eine Konferenz und übernachtete ganz allein in einem Motel. Er erwachte frühmorgens mit den Worten des Psalms 91 auf den Lippen: »Er liebt mich, darum will ich ihn erretten . . . er ruft mich an, darum will ich ihn erhören« (Ps 91,14-16). Er schlug sofort die Bibel auf und betete Gott mit Worten der Heiligen Schrift an. Mitten im Gebet lachte er auf einmal laut los, richtig herzlich und tief; es war starkes, heiliges, erregtes Lachen. Er lachte, bis ihm der Bauch wehtat. Er lachte so laut, daß er sich ein Kissen vor den Mund halten mußte, damit es nicht zu laut wurde. Dieser wunderbare Ausbruch in heiliges Gelächter dauerte etwa eine halbe Stunde. Nachdem es verklungen war, rief er aus: »Was für eine wunderbare Art, den Tag zu beginnen!«

Mein Freund hat kein besonders fröhliches Gemüt; er nimmt sein geistliches Leben sogar so ernst, daß ich ihn manchmal ermutigen muß, die Dinge leichter zu nehmen. Was war also geschehen? Ich kann mir vorstellen, daß Gott ihn zu dieser tiefen Freude führte, die jene erfahren, die Leid und Tränen nur zu gut kennen. Der Heilige Ammonas, ein Schüler von Abt Anthony, schreibt: »Angst weckt Tränen, und Tränen bringen Freude. Freude bringt Kraft, durch die die Seele in allem Frucht bringt.« Und Hausherr bemerkt: »Schuldbekenntnisse münden in Seligpreisungen.«

Im Irrgarten der Fragen

Aber vielleicht ist Ihnen das jetzt zu schnell gegangen. Vielleicht ist es noch nicht verständlich, warum die emotionale Seite des Gebets, das Weinen, Klagen usw. so sehr betont wird. Ich weiß selbst nicht, ob ich es verstehe. Aber ich weiß, daß der Funke nicht überspringt, wenn nicht auch die Mitte des Gefühls in unserem Leben berührt wird. Durch das Gebet der Tränen erlauben wir Gott, uns unsere eigene Sündhaftigkeit und die der Welt auf der Gefühlsebene zu zeigen. So gut ich das erkennen kann, sind Tränen die Art und Weise Gottes, uns zu helfen, damit wir mit unserem Verstand in das Herz gelangen können, und dort in immerwährender Anbetung verweilen.

Viele andere Fragen kommen mir in den Sinn. Ist dieses Gerede von Sünde, Bekenntnis und Vergebung nicht ein wenig antiquiert? Ist es nicht ein Rückschritt in die Tage der falschen Schuldbekenntnisse und der ungesunden Unterdrückung? Welche theologischen Fakten liegen dieser Form des Gebets zugrunde? Müssen wir denn richtig weinen, wenn wir so beten? Und . . . und . . . und.

Ich verstehe Ihr Anliegen und Ihre Fragen. Ich habe selbst mehr Fragen, als ich in diesem Kapitel aufschreiben kann – selbst wenn ich all die Antworten dazu hätte. Es gibt wahrscheinlich keine Art von Gebet, die mehr Verwunderung bei uns auslöst als dies; vielleicht hat es Madame Lot-Borodine deshalb das »Geheimnis der Tränen« genannt. Aber anstatt über das zu brüten, was wir nicht verstehen, sollten wir uns über das Klarheit verschaffen, was wir verstanden haben.

Der Knackpunkt

Der Knackpunkt bei dem Gebet der Tränen ist: Wir sind Sünder. Ich meine nicht, daß wir Sünden begehen, obwohl das natürlich auch wahr ist. Aber es geht mir nicht um ein moralisches Urteil über unser Handeln, sondern um ein theologisches Urteil über die Trennung von Gott. Wir sind keine Sünder, weil wir sündigen, sondern wir sündigen, weil wir Sünder sind. Theologen nennen diese grundlegende Tatsache *peccatum originis*, Ursünde. Die Sünde, die allem zugrunde liegt, ist die Weigerung zu glauben, sozusagen ein Mangel an Glauben, *defectus fidei*. Von diesem grundlegenden Mangel und der Entfremdung von Gott rühren all die verdrehten und entstellten Taten her, die wir »Sünde« nennen.

Das Neue Testament beginnt mit dem oft gehörten, beinahe monotonen Ruf Johannes des Täufers: »Tut Buße, denn das Reich Gottes ist nahe.« Dieser Ruf wird Pfingsten von Petrus wieder aufgenommen, und die Bibel schließt mit der Aufforderung Jesu an die sieben Gemeinden, Buße zu tun und auf Gottes Weg zurückzukehren.

Natürlich ist es das Kreuz Jesu, das eine Buße überhaupt möglich macht. Auf geheimnisvolle Weise nahm Jesus durch das Vergießen seines Blutes all das Böse und die Feindschaft aller Zeitalter in sich auf und erlöste sie. Er versöhnte uns mit Gott und stellte die wertvollste persönliche Beziehung wieder her, die durch Sünde zerstört worden war. Durch das Kreuz öffnete Christus den »Korken zur Gnade«, wie Adrienne von Speyer es ausdrückt.

Aber das ist noch nicht alles. Die christliche Theologie lehrt uns, daß Christus starb und durch die Hölle ging, daß er »Gefangene erbeutete« (Eph 4,8; Einheitsübersetzung). Dann, am dritten Tag, riß

Jesus sich aus der Hand des Todes los, und die erste Tat des Auferstandenen war, Bekenntnis und Buße zu ermöglichen (Joh 20,23). Die Auferstehung ist Gottes sofortiger Freispruch!

Eins fehlt noch – nämlich unsere Antwort auf die Vergebung, und zwar nicht nur einmal, sondern immer wieder. Martin Luther sagt, daß das Leben eines Christen von täglicher geprägt sein soll. Täglich bekennen wir, täglich tun wir Buße, täglich drehen wir uns, bis wir richtig stehen. Das Gebet der Tränen ist die erste Hilfe, damit wir »in Schwung kommen«. Wie man das macht, begreifen heutzutage nicht sehr viele. Mit diesem Thema beschäftigen wir uns jetzt.

Das Bekennen von Schuld

»Gott wird ein geängstigtes und zerschlagenes Herz nicht verachten«, sagt der Psalmist (Ps 51,19). Aber die wahre Frage für uns in einer modernen Welt lautet: Wie machen wir die Erfahrung eines zerschlagenen, trauernden, gebrochenen und bußfertigen Herzens?

Wir fangen an, indem wir Gott darum bitten. Ich wünschte, das würde sich nicht so leicht anhören, denn es ist die grundlegendste Wahrheit, die wir überhaupt lernen können, um uns Gott zuzuwenden. Wir können keine echte Buße bewirken. Wir können sie nicht hervorrufen, indem wir uns mit einer besonderen Atmosphäre und mit bestimmter Musik in »Stimmung« begeben. Es ist ganz einfach ein Geschenk Gottes. Und es ist ein Geschenk, daß Gott gerne jedem gibt, der darum bittet.

Und so bitten wir Gott entschlossen und immer wieder um ein bußfertiges Herz. Wir bitten um ein weinendes, klagendes Herz. Wir könnten vielleicht so beten: »Gott, schenk mir die Gabe der Tränen.« Wenn die Trauer nicht sofort kommt, dann bitten wir Gott weiter darum. Wir sehnen uns weiter danach, und wir klopfen weiter an.

Wie der Zöllner in Jesu Gleichnis bitten wir: »Gott, sei mir Sünder gnädig!« (Lk 18,13) Nicht nur einmal oder hin und wieder, sondern mit jedem Atemzug. Der alte liturgische Ruf »Kyrie eleison« (»Herr, erbarme dich«) stammt aus diesem Gleichnis. Ebenso das alte Gebet: »Herr Jesus Christus, Sohn Gottes, sei mir Sünder gnädig.«

50

Wir stimmen mit den vielen Christen aller Generationen ein und bitten um die Gabe der Buße, das Gebet der Tränen. Vielleicht beschränkt sich unser Gebet eine Zeitlang auf nur ein Wort: »Erbarmen!«

Zweitens: Wir bekennen. Wir bekennen unseren Mangel an Glauben, unsere Entfremdung, unsere Hartherzigkeit. Vor einem liebevollen und gnädigen Vater bekennen wir ohne Entschuldigung und ohne Lücken unsere Sünden: Unglaube und Zerstrittenheit, Arroganz und Selbstgenügsamkeit. Dazu Taten, die zu persönlich sind, um sie hier aufzuführen, und deren es zu viele gibt, um sie hier zu nennen. C. S. Lewis schreibt: »Als Christen sollten wir unsere Nase immer in unseren eigenen Sündenpfuhl stecken.« Die schockierenden Worte des Paulus »Ich elender Mensch!« (Röm 7,24) sind der Ausruf eines reifen Christen, der sich nach dem Geist der Bußfertigkeit sehnt.

Wir lassen den Entschuldigungen und den rechtfertigenden Umständen keinen Raum. Wir sagen: »Durch meine Schuld, durch meine Schuld, durch meine übergroße Schuld«, so wie es in den alten Bekenntnisschriften steht. Und wie in dem alten Spruch »bekennen wir diese Sünden und all jene, an die wir uns nicht mehr erinnern können«.

Drittens: Wir empfangen. Unser Gott ist treu, gerecht und barmherzig. Er *wird* uns vergeben, und er *wird* uns reinigen (1Joh 1,9). Wie der Vater des verlorenen Sohns eilt er uns bei den ersten Anzeichen unserer Rückkehr entgegen. Er überschüttet uns mit guten Gaben, die wir nicht verdient haben und niemals verdienen könnten.

In meinem Buch *Nachfolge feiern* biete ich genauen Rat für jene Zeiten an, in denen wir Vergebung und Reinigung aus eigener Kraft nicht erfahren können und die Hilfe unserer Brüder und Schwestern im Glauben benötigen.[3] Natürlich haben wir, die wir Jesus Christus nachfolgen, auch die Gabe erhalten, Gottes Vergebung einander zuzusprechen (Joh 20,23). Vielleicht ist es auch hilfreich zu wissen, daß die Mönchsbewegung zu Anfang nur aus Laien bestand, und daß diese Laien damit begannen, einander zu bekennen und einander Vergebung zuzusprechen. Wir dürfen es ihnen nachmachen.

Durch die Macht Christi können wir Vergebung und Nächstenliebe freisetzen. Das gesamte achtzehnte Kapitel des Matthäusevangeliums ist der Botschaft Jesu über das Geben und Empfangen von Vergebung gewidmet. Und mitten in diesem Abschnitt verspricht Jesus uns: »Was ihr auf Erden binden werdet, soll auch im Himmel gebunden sein, und was ihr auf Erden lösen werdet, soll auch im Himmel gelöst sein« (Mt 18,18). Und so tun wir es. Wir binden Bitterkeit und Hartherzigkeit. Und wir befreien durch Vergebung und Weichherzigkeit. Dies ist ein Dienst, den wir anderen freigebig gewähren können.

4.

Viertens: Wir gehorchen. Es ist nicht genug, Gott um ein weiches und gebrochenes Herz zu bitten, in dem Platz für Buße ist. Es ist nicht genug, frei und offen die vielen eigenen Vergehen zu bekennen. Zur Vergebung gehört auch der Gehorsam.

Vielleicht tritt bei uns eine selbstgerechte Haltung zutage. Wir bekennen es sofort. Vielleicht erinnern wir uns, etwas Schlechtes gesagt zu haben. Vielleicht erinnern wir uns an eine lang zurückliegende Ungerechtigkeit. Wir wollen es sofort wiedergutmachen.

Auf der positiven Seite üben wir uns mit unglaublichem Eifer in der Praxis des Guten. Vielleicht können wir am Arbeitsplatz eine Ungerechtigkeit verhindern. Wir sagen sofort etwas dagegen. Vielleicht sehen wir endlich eine Möglichkeit, unsere Kinder zu etwas Gutem zu bewegen. Schnell tun wir es. Vielleicht kann ein Nachbar unsere Hilfe brauchen, wenn er seinen Zaun repariert. Wir sind schnell dabei und helfen ihm. Und bei all dem erfahren wir die Freude des Gehorsams.

Wenn wir nicht weinen können ...

Zum Schluß möchte ich in diesem Kapitel über das Gebet der Tränen etwas darüber sagen, was zu tun ist, wenn man nicht weinen kann. Symeon weist uns darauf hin, daß es einige gibt, denen wir »das Schuldbewußtsein noch nicht einmal einprügeln können«. Ich weiß, was er meint, denn ich bin einer von ihnen, und nur durch besondere Gnade ist es bei mir anders gekommen.

Es gibt nur wenige Dinge in unserer Gesellschaft, die uns in diese Richtung lenken. Außerdem gibt es einige Leute, denen die Tränen nur sehr schwer kommen. Wenn das bei Ihnen der Fall ist, seien Sie nicht entmutigt. Bei mir war es früher auch so. Lassen Sie mich ein paar Ratschläge weitergeben, die Ihnen vielleicht helfen.

Seien Sie streng und freundlich mit sich selbst. Geben Sie sich nicht mit der Erklärung eines anderen zufrieden, der behauptet, er sei nun mal im Gegensatz zu Ihnen der »emotionale Typ«. Und denken Sie daran, daß Sie die Haltung »ich steh' wie ein Fels, bin wie eine Insel«[4] nicht über Nacht angenommen haben. Es wird lange dauern, bis wir solche tief verwurzelten Gewohnheiten ablegen können. Lassen Sie sich durch die Beobachtung des Thomas à Kempis ermutigen, daß »eine Gewohnheit die andere besiegt«. Man legt sich neue Gewohnheiten des Gebets zu, und Sie brauchen einen geduldigen, freundlichen und beständigen langen Atem für sich selbst.

Dann werden Sie sich auf die Evangelien stürzen. Dort werden Sie von der Auffassung geheilt, das Christentum sei eine »Religion der steifen Oberlippe«. Das ist dem Mann des Leids und der Tränen so fremd. Jesus kannte das Gebet der Tränen, und er wird Ihnen zeigen, wie Sie in seine Fußstapfen treten können (1.Petr 2,21). Halten Sie sich an den Rat von Theodor Studites: »Laßt uns im Geiste zum Jordan gehen . . . und laßt uns mit ihm die Taufe empfangen, die Taufe der Tränen.«

Wenn wir äußerlich nicht weinen können, dann können wir doch innerlich weinen. Haben Sie ein weinendes Herz! Lassen Sie Ihre Seele weinen. Selbst wenn die Augen trocken sind, können Geist und Seele vor Gott gebrochen sein.

Und während Sie geduldig darauf warten, daß die Taufe der Tränen zu Ihnen kommt, ruhen Sie in den Worten des Johannes Chrysostomos: »Das Feuer der Sünde verzehrt alles, aber es wird durch ein paar Tränen gelöscht. Denn Tränen löschen einen ganzen Pfuhl von Sünde und reinigen unsere Wunden von Schuld.«

Barmherziger Jesus, es ist für mich einfacher, dir mit meinem Verstand zu begegnen als mit Tränen. Ich weiß nicht, wie ich von der emotionalen Mitte meines Lebens her beten soll. Ich weiß nicht einmal, wie ich mit dieser Seite von mir in Berührung kommen soll. Dennoch komme ich so zu dir, wie ich bin.

Ich entschuldige mich für die vielen Male, wo ich deine Liebesbezeigungen abgelehnt habe. Bitte vergib mir, wo ich dein Gesetz nicht gehalten habe. Ich wende mich von meinem schlechten und unsensiblen Verhalten ab. Zerbrich mein steinernes Herz mit den Dingen, die dein Herz brechen lassen.

Jesus, du bist im Todeskampf durch die größte Anfechtung gegangen. Du hast Tränen allertiefster Trauer vergossen. Hilf mir, im Gedenken an dein Leid über meine Sünde zu weinen ... über alle meine Sünden. In deinem Namen bete ich.

Amen.

5. Das Gebet des Verzichts

Der Geist lehrt mich, meinen Willen völlig dem Willen des Vaters zu übergeben. Er öffnet mir die Ohren, mit großer Sanftheit und Gelehrigkeit der Seele auf das zu warten, was der Vater Tag für Tag sagt und lehrt. Er zeigt mir, daß die Einheit mit Gottes Willen auch die Einheit mit Gott selbst ist. Mich völlig Gott auszuliefern, ist der Wille des Vaters, das Beispiel des Sohnes und ein wahrer Segen für die Seele.

Andrew Murray

Wenn wir lernen, wie man betet, stoßen wir auf eine interessante Tatsache: Am Anfang befindet sich unser Wille im ständigen Kampf mit dem Willen Gottes. Wir flehen. Wir schmollen. Wir fordern. Wir erwarten von Gott, daß er Wunder tut wie ein Zauberer oder daß er uns wie der Weihnachtsmann mit Geschenken überhäuft. Wir fordern die Lösungen auf der Stelle und wollen ihn mit unserem Gebet beeinflussen. So schwierig diese Zeit des Kampfes auch ist – wir dürfen sie niemals ablehnen oder versuchen, vor ihr zu fliehen. Sie gehört zu unserem Wachstum und zu unserem tieferen Eindringen in geistliche Dinge. Damit es ganz klar ist: es ist zwar eine Vorstufe, aber nur in dem Sinne, wie ein Kind im Vergleich zu einem Erwachsenen auf einer Vorstufe ist. Ein Erwachsener kann besser argumentieren und besser schwere Lasten tragen, weil das Gehirn und die Muskeln voll ausgebildet sind. Ein Kind tut genau das, was wir auf seiner Entwicklungsstufe von ihm erwarten würden. Das gehört zum Leben im Geist dazu.

Nach und nach kommen wir jedoch zu einem Verzicht unseres Willens; unser Wille geht in dem Willen des Vaters auf. Durch das Gebet des Verzichts gelangen wir vom Kampf zum freiwilligen Loslassen.

Von der Reklame abgeguckt . . .

Ich möchte zu dem Thema »Gebet des Verzichts« ein Bild in Ihren Gedanken entstehen lassen. Dazu erzähle ich Ihnen eine kurze Geschichte. Sie werden sehen, daß sie perfekt zum Thema paßt.

Eine Bekannte von mir, die Sozialarbeiterin ist und in einiger Entfernung wohnt, bat mich wiederholt, für sie und ihre Arbeitskollegen ein Seminar über »innere Heilung« abzuhalten. Ich lehnte immer ab, denn mir waren einige Leute in ihrem Ort bekannt, die ebensogut ein gutes Seminar halten konnten. Aber sie bestand darauf. Schließlich sagte ich: »Laß uns die ganze Sache mit dem Seminar zum Gebetsanliegen machen. Wir tun folgendes: Fahr nach Hause und sprich mit niemand anderem über diese Idee, daß ich kommen soll. Wenn dich in der kommenden Woche wenigstens sechs Leute darauf ansprechen, daß sie gerne ein solches Seminar hätten, dann werden wir wissen, daß Gott seine Hand im Spiel hat, und ich werde kommen.« Sie stimmte zu.

Bitte verstehen Sie mich richtig. Ich wollte nicht wirklich etwas von Gott hören, sondern ich versuchte zu vermeiden, dieses Seminar halten zu müssen! Vier Tage später rief sie mich an und sagte: »Zwölf Leute haben mich auf dieses Seminar hin angesprochen, seit ich wieder zu Hause bin!« Ich saß in der Falle und mußte einwilligen.

Es war ein kleines Treffen mit etwa fünfzehn Sozialarbeitern. Wir trafen uns im Haus eines Freundes. Am ersten Abend sagte einer der Männer ganz offen: »Gehen Sie es sachte an, denn ich bin keiner von Ihnen.« Auf seine Art sagte er mir, daß er kein Christ war, und die Gruppe nahm seine Bemerkung dankbar auf.

Das ganze Wochenende lang lag der Geist des Herrn auf dieser kleinen Gruppe, so daß mich der gleiche Mann am Sonntag nachmittag leise fragte. »Würden Sie für mich beten, damit ich Jesus so kennenlerne, wie Sie ihn kennen?«

Was sollten wir tun? Keine der normalen Reaktionen schien angemessen. Still warteten wir ab. Schließlich stand ein junger Mann auf und legte seine Hände auf die Schultern des Mannes. Ich habe das Gebet, das er sprach, niemals wieder vergessen. Ich hatte das Gefühl, meine Schuhe ausziehen zu müssen, denn wir befanden uns auf heiligem Boden.

Merkwürdigerweise betete er einen Werbespot. Er beschrieb eine Fernsehreklame, die alle kannten, und in der verschiedene Leute, schweißgebadet und von der Sonne erhitzt, sich mit einem Ausdruck der Erleichterung in einen Swimmingpool fallen ließen – so, als sei ihr großer Durst gestillt worden. Er lud den Mann ein, sich ebenso in die Arme Jesu fallen zu lassen. Der Mann begann plötzlich zu weinen; man hörte ihn vor Trauer und Leid tief schluchzen. Wir sahen fasziniert, wie er das Geschenk des ewigen Lebens annahm. Es war ein besonderer, von Gnade erfüllter Augenblick. Später erzählte er uns, daß dieses Gebet ihn im Innersten getroffen und etwas aus seiner Vergangenheit berührt hatte – etwas das mit seiner Taufe als Kind zusammenhing.

Dieses Bild, in dem sich ein Mensch mit dem Ausdruck tiefster Erleichterung in die Arme Jesu fallen läßt, ist für mich auch ein wunderbares Bild für das Gebet des Verzichts. Merken Sie sich dieses Bild gut.

Schließlich finden wir durch das Gebet des Verzichts zu einer Ruhe und tiefem Seelenfrieden. Wenn Sie dieses Kapitel weiterlesen, dann – so hoffe ich – behalten Sie immer dieses Bild vor Ihrem inneren Auge, wie Sie sich in die Arme Jesu fallen lassen und vollkommen zufrieden und ruhig sind. Sie ahnen sicher, daß dieses Bild eher das Endergebnis des Gebets des Verzichts beschreibt als den Weg dorthin. Aber wir müssen das Endresultat ganz klar vor Augen haben, denn das gibt uns den Mut, den ganzen Weg zu gehen.

Die Schule von Gethsemane

Wir lernen das Gebet des Verzichts in der Schule von Gethsemane. Schauen Sie sich die Szene ruhig an. Die einsame Gestalt, die dort am alten Ölbaum lehnt. Der Schweiß, der wie Blut von der Stirn tropft. Der menschliche Wunsch: »Laß diesen Kelch vorübergehen.« Schließlich der Verzicht: »Nicht mein, sondern dein Wille geschehe« (Lk 22,39-46). Wir tun gut daran, oft über dieses Bild des Verzichts nachzudenken, denn es ist einmalig.

Wir sehen den fleischgewordenen Sohn, der voller Tränen betet und nicht das bekommt, worum er gebetet hat. Jesus wußte, was es bedeutete, wenn ein Gebet unbeantwortet bleibt. Er wollte wirklich, daß dieser Kelch an ihm vorüberging. »Willst du das?« war seine Frage. Der Wille des Vaters war ihm noch nicht ganz klar. »Gibt es einen anderen Weg? Können die Menschen nicht auf andere Weise erlöst werden?« Die Antwort lautete: »Nein!« Andrew Murray schreibt: »Für unsere Sünden litt er über die Last des unbeantworteten Gebets hinaus.«

Hier haben wir *die völlige Aufgabe des menschlichen Willens.* Unser Schlachtruf ist wohl eher: »Mein Wille geschehe!« als »Dein Wille geschehe!« Für die Durchsetzung unseres eigenen Willens haben wir hervorragende Gründe. »Es ist besser, daß ich die Macht habe statt sie.« »Ich würde die Macht ganz bestimmt nur für gute Zwecke nutzen.« Aber in der Schule von Gethsemane lernen wir, allem zu mißtrauen, was sich in unseren Gedanken und unserem Willen befinden mag, selbst wenn es nicht direkt Sünde ist. Jesus zeigt uns einen besseren Weg: Den Weg der Hilflosigkeit. Den Weg der Verlassenheit. Den Weg des Verzichts. »Mein Wille geschehe« wird von dem »Dein Wille geschehe« besiegt.

Dies ist ein Beispiel dafür, wie der eigene Wille im Willen des Vaters aufgeht. »Dein Wille geschehe«, sagt Jesus zusammenfassend. Es ist nicht schwer, dem Willen Gottes Beifall zu spenden, ihn zu tun oder für den Willen Gottes zu kämpfen, solange er nicht im Gegensatz zu unserem eigenen Willen steht. Dann wird die Trennungslinie gezogen, die Verhandlung beginnt, und der Selbstbetrug fängt an. Aber in der Schule von Gethsemane lernen wir, daß sich »mein Wille, mein Weg, mein Gut« einer höheren Gewalt fügen muß.

Der Kampf ist notwendig . . .

Wir dürfen nicht glauben, daß uns alles ohne Anstrengung zufallen wird. Das wäre auch nicht wünschenswert. Der Kampf ist elementarer Bestandteil des Gebets des Verzichts. Ist Ihnen aufgefallen, daß Jesus immer wieder darum gebetet hat, der Kelch möge an ihm vorübergehen? Wir dürfen das nicht falsch verstehen; er hätte das Kreuz vermeiden können, wenn er gewollt hätte. Er hatte einen freien Willen, und er hatte die freie Wahl. Er entschied sich dafür, seinen freien Willen dem Willen des Vaters unterzuordnen.

Das war sicherlich keine einfache Entscheidung, keine Sache, die schnell von der Hand geht. Der Gebetskampf Jesu – mit blutigen Schweißperlen – dauerte bis weit in die Nacht. Verzicht ist keine leichte Sache.

All die Helden der Heiligen Schrift haben ebenfalls gerungen: Abraham, als er seinen Sohn Isaak opfern sollte; Mose, als er von der Vorstellung Abschied nehmen mußte, wie der Retter Israels auszusehen hätte; David, als er auf den Sohn verzichten mußte, den Bathseba ihm geschenkt hatte; Maria, als sie die Kontrolle über ihre Zukunft aufgab; Paulus, als er darauf verzichtete, von dem kraftzehrenden »Pfahl im Fleisch« befreit zu werden.

Kampf ist wichtig, denn das Gebet des Verzichts ist ein christliches Gebet und kein Fatalismus. Wir fügen uns nicht einfach in unser Schicksal. Catherine Marshall schreibt: »Die Resignation kennt keinen Glauben an die Liebe Gottes . . . sie legt sich einfach still in den Staub dieser Welt, aus der Gott entwichen zu sein scheint, und die Tür der Hoffnung fällt ins Schloß.«

Wir sind nicht in einer vorherbestimmten, festgelegten Zukunft eingeschlossen. Unsere Welt ist offen und nicht versperrt. Wir sind »Mitarbeiter Gottes«, wie Paulus sagt – wir arbeiten mit Gott zusammen und bestimmen den Ausgang von Ereignissen. Daher sind unsere Gebetsanstrengungen ein ehrliches Geben und Nehmen, ein echter Dialog mit Gott – und ein echter Kampf.

Von Dingen Abschied nehmen, die uns liebgeworden sind

Während ich dies schreibe, erleben meine Frau Carolynn und ich, was es heißt, Verzicht zu üben. Vor etwa einem Jahr wurde mir eine Prophetie gesagt. Es war die erste in einer Reihe weiterer Verheißungen, von denen sich eine Hälfte auf unsere Familie bezog. Sie waren sehr glaubensfördernd und ermutigend. Die zweite Hälfte hatte mit einigen schlimmen Anfechtungen zu tun, die wir durchleben mußten. Das Resultat würde sein, daß wir in einen neuen Bereich des Dienstes katapultiert würden.

Ich wußte nicht, was ich von der zweiten Hälfte dieser Nachricht an uns halten sollte, bis ich vor einigen Monaten eine ungewöhnliche Offenbarung von Gott erhielt. Im Grunde besagte sie, daß ich mich von einigen für mich sehr kostbaren Wurzeln trennen sollte.

Zuerst mißverstand ich diese Worte und nahm an, daß es sich auf die Gemeinschaft einer kleinen Gruppe von Autoren bezog, mit denen ich mich damals traf. (Wenn Gott zu uns spricht, dann heißt das noch lange nicht, daß wir ihn auch gleich richtig verstehen!) Nach und nach begriff ich, daß Gott die Wurzeln meinte, die ich in der Stadt geschlagen hatte, wo ich lebte, und an der Universität, wo ich lehrte. Diese Annahme wurde durch viele Umstände und dem klugen Rat vieler Menschen im Land bestätigt.

Aber das war nur der Anfang der Erfahrung mit dem Gebet des Verzichts. Wir lassen viel mehr zurück als nur die herzliche Freundschaft von über zwölf Jahren, viel mehr als die Grundlage, von der wir unser Programm der Erneuerung, Renovaré, gestartet haben. Ich bin Leiter einer kleinen Gruppe von Autoren. Ich habe diese Gruppe vor fünf Jahren ins Leben gerufen und setze große Hoffnung in ihre Zukunft. Aber ich werde sie aufgeben müssen. Carolynn und ich haben jahrelang davon geträumt, ein möglichst giftfreies Haus zu haben, um die recht schwerwiegenden Allergien in unserer Familie in den Griff zu bekommen. Carolynn hat das Haus entworfen und die Bauarbeiten ein Jahr lang überwacht. Vor kurzem sind wir eingezogen. Aber wir werden darauf verzichten müssen. Und noch auf vieles mehr.

Solche Entscheidungen fällt man nicht über Nacht. Wir gehen hin und her, vor und zurück, und wir wägen die Dinge ab. Wir beten, kämpfen und weinen. Sie können mir glauben, daß wir wirklich mit Gott um diese Entscheidung gerungen haben. Während ich diese Zeilen schreibe, wissen wir noch nicht, was das alles bedeuten soll. Aber unser Verzicht ist eine echte und von Herzen kommende Zustimmung; wir wissen, daß sein Weg für uns richtig und gut ist.

Voller Hoffnung frei

Das Gebet des Verzichts ist ein Loslassen im guten Glauben und voller Hoffnung. Wir resignieren nicht, sondern werden durch das feste Vertrauen in die Güte Gottes ermutigt. Selbst wenn wir nichts anderes erkennen können als die verwobenen Stränge auf dem Teppich des Lebens, wissen wir doch, daß Gott gut ist und daß er unterwegs ist, um uns immer Gutes zu tun. Das gibt uns die Hoffnung, zu glauben, daß wir Gewinner sind – egal, worauf wir gerade verzichten müssen. Gott lädt uns ein, tiefer und höher zu steigen. Er gibt uns eine Schulung in Rechtfertigung, in neugestaltender Macht, in neuer Freude und in tiefer Innerlichkeit.

Manchmal wird uns genau das, worauf wir verzichten mußten, später neu geschenkt. Bevor ich mein erstes Buch *Nachfolge feiern* schrieb, redete ich ein Jahr lang über nichts anderes. Carolynn hatte keine Lust mehr, mir zuzuhören. Es war meine große Leidenschaft.

Dann besuchte ich eine große Konferenz, auf der ein bekannter Autor als Referent davon berichtete, wie sehr seine Karriere als Schriftsteller seiner Ehe geschadet hatte. Das war an sich nicht der Höhepunkt der Konferenz, aber ich hörte die ganze Woche lang nichts anderes. Innerlich hörte ich immer nur diesen einen Satz: »Bist du bereit, dieses Buch um Carolynn und der Jungen willen aufzugeben?«

Gott sprach natürlich mit mir, aber ich war einfach frustriert und wütend: »Warum gibt mir Gott die Idee für ein Buch und sagt mir dann, daß ich es nicht schreiben soll? Außerdem bin ich so weit gereist, habe so viel Geld ausgegeben, und nun kann ich mich auf kein Wort konzentrieren, das der Redner sagt. Was für eine Verschwendung!« Aber die Frage wurde ich nicht wieder los.

Spät am Sonntagabend kam ich am Flughafen an. Auf der Fahrt nach Hause sprachen meine Frau und ich über die Kinder, über den tropfenden Wasserhahn und die Rechnungen, die fällig waren. Carolynn ahnte nichts von meinem inneren Kampf. Als wir zu Hause angekommen waren, nahm ich sie in die Arme und sagte: »Liebling, ich will, daß du eins weißt: Du bist für mich viel wichtiger als dieses Buch. Ich werde es nicht schreiben, wenn es unsere Beziehung gefährdet.« Das war's. Ich ging zu Bett und war zutiefst davon überzeugt, daß ich das Buch niemals schreiben würde.

Das war Sonntagabend. Am Dienstagmorgen lernte ich den Menschen kennen, der mein Herausgeber werden sollte. Der Rest ist Geschichte. Und stellen Sie sich vor: bis heute kann ich mich immer noch an nichts erinnern, was die Redner auf der Konferenz gesagt haben!

Ein unbezahlbarer Schatz

Das passiert natürlich nicht immer. Manchmal geben wir etwas für immer auf. Und dann müssen wir auf die Weisheit Gottes vertrauen und um die Gnade bitten, darüber Ruhe zu finden. Echter Friede ist übrigens die überwältigende Erfahrung jener, die den Weg des Verzichts gegangen sind.

Aber wie ich bereits gesagt habe: manchmal wird uns das zurückgegeben, was wir losgelassen haben. Warum führt Gott uns auf eine solche Achterbahn? Warum sagt Jesus zum Beispiel: »Wenn das Weizenkorn nicht in die Erde fällt und erstirbt, bleibt es allein; wenn es aber erstirbt, bringt es viel Frucht« (Joh 12,24)? Warum fordert Gott offenbar den Verzicht einer Sache, bevor er uns wieder damit beschenkt?

Ein Teil der Antwort ist, daß wir oft so sehr an dem Guten festhalten, das wir kennen, und nichts anderes mehr aufnehmen können, was zwar auch gut ist, wir aber nicht kennen. Gott muß uns helfen, unseren kleinen Blickwinkel zu vergessen, um das Gute zu ermöglichen, das er für uns bereithält.

Aber das ist nur ein Teil der Antwort. Die ganze Antwort liegt in der Tatsache begründet, daß Gott unsere ganze menschliche Persönlichkeit verändern will. Verzicht bringt uns einen unbezahlbaren Schatz: *die Kreuzigung des Willens.* Paulus wußte, was das für ein großes Geschenk ist. »Ich bin mit Christus gekreuzigt«, ruft er freudig aus. Das bedeutet Verzicht. Das bedeutet Kreuzigung. Das bedeutet Tod des selbstbestimmten Lebens. Aber es gibt auch ein hoffnungsvolles Loslassen. »Ich lebe, doch nun nicht ich, sondern Christus lebt in mir. Denn was ich jetzt lebe im Fleisch, das lebe ich im

Glauben an den Sohn Gottes, der mich geliebt hat und sich selbst für mich hingegeben« (Gal 2,19-20).

John Woolman, der Quäker und Schneider, der so viel für die Abschaffung der Sklaverei in Amerika getan hat, hatte einmal eine bewegende Vision. Er hörte eine »sanfte, melodische Stimme, reiner und harmonischer als alles, was meine Ohren je zuvor gehört hatten. Ich glaubte, es sei die Stimme eines Engels, der mit anderen Engeln sprach. Die Worte waren: ›John Woolman ist tot‹.« Woolman war über diese Worte sehr verwirrt und wollte »tiefer eindringen, um das Geheimnis zu verstehen«. Schließlich »fühlte ich, wie eine göttliche Kraft meinen Mund bereitete«, und er erklärte: »›Ich bin mit Christus gekreuzigt‹. Dann wurde das Geheimnis gelüftet, und ich nahm wahr, daß der Satz ›John Woolman ist tot‹ nichts anderes bedeutete als den Tod meines eigenen Willens.«[1]

Der Tod meines eigenen Willens – das ist eine aussagekräftige Sprache. Aber all die großen Meister der Andacht haben es so erlebt. Sören Kierkegaard hatte eine Erfahrung ähnlich der von Woolman. Er schreibt: »Gott schafft alles aus dem Nichts – und alles, was Gott nutzen will, reduziert er zuerst auf ein Nichts.«[2]

Können Sie sich vorstellen, was für eine große Befreiung diese Kreuzigung des Willens ist? Sie bedeutet Freiheit von dem, was A.W. Tozer »die feinen Fäden des Selbst-Lebens, die menschlichen Sünden mit Bindestrich« nennt. Es bedeutet Freiheit von den Selbst-Sünden: Selbstgenügsamkeit, Selbstmitleid, Selbstversunkenheit, Selbstzerstörung, Selbsterhöhung, Selbstzüchtigung, Selbstbetrug, Selbstüberhebung, Selbstsucht, Selbsthaß und viele anderer mehr, die genauso aussehen und ähnlich heißen. Es bedeutet Freiheit, um sich um andere zu kümmern, die Nöte anderer vor die eigenen Bedürfnisse zu stellen und freudig und frei zu geben.

Nach und nach wird unser Wille durch diese tägliche Kreuzigung umgestaltet. Aber wir werden nicht so verändert, wie ein Wirbelsturm die Dinge verändert, sondern wie ein Sandkorn, das eine Auster im Inneren umgestaltet. Zum Vorschein kommt dann neue Gnade, neue Fähigkeit, unsere Sorgen auf Gott zu werfen, neue Freude über den Erfolg anderer und eine neue Hoffnung in Gott, der das Gute will.

Bitte denken Sie daran: Es geht hier um die Kreuzigung des Willens und nicht um die Vernichtung des Willens. Zur Kreuzigung gehört auch immer die Auferstehung. Gott zerstört unseren Willen nicht, sondern er gestaltet ihn um, so daß wir nach einer gewissen Zeit genau das wollen, was Gott auch will. Durch die Kreuzigung des Willens sind wir in der Lage, das Leben nicht mehr festzuhalten und statt dessen unseren besten Gebeten zu folgen.

Die Praxis des Gebets

Nur durch die Ereignisse des täglichen Lebens kann man zu dem Gebet des Verzichts geführt werden. Der Wille wird nach und nach Gott überlassen, während wir die gewöhnlichen Entscheidungen zu Hause, in der Familie und am Arbeitsplatz fällen. Ich kann Ihnen nicht vorschreiben, wie man das macht. Sie werden nicht wissen, wie der Verzicht für Sie aussieht, bis bestimmte Themen angesprochen werden. Die Praxis kommt also durch die gelebte Erfahrung. Ich kann Ihnen jedoch von einigen Erfahrungen mit dem Gebet berichten, die Sie dann für Ihre eigene Situation interpretieren können.

Zuerst muß man das Gebet der Selbstentäußerung lernen. Sie können Philipper 2 meditieren und beten, denn dort ist die Selbstentäußerung, die *kenosis* Christi beschrieben. Er, der göttlicher Gestalt war, nahm freiwillig Knechtsgestalt an und wurde gehorsam bis zum Kreuz. Bitten Sie den Geist Gottes, dieses Gebet auf Sie und die Besonderheiten Ihres Tages anzuwenden. Warten Sie still und hören Sie aufmerksam hin. Und gehorchen Sie sofort.

Zweitens: Lernen Sie das Gebet der Selbstübergabe. Sie können jedes der drei synoptischen Evangelien nehmen. Gehen Sie mit Jesus in den Garten. Bleiben Sie wach und warten Sie. Beobachten Sie, wie traurig seine Seele ist. Lassen Sie es zu, daß auch Ihr Herz traurig und schwer wird. Ringen Sie mit, wenn er nach anderen Möglichkeiten sucht und hofft, daß dieser Kelch an ihm vorübergeht. Sprechen Sie nun diese Worte als Ihre eigenen Worte nach: »Nicht mein Wille, sondern dein Wille geschehe.« Laden Sie den Auferstandenen ein, diese Wort in Ihrem Leben, Ihrer Familie und in Ihrem Beruf auszulegen.

Drittens: Lernen Sie das Gebet der Übergabe. Vielleicht können Sie dabei die Worte von Charles de Foucauld nachsprechen: »Mein Vater, ich überlasse mich dir; mach mit mir, was dir gefällt. Was du auch mit mir tun magst, ich danke dir. Zu allem bin ich bereit, alles nehme ich an. Wenn nur dein Wille sich an mir erfüllt und an allen deinen Geschöpfen, so ersehne ich weiter nichts, mein Gott.« Lassen Sie sich von dem Allmächtigen zeigen, was Sie vor seine Füße legen sollen.

Viertens: Lernen Sie das Gebet des Loslassens. Bringen Sie Ihre Kinder, Ihren Ehepartner und Ihre Freunde vor Gott. Legen Sie dann Ihre Zukunft, Ihre Hoffnungen und Ihre Träume in seine liebenden Arme. Und schließlich bringen Sie Ihre Feinde, Ihre Wut, Ihren Wunsch nach Versöhnung vor Gott. Legen Sie all diese Dinge in seine Arme, drehen Sie sich um und gehen Sie. Er wird sich um alles kümmern – so, wie er es für richtig hält.

Fünftens: Lernen Sie das Gebet der Auferstehung. Sie könnten so beten: »Herr, erwecke das wieder zum Leben, was dir gefällt, und baue dein Reich. Laß es in der Form entstehen, wie du es willst. Laß es zu deiner Zeit und auf deine Art und Weise kommen. Danke, Herr, für deine Auferstehung.« Einige Dinge werden tot bleiben – dann ist es für Sie besser so. Andere werden auf eine solche Weise wieder zu neuem Leben auferstehen, daß Sie sie kaum wiedererkennen. In jedem Fall können Sie darauf vertrauen, daß Gott die Sache mit der Auferstehung besser versteht als Sie.

Unsere Reise in das Gebet des Verzichts ist erst am Anfang. Es gibt noch so viel zu lernen, noch so weit zu gehen. Der Verzicht führt uns in unwegsames Gelände. Der Aufstieg ist steil, die Steine sind kantig, und der Weg führt uns an gefährlichen Abgründen vorbei. Aus unserem menschlichen Blickwinkel sieht es manchmal so aus, als seien wir über die Klippe bereits in den Tod gestürzt. Aber wir wissen es besser. Wir wissen, daß wir völlig zufrieden und ruhig nur in die Arme Jesu fallen können.

O Herr, wie lasse ich Dinge los, wenn ich unsicher bin? Ich bin mir nicht sicher über deinen Willen, über mich selbst . . . Das ist aber nicht das Problem, oder?

Die Wahrheit ist: Ich hasse den bloßen Gedanken, etwas loslassen zu müssen. Ich möchte die Kontrolle haben. Nein, ich muß die Kontrolle haben. Das ist es, oder? Ich fürchte mich davor, die Kontrolle abzugeben. Ich fürchte mich davor, was passieren könnte. Heile mich von meiner Angst, Herr.

Wie gütig von dir, mir meine blinden Flecken zu zeigen, sogar mitten in meinen stolpernden Versuchen, zu beten. Danke!

Aber was tue ich jetzt? Wie übergebe ich dir die Regie? Jesus, bitte lehre mich deinen Weg des Verzichts.

Amen.

6. Das Gebet, das uns verändert

Das Gebet – geheimes, inniges, glaubendes Gebet – ist die Wurzel jeglicher persönlicher Frömmigkeit.

William Carey

»Das Gebet kann Dinge verändern«, sagen die Menschen. Und es verändert auch uns. Das Letztere ist wichtiger. Es ist das Hauptziel des Gebets, uns in die Gemeinschaft mit dem Vater zu bringen, so daß wir, durch die Kraft des Geistes, immer weiter in das Bild des Sohnes umgestaltet werden. Diese Umgestaltung ist das Ziel bei dem Gebet der Veränderung.

Niemand von uns wird sein Gebetsleben aufrechterhalten können, ohne sich zu verändern. Entweder werden wir das Beten aufgeben oder wir verwandeln es in ein kleines System, das äußerlich ganz fromm aussieht, aber insgeheim die Macht Gottes ablehnt. Und das ist das gleiche, als würden wir es aufgeben.

Wenn wir anfangen, mit Gott zu reden, dann ist er gnädig und beantwortet auch unsere mickrigen, egoistischen Gebete. Wir denken: »Dies ist wunderbar. Es gibt Gott wirklich!« Wenn wir diesen Knopf jedoch wieder zu drücken versuchen, dann sagt uns Gott nach einer Weile: »Ich möchte mehr sein als nur der, der deine Wünsche erfüllt. Ich möchte auch dein Lehrer und dein Freund sein. Ich will dir einen besseren Weg zeigen. Ich möchte dich von allem befreien, was dein Leben beschwert: Von aller Gier und Habsucht, von aller Angst und Feindseligkeit.« Vielleicht reiben wir uns daran und kämpfen dagegen an, aber nach und nach lernen wir den Wert der Rechtschaffenheit kennen, und wir bewegen uns auf den gottgewollten Gehorsam zu. Jeden Tag lehrt uns der Geist Gottes auf neue und lebendige Weise mehr. Und während wir uns den Schubsern des Geistes fügen, werden wir von innen nach außen umgestaltet.

Die alten Schreiber hatten für diese dynamische Veränderung einen Begriff – *conversatio morum*[1]. Man kann diesen Begriff nur schwer übersetzen. Im negativen Sinn bedeutet er, dem Status quo abzusterben, den Dingen abzusterben, wie sie schon immer waren. Im positiven Sinne bedeutet er dauernde Veränderung, dauernde Umkehr, dauernde Offenheit gegenüber dem Wirken des Geistes. Jean-Pierre de Caussade schreibt: »Die Seele, leicht wie eine Feder, flüssig wie Wasser und unschuldig wie ein Kind, reagiert auf jede Bewegung der Gnade wie ein fliegender Ballon.«

In den vorherigen Kapiteln habe ich immer wieder darauf hingewiesen, wie das Gebet tief verwurzelte Gewohnheiten unseres Lebens verändern kann. Bei dem Gebet der Veränderung wird dies zum Hauptthema. Entscheidende Fragen müssen angesprochen werden. Wie kann uns dieses Gebet befähigen, den Egoismus zu bremsen und die Last unserer eigenen Wichtigtuerei abzuwerfen? Wie kann es Wachstum hervorrufen? Welche Rolle spielt es, wenn in uns die Frucht des Geistes, Liebe, Freude, Frieden, Geduld, Freundlichkeit, Güte, Treue, Sanftmut und Keuschheit (Gal 5,22) wächst?

Die Grenze des Gebets

Bevor ich weitermache, muß ich Sie warnen. Wir sollten die Rolle des Gebets in der Veränderung unserer »frommen Gewohnheiten« nicht überbetonen. Gebet an sich ist in dem Guten, was es bewirken kann, sehr begrenzt. Es ist nur ein Teil eines größeren Ganzen – wenn auch ein wichtiger Teil.

Dallas Willard nennt drei Hauptbereiche, die Gott für unsere fortwährende Umgestaltung nutzt. Wenn Sie so wollen, ist es ein »goldenes Dreieck« der Veränderung. Im ersten Bereich stehen die klassischen Disziplinen des geistlichen Lebens, Abgeschiedenheit, Fasten, Gottesdienst, Anbetung usw. zu finden. Im zweiten Bereich stehen unsere Reaktionen auf das Wirken des Geistes Gottes: Widerstand, Ungehorsam, Buße, Unterwerfung, Glaube, Gehorsam usw. Der dritte Bereich ist die Geduld, die Gott durch die Frustrationen, Versuchungen und Anfechtungen des täglichen Lebens in uns entstehen läßt.

Daher dürfen wir das Gebet nie von der übrigen christlichen Hingabe trennen und ihm mehr abverlangen, als Gott vorgesehen hat.

Nein, statt dessen wollen wir die dynamische Beziehung zwischen dem Gebet und dem gesamten geistlichen Leben sehen.

Noch eine Warnung: Wenn ich über das verändernde Gebet spreche, dann rede ich nicht über Perfektionismus, sondern über Fortschritt im geistlichen Leben. Begriffe wie »sündlose Perfektion« und »völlige Heiligung« werden heutzutage teilweise heiß debattiert, und obwohl die Themen wichtig sind, habe ich mir noch nicht einmal eine Meinung darüber gebildet.

Worauf ich bestehen möchte, ist die Wichtigkeit des Fortschritts, des Wachstums, der Umgestaltung. Gott möchte uns mehr und mehr nach dem Bild Christi formen: »Denn die er ausersehen hat, die hat er auch vorherbestimmt, daß sie gleich sein sollten dem Bild seines Sohnes, damit dieser der Erstgeborene sei unter vielen Brüdern« (Röm 8,29). Wir wollen sehen, welche Rolle das verändernde Gebet bei dieser Umgestaltung einnimmt.

Sich einander entgegenstrecken

Das sind die passive und die aktive Seite des verändernden Gebets: Auf der aktiven Seite streben wir nach Gott. Wir sind die Reisenden, die sich nach der Stadt sehnen, deren Bauherr Gott ist. Wir sind ein pilgerndes Volk auf einer Wanderschaft des Glaubens. Wir bewirken unser Heil »mit Furcht und Zittern«. Wir üben uns in der Frömmigkeit. Wir jagen dem Ziel der himmlischen Berufung Gottes in Christus Jesus nach (Phil 2,12; 1Tim 4,7; Phil 3,12-14).

Auf der passiven Seite sind wir aufmerksam und aufgeschlossen für Gott. Er sucht uns und wir sind wie Ton in der Hand des Meistertöpfers (Jer 18).

Beide Seiten, die aktive wie die passive, sind notwendig, beide stehen in einer dynamischen Beziehung zueinander – so ähnlich wie Gott und Adam auf dem Fresko von Michelangelo in der Sixtinischen Kapelle: Sie strecken sich einer dem anderen entgegen.

Sich zu Gott hin ausstrecken

Lassen Sie uns miteinander die drei klassischen Wege des aktiven Gebets betrachten, dessen erstes Ziel unsere Umgestaltung ist. Der erste Weg stammt aus den Geistlichen Übungen des Ignatius von Loyola.[2] Ignatius hat dieses Gebetsmodell für jene entworfen, die sich seiner Führerschaft anschlossen, aber es ist ebenso eine Gebetsschule für uns.

Die *Übungen* bestehen aus vier Hauptteilen bzw. Wochen. In der ersten Woche geht es um die Sünde im Licht der Liebe Gottes, in der zweiten Woche um das Leben Christi, in der dritten um die Passion Christi und in der letzten um die Auferstehung Christi.

Jede dieser vier Wochen hat viele Meditationsübungen, die oft den Evangelien entnommen sind. Ignatius zeigt sich als Meister, weil er darauf besteht, daß man bei jeder Meditation alle Sinne nutzt. Wenn wir uns z.B. mit der Verurteilung Jesu beschäftigen, dann sollen wir die Menschenmenge »sehen«, die Beschuldigungen »hören«, den Peitschenschlag »spüren«. Durch die Betonung der Sinne sollen wir vom bloßen Lesen der Geschichte zum Einlassen auf die Geschichte kommen. Wir sehen, hören, schmecken, ertasten und berühren die Geschichte.

Das Ziel ist die Umgestaltung in das Bild Christi – deshalb gibt es während der *Übungen* ein ununterbrochenes Fragen nach besonderen Charismen oder Geistesgaben. Während der ersten Woche suchen wir gewöhnlich die Gnade, von Gott geliebt zu werden und von seiner Liebe umgeben zu sein. Während der zweiten Woche ist es unsere unaufhörliche Bitte, in das Bild Christi umgestaltet zu werden. Wenn wir über die Passion Christi nachdenken, bitten wir fortwährend um die Gnade, dem Verhaftetsein an die Welt zu sterben. In der letzten Woche, die sich mit der Auferstehung Christi beschäftigt, sehnen wir uns aus Gnade nach der Macht des Geistes, damit wir uns immer für Gott und Gottes Weg entscheiden.

Vielen, die diese Worte lesen, wird bei manchen Ausführungen zu den Gedanken des Ignatius vielleicht unwohl, aber ich möchte Ihnen diesen Vier-Stufen-Plan empfehlen. Wir alle haben es nötig, uns tiefer mit unserer Gewohnheit des Ungehorsams und Gottes unendlicher Vergebung zu beschäftigen. Wir brauchen alle ein tieferes

Nachsinnen über das *Leben*, das uns den Weg zeigt, so daß wir »seinen Fußspuren« folgen können. Wir brauchen alle ein besseres Verständnis vom *Tod*, der uns frei macht. Und wir brauchen eine tiefere Erfahrung der *Auferstehung*, die uns dazu befähigt, Christus in allen Dingen zu gehorchen.

Die Mönchsregel des Benedikt

Eine zweites klassisches Modell des verändernden Gebets ist das aktive Streben nach Demut, wie es in der *Regel des Benedikt von Nursia* beschrieben wird. Er benutzt das Bild von Jakob und der Himmelsleiter und beschreibt zwölf Schritte der Demut.

Die Demut hat in unserer Zeit einen solch schlechten Ruf, daß wir wenigstens einige Entstellungen korrigieren müssen, bevor wir entscheiden können, ob wir einen Schritt in diese Richtung tun wollen – nicht zu reden von zwölf Schritten.

In einfachen Worten heißt Demut: so nahe an der Wahrheit zu leben wie irgend möglich – d.h. die Wahrheit über uns selbst, über andere und über die Welt, in der wir leben. Es bedeutet nicht, daß wir uns auf das Schlechteste in uns konzentrieren und uns vor andern möglichst schlechtmachen.

Demut ist voller lebensspendender Macht. Das englische Wort kommt von dem lateinischen Wort *humus*, d.h. Erde. »Demut« (engl.: humility), so schreibt Anthony Bloom, »ist die Erde selbst.« In einer Hinsicht ist die Demut nichts anderes als das Bleiben nahe bei der Erde. Bloom erinnert uns, daß die Erde immer da ist, und wir nehmen es einfach so hin und trampeln auf der Erde herum. Es ist der Ort, wo wir unseren Müll abladen:

»Sie ist da und nimmt alles still und leise hin. Auf wunderbare Weise schafft sie aus all dem Abfall einen neuen Reichtum, und gestaltet so selbst die Verworfenheit zu einer Lebenskraft und einer neuen schöpferischen Möglichkeit um. Sie ist offen für den Sonnenschein, offen für den Regen und bereit, jeden Samen in sich aufzunehmen, den wir säen. Und sie kann dreißigfach, sechzigfach und hundertfach Frucht aus jedem Samen entstehen lassen.«[3]

Solch eine Macht ist die Demut. Und Teresa von Avila erinnert uns: »Demut ist die erste Hilfe zum Gebet.«

Aber wie bekommen wir sie? Die Demut ist eine dieser Tugenden, die wir niemals bekommen, wenn wir uns auf sie konzentrieren. Das ist ein seltsamer Gedanke. Viele haben daraus gefolgert, daß wir nichts gegen die arroganten, egozentrischen Motive tun können, die uns plagen – also warten wir einfach auf Gott, bis er Demut vom Himmel fallen läßt. Aber wir warten umsonst!

Benedikt hat uns einen großen Dienst erwiesen, indem er uns gezeigt hat, daß es hierbei geistliche Arbeit für uns zu tun gibt: Aktivitäten des Verstandes, des Körpers und des Geistes, die den Stolz besiegen und die Freude eines bescheidenen und demütigen Lebens bringen. Obwohl Sie sicher nicht alle diesen Schritten zustimmen, bin ich Benedikt dafür dankbar, weil er uns sehen gelehrt hat, daß es Dinge *gibt*, die wir tun können, um einem Leben in der Demut näherzukommen.

Mehrere Schritte des Benedikt beschäftigen sich mit unserer Beziehung zu Gott: »Habe immer Ehrfurcht vor Gott; lehne deine eigenen Wünsche und deinen Willen ab und tue statt dessen den Willen Gottes; bekenne dem Herrn all deine bösen Gedanken und all deine bösen Taten.« Drei der Schritte beschäftigen sich mit dem Gebrauch der Zunge. Sie betonen gleichzeitig die Wichtigkeit einzelner Aspekte: Wir sollen die Stille üben, frivole Unterhaltungen meiden und eine einfache Sprache pflegen. Einer der Schritte zur Demut ist, Verletzungen und Leiden, die uns begegnen, geduldig zu ertragen. Ein anderer ist, mit allen Dingen zufrieden zu sein.

Zentralpunkt seiner Lehre ist die Einfachheit. Man unternimmt einfache, gewöhnliche Dinge für die Liebe Gottes. Während wir die vielen kleinen Tode sterben, indem wir über uns hinausgehen, finden wir immer mehr zur Gnade der Demut.

Der »Kleine Weg«

Dies führt uns direkt zu dem dritten klassischen Zugang zum verändernden Gebet: der »Kleine Weg« der Thérèse von Lisieux.[4] Diese einfache Frau hat einen Lebensstil entworfen, der aus dem Gebet kommt und schon vielen geholfen hat. Dieser »Kleine Weg«, wie sie es nennt, ist verlockend einfach: Es geht darum, die niedrigste Arbeit zu tun, das ungerechte Urteil willkommen zu heißen, jenen Menschen Freundlichkeit zu erweisen, die uns nerven, und jenen zu helfen, die undankbar sind. Thérèse war davon überzeugt, daß diese »Kleinigkeiten« Jesus mehr gefallen als die großen Taten anerkannter Heiligkeit. Die Schönheit des »Kleinen Weges« liegt darin, daß er allen Menschen zugänglich ist. Kinder und Erwachsene, Gelehrte und einfache Leute, Mächtige und jene ohne Macht können einen solchen Dienst in kleinen Dingen tun. Möglichkeiten, so zu leben, gibt es genug, während die Gelegenheit zu großen Glaubenstaten nur hin und wieder kommt. Wir können einem nörgelnden Arbeitskollegen fast täglich ein freundliches Lächeln schenken, einem tödlich langweiligen Menschen aufmerksam zuhören und kleine Freundlichkeiten tun, ohne uns zu übernehmen.

Wir mögen denken, diese kleinen, trivialen Handlungen seien es nicht wert, betont zu werden. Doch genau darin liegt ihr Wert. Sie sind unerkannte Siege über unsere Selbstsüchtigkeit. Wir werden niemals eine Medaille oder ein »Dankeschön« für diese unsichtbaren Siege im alltäglichen Leben erhalten – und genau das wollen wir.

Eine Begebenheit aus der Autobiographie von Thérèse, *Geschichte einer Seele*, unterstreicht die Verborgenheit des »Kleinen Weges«: Eine ungelehrte und eingebildete Schwester reizte Thérèse mit allem, was sie nur tat. Doch anstatt diese Person zu meiden, nahm Thérèse den »Kleinen Weg« geradewegs auf den Konflikt zu: »Ich habe mich gezwungen, sie so zu behandeln, als würde ich sie über alles lieben.« Thérèse hatte auf ihrem »Kleinen Weg« einen solchen Erfolg, daß dieselbe Schwester nach dem Tode von Thérèse sagte: »Sie hat mich mit ihrem Leben wirklich glücklich gemacht.« Ich bin sicher, damit wäre Thérèse zufrieden gewesen.

Die Gemeinschaft im Alleinsein

Eine andere Seite des verändernden Gebets zielt darauf, mehr zu empfangen statt zu kämpfen; zuzulassen statt selbst in Gang zu setzen. Ein treffendes Bild dafür ist der Ton in den Händen des Töpfers

– er ist weich, formbar und geschmeidig. Betrachten Sie also mit mir drei klassische Zugänge zu dieser mehr passiven Seite des verändernden Gebets. Alleinsein ist der erste und grundlegendste Zugang. »Wenn man nie allein ist, ist es praktisch unmöglich, ein geistliches Leben zu führen«, schreibt Henri Nouwen. Der Grund dafür ist ganz einfach: durch die Abgeschiedenheit befreit uns Gott von unserer Bindung an Menschen und von unseren eigenen inneren Zwängen.

Um das Alleinsein zu erfahren, müssen wir das außer acht lassen, was andere über uns denken. Auch wenn kaum jemand diesen Ruf in die Einsamkeit verstehen wird – selbst unsere engsten Freunde werden es als vertane Zeit und als egoistisch betrachten: Was für eine Freiheit kommt in unser Herz, wenn wir die Meinung der anderen nicht mehr beachten! Je weniger wir uns von Menschen verzaubern lassen, desto mehr können wir die Stimme Gottes hören. Je weniger wir durch die Erwartungen anderer manipuliert werden, desto mehr sind wir offen für die Erwartungen Gottes.

Im Alleinsein sterben wir nicht nur den anderen, sondern auch uns selbst. Um ganz sicher zu gehen: zuerst dachten wir, das Alleinsein sei eine Gelegenheit, um unsere Batterien neu aufzuladen, um mit neuer Stärke und Kraft in den Wettbewerb des Lebens einsteigen zu können. Nach einer gewissen Zeit werden wir jedoch entdecken, daß das Alleinsein uns nicht die Kraft gibt, dieses elende Rennen zu gewinnen, sondern es völlig zu ignorieren. Langsam entdecken wir, wie wir uns von den inneren Zwängen lösen, immer mehr Besitz anhäufen zu wollen, als wir brauchen; jünger auszusehen, als wir sind; eine höhere Stellung anzustreben, als ratsam ist. In der Stille wird mein falsches, überbeschäftigtes Ich demaskiert und als Betrüger entlarvt – als der Betrüger, der ich wirklich bin.

Hieronymus erinnert uns daran, daß wir »niemals weniger allein sind, als wenn wir allein sind«. Ich lade Sie zu dieser Gemeinschaft des Alleinseins ein.

Ein Blick in den Abgrund

So seltsam sich das auch für unsere modernen Ohren anhören mag: das Nachsinnen über unseren eigenen Tod gehört zu den zeitintensivsten Abschnitten der persönlichen Veränderung. In unseren Tagen der ständig wachsenden Selbstliebe wird es uns guttun, wenn wir dieses Nachsinnen wieder zum Leben erwecken. Was würde passieren, wenn wir heute sterben würden? Eine der nüchternsten Einblicke aus so einer Meditation ist die Erkenntnis, daß das Leben ohne uns genauso weitergehen würde. Das ist übrigens auch gut so. Die Sonne würde am nächsten Tag aufgehen. Die Menschen würden ihr normales Leben führen. Nichts Grundlegendes würde sich ändern.

Das ist eine harte Tatsache für uns, die wir uns der Illusion hingeben, daß die Welt sich um unsere Entscheidungen dreht. Wie könnte irgend etwas Wichtiges ohne uns geschehen? Wie kann irgend etwas es *wagen*, ohne uns zu passieren! Wir sind ein wenig wie die Fliege am Rad der Kutsche in den *Fabeln des Aesop,* die zurückschaute und ausrief: »Mann, was für eine Staubwolke ich verursache!«

Ein befreundeter Pastor aus der lutherischen Kirche – Reverend Bill Vaswig – und ich diskutierten einmal über Galater 2,19 und fragten uns, was es bedeutet, mit Christus gekreuzigt zu sein. Wovon sprechen wir dabei überhaupt? Bill sagte: »Laß uns diese Stelle einander zubeten.« Ich wollte die Diskussion eigentlich auf Abstand halten, aber ich schluckte und sagte: »Gut, aber wie machen wir das?« »Ich weiß nicht genau«, sagte Bill. »Aber du machst es zuerst!« Also ging ich zu ihm herüber und fing an zu beten. Ich habe keine Ahnung, was ich gesagt habe; ich hoffte nur, er würde erfahren, was es bedeutet, mit Christus gekreuzigt zu sein.

Als ich fertig war und mich hinsetzte, sah mich Bill mit weit aufgerissenen Augen an und flüsterte: »Es ist passiert!« »Was ist passiert?« fragte ich platt. Er erklärte mir dann, daß mit Beginn meines Gebetes ein Bild vor seinen Augen entstanden war. Es sah seine Kirche, in der ein Beerdigungsgottesdienst stattfand. Er konnte alles ganz klar erkennen: den offenen Sarg, die Kanzel, die hohen Gewölbe. Aber er sah alles, als läge er im Sarg. Es war seine Beerdigung! Als diese Menschen, von Trauer gebeugt, an dem Sarg vorbeigingen, wollte er ihnen sagen, daß alles in Ordnung sei, daß es ihm gut ginge und daß alles, was geschähe, gut sei. Aber sie konnten ihn nicht hören; sie sahen nur einen Leib, und doch war er lebendiger, als er je zuvor gewesen war.

Sein Gebet hatte für mich ähnliche Auswirkungen, denn wir wurden beide an dem Tag mit der Gegenwart des Heiligen Geistes beschenkt. Aber was viel wichtiger war: wir gewannen beide ein tieferes Verständnis vom Sterben des eigenen Ichs.

Das fügsame Gebet

Eine dritte Form des passiven Gebets der Veränderung ist das, was Evelyn Underhill »das fügsame Gebet« nennt. Es ist die Erfahrung, »vollkommen nachgiebig, völlig durchsichtig und ganz in den Händen Gottes zu ruhen«, wie Anthony Bloom es ausdrückt.

Lassen Sie es mich durch ein Bild verdeutlichen. Stellen Sie sich ein Kind vor, das einen Bleistift in der Hand hält und nicht identifizierbare Zeichen auf ein Stück Papier kritzelt. Nun stellen Sie sich vor, wie die Mutter die Hand des Kindes nimmt und mit der eigenen Hand führt; gemeinsam schreiben die beiden wunderschöne Buchstaben. So ist auch das Gebet der Fügsamkeit.

Oder denken Sie daran, wie das Segel eines Bootes erst auf der einen Seite den Wind aufnimmt und dann auf der anderen, während die Person am Ruder es mit wunderbarer Leichtigkeit lenkt. Durch die Geschmeidigkeit des Segels kann es den Vorteil des Windes nutzen. Würde man statt dessen ein hartes, unbewegliches Brett benutzen, dann würde sich das Boot überhaupt nicht von der Stelle rühren. Geschmeidigkeit und eine ungehinderter Zugänglichkeit liegen im Zentrum des fügsamen Gebets.

Überlassen Sie sich den Händen des Meistertöpfers. Haben Sie keine Angst. Er wird »das geknickte Rohr nicht zerbrechen und den glimmenden Docht nicht auslöschen«, heißt es in der Bibel (Mt 12,20). Er tritt niemals auf die Schwachen und rümpft nie die Nase über eine noch so kleine Hoffnung. Lassen Sie es zu, daß seine Hand auf Ihrer Hand ruht und Sie führt. Werden Sie schwach, zerbrechlich, verletzlich. Und nun hören Sie auf die Stimme des wahren Hirten, und lernen Sie von ihm.

Der Segen des Winters

Jedes Jahr, wenn der Winter kommt, sehe ich mir gerne den großen Ahornbaum in unserem Garten an. Er verliert sein grünes Kleid und bekommt ein düsteres Braun. Wenn die Blätter eins nach dem anderen fallen, kommen all die Unregelmäßigkeiten und Fehler des Baumes zum Vorschein. Natürlich sind die Fehler immer da, aber sonst werden sie durch eine grüne Decke vor meinen Augen verborgen. Jetzt ist der Baum nackt und allein, und ich kann ihn in seinem wahren Zustand sehen.

Der Winter erhält und stärkt die Bäume. Anstatt die eigene Kraft auf der äußeren Oberfläche zu nutzen, geht die Lebenskraft immer mehr ins Innere. Im Winter wird ein stärkeres, unverwüstlicheres Leben fest gegründet. Der Baum braucht den Winter, um zu überleben und zu gedeihen.

So verstecken wir oft unseren wahren Zustand hinter einer frommen Handlung, aber wenn die Blätter unserer hektischen Lebensweise fallen, dann kann sich die verändernde Kraft einer »winterlichen Frömmigkeit« auswirken.

Für das äußere Auge sieht alles kahl und unansehnlich aus. Unsere vielen Fehler, Mängel, Schwächen und Unvollkommenheiten stechen klar heraus. Aber nur die äußeren Werte sind zerfallen; das Zentrum der Werte ist gestärkt worden. Die Seele begibt sich nach innen. Echte, solide und starke Werte beginnen, sich tief drinnen zu entwickeln. Echte Liebe wird geboren.

Lieber Herr Jesus, in meinen besseren Augenblicken will ich nichts mehr, als dir ähnlich zu sein. Aber es gibt auch die anderen Momente . . . Hilf mir zu sehen, wie gut es wirklich ist, in deinen Weg einzuwilligen. Möge ich auf meiner Suche nach dir von dir gefunden werden. Ich liebe dich, Herr.
Amen.

7. Das Gebet des Bundes

Wir brauchen die Sehnsucht danach, den ganzen Willen Gottes kennen zu wollen – und den festen Entschluß, ihn auch zu tun.

John Wesley

Das Gebet des Bundes ist der Ruf, der aus den Tiefen des Herzens kommt und seinen Grund in einem vollen, von Gott durchdrungenen Leben hat. Es führt uns an die Kreuzung der persönlichen Entscheidung. Es führt uns durch das Tal heiliger Hingabe, und es bringt uns auf den Bergpfad des gottgewollten Gehorsams.

Der Kern dieses Gebets wird im Bekenntnis des Psalmisten deutlich: »Mein Herz ist bereit, Gott, mein Herz ist bereit« (Ps 57,8). Am Altar des Bundesgebets schwören wir unerschütterliche Treue; wir treffen große Entschlüsse; wir versprechen heiligen Gehorsam.

Verständliche Furcht

Doch viele Menschen heutzutage können nicht sehr gut Verbindlichkeiten einhalten. In mancher Hinsicht ist es nicht unsere Schuld; es liegt einfach in der Luft. Es ist die Stimmung unserer Generation. Verbindlichkeit bedeutet Verantwortung, und Verantwortung bedeutet Einschränkung. Ich selbst scheue auch davor zurück. Warum ist das so?

Es ist heutzutage üblich, Freiheit als die Abwesenheit aller Bindungen zu verstehen. Wenn wir nur einen Moment darüber nachdenken, merken wir schnell, wie lächerlich diese Vorstellung tatsächlich ist. Absolute Freiheit ist absoluter Unfug! Wir erreichen unsere Freiheit durch Verbindlichkeit, Disziplin und feste Gewohnheiten. Demosthenes hatte nur deshalb die Freiheit, ein großer Redner zu sein, weil er die Disziplin gehabt hatte, gegen das Brausen des Meeres mit Kieselsteinen im Mund anzureden. Georg Friedrich Händel konnte seinen berühmten *Messias* nur deshalb komponieren, weil er gelernt hatte, wie man komponiert. Flannery O'Connor besiegte eine schlimme Krankheit und wurde dann zu einer der besten amerikanischen Schriftstellerinnen des 20. Jahrhunderts. Freiheit ist das Ergebnis von Disziplin und Verbindlichkeit.

Außerdem fürchten wir, daß die Verbindlichkeit all unsere Spontaneität und Freude aus unserem Leben verbannen könnte. Das Wort »Gelübde« hört sich so grimmig an, als ob man mit zusammengebissenen Zähnen durchs Leben gehen müßte. Wenn es um das Gebet geht, dann wollen wir uns nicht verpflichtet fühlen. Wir wollen dann beten, wenn uns danach ist. Wir fürchten, daß die Verbindlichkeit das Gebet wie eine obligatorische Übung aussehen lassen könnte, anstatt eine aus freien Stücken getroffene Entscheidung zu sein.

Dietrich Bonhoeffer erinnert uns, daß das Gebet in Wahrheit kein freiwilliges Opfer an Gott sei, sondern ein obligatorischer Dienst, etwas, das er verlange. Aber eine Pflicht muß nicht abstoßend sein. Glauben wir etwa, daß es den vielen Psalmen, die wir so schätzen, an Freude mangelt, nur weil sie ihren Ursprung im Umfeld von Liturgie und Gottesdiensten haben? Glauben wir etwa, daß es Petrus und Johannes, die jeden Tag zur Gebetsstunde in den Tempel gingen, an Spontaneität mangelte, als sie mit dem Lahmen sprachen: »Silber und Gold habe ich nicht; was ich aber habe, das gebe ich dir: Im Namen Jesu Christi von Nazareth steh auf und geh umher!« (Apg 3,6)? Oder daß dieser Mann mit zusammengebissenen Zähnen »im Tempel umherging, umhersprang und Gott lobte« (Apg 3,10)? Nein, wenn die Pflichten in der Kraft des Geistes getan werden, dann können selbst sie sogar mit großer Freude und Segen gefüllt sein. Caussade bezeichnet die Pflicht als »das Sakrament des gegenwärtigen Moments«.

Ich möchte noch einen anderen Grund nennen, warum wir vor Verbindlichkeiten zurückscheuen. Es ist ganz einfach die Angst, daß wir es nicht schaffen, unsere Verpflichtung einzuhalten. Wir haben in der Vergangenheit Versprechen gemacht, die wir nicht eingehalten haben – vielleicht unser Eheversprechen oder ein Versprechen, das wir unseren Kindern gegeben haben. Oder es könnte etwas viel Einfacheres gewesen sein – zum Beispiel das Vorhaben, jeden Tag Stille Zeit zu halten. Wir sind vielleicht sogar auf den Bibelvers gestoßen, der uns warnt: »Es ist besser, du gelobst nichts, als daß du nicht hältst, was du gelobst« (Pred 5,4). Und dann fühlen wir uns für diese gebrochenen Versprechen bestraft.

Gegen diese Angst möchte ich Gnade und Barmherzigkeit setzen. Denken Sie daran, daß selbst der große Apostel Petrus Versprechen gemacht hat, die er nicht halten konnte (Joh 13,36-38). Denken Sie auch daran, daß Gott die Gedanken Ihres Herzens kennt. Er kennt Ihre Schwächen. Oft verurteilt unser Herz uns für Dinge, für die Gott uns nicht verurteilt. Im Gegenteil: Er freut sich über unsere Versuche, ihm zu gefallen. Die Versprechen und Zusagen unseres Herzens sind nicht umsonst. Gott verändert auch unsere Sehnsüchte und Wünsche. Er bringt es irgendwie fertig, daß die Sehnsucht, die tief in uns ist, zum Vorschein kommt – schließlich ist er es, der diese Sehnsucht dort hineingelegt hat!

Lebenspendende Verheißungen

»Bund« ist ein biblisches Wort. Sie kennen vielleicht den Bund, den Gott mit Noah, Abraham, Mose und David geschlossen hat. Jesus hat durch sein Blut den neuen Bund zur Vergebung unserer Sünden begründet.

Der springende Punkt bei einem Bundesschluß ist die Verpflichtung – genau das, wogegen wir uns so sträuben. Aber wo wären wir, wenn Gott sich nicht dazu verpflichtet hätte, die Welt durch die Nachkommen Abrahams zu segnen? Wo wären wir, wenn Jesus sich geweigert hätte, sich zu verpflichten, die Sünden der Welt abzuwaschen? Wo wären wir?

Als Gott seinen Bund mit Mose gemacht hat, versprach er, die Israeliten aus der Gefangenschaft im Land Ägypten zu befreien. Er versprach, ihr Gott zu sein, sie zu beschützen, zu führen und zu segnen. Es gab auch Bedingungen – wir nennen sie heute die Zehn Gebote. Sie sollten die Antwort des Volkes auf die überwältigende Gnade und Güte Gottes sein, ihr Versprechen, treu und gehorsam zu leben. Sie waren nicht als Weg gemeint, um Gott zu gefallen, sondern als Ausdruck des Dankes für Gottes Barmherzigkeit.

Der neue Bund, den Jesus durch sein Blut geschaffen hat, stellt keine geringeren Bedingungen. Er hat sein Gesetz nicht auf steinerne Tafeln, sondern auf die fleischerne Tafel in unserem Herzen geschrieben. Wir haben die Herrlichkeit Gottes im Angesicht Jesu Christi gesehen. Das Opfer von Golgatha ist Gottes bindende Verpflichtung. Er hat mit uns einen Bund geschlossen. Eine Verpflichtung verlangt eine Gegenverpflichtung. Wie ist unsere Reaktion? Wollen wir im Gegenzug unser Leben im Gehorsam opfern?

Der Bund des heiligen Gehorsams

Wir reagieren auf die himmlischen Ouvertüren der Liebe Gottes zuerst durch den Bund des heiligen Gehorsams. Ohne Bedenken geloben wir, dem kleinsten Wink des Vaters zu gehorchen. In vollkommener Hingabe und völliger Einfachheit versprechen wir, der Stimme des wahren Hirten zu gehorchen. Thomas Kelly schreibt: »Es gibt eine Stufe des heiligen und völligen Gehorsams, der fröhlichen Selbst-Ablehnung und des sensiblen Hinhörens, die einfach atemberaubend ist.«

Ich weiß, dies hört sich alles so absolut und endgültig an, daß es uns Angst macht. Wie können wir diese Versprechen jemals erfüllen? Nun, *wir* können es nicht. Der Gehorsam ist Gottes Sache und nicht unsere. Wir können nicht eine einzige gute Tat tun, es sei denn, Gott gibt uns die Sehnsucht danach und befähigt uns dann, sie zu tun. Aber das ist der Punkt. Gott *legt* die Sehnsucht in unser Herz. Sie würden diese Worte nicht lesen, wenn der Wunsch danach nicht in Ihnen entstanden wäre. Und er wird uns nie ein Verlangen schenken, etwas zu tun, ohne uns gleichzeitig die Kraft dazu zu geben.

Außerdem ist Gehorsam längst nicht so beschwerlich, wie es im ersten Moment scheint. Wir tun nichts anderes, als uns Hals über Kopf in den ewigen Freund unserer Seele zu verlieben. Es gibt nur diese eine Möglichkeit, auf den eindringenden, anspornenden, einladenden, überzeugenden Ruf der ewigen Liebe zu reagieren.

Denn Gott stürmt bei dem ersten Anzeichen unserer Offenheit herbei. Und er pflanzt in uns einen unersättlichen Hunger, den nur das wahre Brot des Lebens stillen kann.

Manchmal werden wir bis in unsere Tiefen von einer überwältigenden Erfahrung der Liebe Gottes erfaßt. Als D.L. Moody einmal die Straßen New Yorks hinunterging, wurde er so von der liebenden Gegenwart Gottes erfaßt, daß er zu dem Haus eines Freundes lief, um in einem Zimmer allein zu sein. Dort rollte zwei Stunden lang wie eine Welle nach der anderen Gottes hinreißende Liebe über ihn hinweg. Vielleicht erleben wir ein solches Bild glühenden Lichts, daß wir für alle Zeiten unempfindlich sind gegenüber den Angeboten, andern Herren als Gott zu folgen. In seinem größten geistlichen Moment schrieb Blaise Pascal ein einziges Wort: »Feuer!« Andere werden von einem unbeschreiblichen Frieden heimgesucht, so daß sie gehen und stehen, sitzen und liegen und in völliger Anbetung und Gehorsam, in Verwunderung und Herrlichkeit gefangen sind.

Wir erwachen aus einer solchen aufwühlenden, von Liebe getränkten Zeit und sind für immer verwandelt. Wir richten uns wie eine Kompaßnadel zum Polarstern des Geistes aus. Niemals wieder werden wir uns mit gewöhnlicher Güte zufriedengeben. Uns reichen keine halben Sachen mehr. Wir werden von einem unerbittlichen, unnachgiebigen göttlichen Maßstab für heiligen Gehorsam verzehrt.

Ich habe entdeckt, daß wir solche berauschenden Erfahrungen mit Gott viel öfter machen, als wir im ersten Moment annehmen würden. Aber es kann auch sein, daß wir eine solche, die Seele ergreifende Erfahrung noch nie gemacht haben. Das ist in Ordnung. Mit uns stimmt alles. Wir können durch die Biographien und Aufzeichnungen der Heiligen und durch die vielen wunderbaren Geschichten von unzähligen normalen und unbekannten Menschen an den frohmachenden Wundern und den leuchtenden Beispielen teilnehmen. Diese Erfahrungen sind ja zur Ermutigung des Volkes Gottes gegeben, nicht nur für wenige einzelne.

Wir können auch die Gewohnheit pflegen, uns in Herz und Verstand bewußt nach Gott auszurichten. Während wir die Geschäfte des Tages erledigen, richten wir uns innerlich zur göttlichen Mitte aus. Bei jeder Gelegenheit treten wir mit Bekenntnissen und Bitten vor Gott. »Gnade, Herr«; »ich liebe dich, Jesus«; »zeig mir heute deinen Weg«. Wir steigen mit dem Verstand in unser Herz und leben in stiller Verwunderung, in Anbetung und Lobpreis.

Wir gehorchen ihm *jetzt* in allem, wie wir es können, und mit allem, was wir wissen. Wir stimmen in das Gebet von Elizabeth Fry ein: »O Herr! Hilf mir, damit ich mehr und mehr, einfacher und reiner deinem Dienst gehorsam sein kann.«

Wenn wir hinfallen – und wir *werden* hinfallen –, dann stehen wir auf und versuchen, wieder zu gehorchen. Wir schaffen in uns die Gewohnheit des Gehorsams, und alle Gewohnheiten fangen mit vielen Ausrutschern und falschen Anfängen an. Wir haben auch nicht über Nacht gelernt, wie man geht. Oder wie man Klavier spielt. Wir verurteilen uns ja auch nicht, wenn wir uns den Zeh stoßen oder einen falschen Ton spielen, oder? Ebenso dürfen wir uns auch im geistlichen Leben nicht ungerecht verurteilen. Am Anfang sieht es so aus, als täten *wir* die Arbeit, als wären *wir* die Initiatoren. Aber mit der Zeit werden wir feststellen, daß Gott es ist, der unser Herz mit einem brennenden Verlangen nach absoluter Reinheit erfüllt. A.W. Tozer schreibt: »Wir sehnen uns nur deshalb nach Gott, weil er selbst das Verlangen in uns gelegt hat, das uns zur Suche nach Gott drängt.«

Und das ist eine schöne Sache: wenn wir Gott finden, intensiviert er unser Verlangen nur noch mehr. Haben wir einmal den Gehorsam geschmeckt, dann wollen wir mehr. »Schmecket und sehet, wie freundlich der Herr ist« (Ps 34,9), lädt uns der Psalmist ein. Das ist die paradoxe Erfahrung der Kinder, deren Herz brennt: Je mehr sie von Gott bekommen, desto mehr wollen sie von ihm.

Es geht mir um folgendes: Der Gehorsam stärkt uns, anstatt uns unsere Reserven zu rauben. Wenn wir im Kleinen gehorsam sind, dann werden wir auch die Kraft haben, anderswo gehorsam zu sein. Gehorsam erzeugt Gehorsam.

Damit meine ich den heiligen Gehorsam inmitten der chaotischen Spannungen von Haus, Büro, Schule und Einkaufszentrum. Wir üben den Gehorsam unerschöpflicher Geduld beim Quengeln der Kinder, und wir lernen Freundlichkeit, wenn wir die Frustrationen, Ängste und Schmerzen unseres Ehepartners mittragen. In der Erwartung der Dinge, die wir nicht bestimmen können, lernen wir den Gehorsam des vollkommenen Friedens. Das ist der Bund des heiligen Gehorsams.

Der Bund der Zeit

Das Gebet des Bundes läßt uns in der Bindung des heiligen Gehorsams nicht allein. Es ruft uns zu klaren Entscheidungen auf. In dem Buch *The Saints' Everlasting Rest* rät Richard Baxter uns, die »passendste Zeit, den besten Ort und die beste Vorbereitung des Herzens für das Gebet zu suchen«. Darin gründet die Gewissenhaftigkeit des Bundesgebets.

Der Bund der Zeit bedeutet eine Verpflichtung zum *regelmäßigen* Gebet. In seiner *Regel* bestand Benedikt auf regelmäßigen Gebeten, denn er wollte, daß seine Schüler niemals vergessen, wer die Regie hat. Frommen Menschen passiert es häufig, daß sie ihre Aufgaben mit den Aufgaben Gottes verwechseln. Wie leicht ersetzen wir die Erkenntnis »diese Aufgabe ist wirklich bedeutend« durch den Satz »*ich* bin wirklich bedeutend«. Weil Benedikt dies erkannt hatte, fordert er regelmäßiges Gebet in Abständen über den Tag verteilt – während der offensichtlich dringenden und wichtigen Arbeiten. Auch wir werden entdecken, daß eine Verpflichtung zum regelmäßigen Gebet unsere eigene Wichtigtuerei und die List des Teufels zunichtemachen wird.

Aber was heißt »regelmäßig«? Das hängt von Ihnen, von Ihrer Persönlichkeit und Ihren Bedürfnissen ab. Das alte hebräische Muster ist dreimal am Tag: morgens, nachmittags und abends. Petrus und Johannes begegneten dem Lahmen, weil sie um drei Uhr nachmittags zum Tempel hinaufgingen, um zu beten, so wie es ihre Gewohnheit war (Apg 3,1). Ich kenne eine Gruppe in Indien, die morgens um zehn und nachmittags um drei Uhr Glocken läuten läßt. Das ist das Zeichen, mit dem aufzuhören, was immer man gerade tut, und sich zu versammeln, um für die Nöte der Gemeinschaft in stillem Gebet vor Gott zu treten. Für viele ist das einmalige Beten – besonders am frühen Morgen – sehr hilfreich. »O Herr, frühe wollest du meine Stimme hören«, schreibt der Psalmist (Ps 5,4).

Wir müssen hier vorsichtig sein und dürfen Menschen keine unzumutbaren Lasten auferlegen. Das Leben auf dem Land geht seinen eigenen täglichen Gang, und das Leben in der Stadt hat einen wöchentlichen Rhythmus. Auf dem Land gibt es tägliche Aufgaben, die morgens und abends erledigt werden müssen – Kühe melken und

Hühner füttern zum Beispiel. Hier ist ein täglicher Gebetsrhythmus angebracht. In der Stadt ist alles auf den Freitag ausgerichtet, und die Wochenenden sind dem eigenen Ermessen überlassen. Vielleicht ist es hier besser, dem Gebet einen wöchentlichen Rhythmus zu geben. Anstatt sich schuldig zu fühlen, weil wir uns nicht täglich für das Gebet Zeit nehmen, wäre es vielleicht besser, den Samstagvormittag dem Gebet zu widmen, um eine Zeit des intensiven Gebets und der Stillen Zeit zu haben.

Bei diesem Thema möchte ich den Eltern von Kleinkindern einen Rat geben. Ihr Säugling fordert viel von Ihnen – mehr, als es im ersten Moment scheint –, und noch mehr, wenn Sie alleinerziehend sind. Die Unterbrechungen hören niemals auf. Ihr Schlaf ist nur selten tief, denn man hört immer mit einem Ohr auf das Kind. Es ist wichtig, dies zu erkennen und mit sich selbst gnädig zu sein. Diese Zeit geht vorbei – vielleicht schneller, als Sie denken. Anstatt auf eine stille halbe Stunde zu warten, die man sowieso niemals hat, können Sie Gott in den Zeiten entdecken, die Sie mit Ihrem Kind verbringen. Gott wird Ihnen durch das Kind real werden. Vielleicht können Sie während des Stillens beten; Sie können Ihr Gebet Gott zusingen. In einigen Monaten können Sie zu einem regelmäßigeren Gebetsleben zurückkehren.

Wenn wir für die individuellen Unterschiede und Zeitpläne genügend Spielraum lassen, dann müssen wir uns streng an das regelmäßige Gebetsmuster halten. Wir dürfen nicht annehmen, daß es auf wunderbare Weise von selbst entsteht. Wir werden die Zeit zum Gebet niemals *haben*, wir müssen sie uns *nehmen*. Auf dieser Grundlage müssen wir mit unserer Vernunft erbarmungslos sein. Wir dürfen unser fehlendes Gebet zum Beispiel niemals dadurch entschuldigen, daß wir »immer ein Leben voller Gebet« leben. John Dalrymple beobachtet zu Recht: »Die Wahrheit ist, daß wir nur dann lernen können, immer zu beten, wenn wir uns resolut daran gehalten haben, an einem bestimmten Ort unsere festgesetzte Gebetszeit einzuhalten.«

Verbindlichkeit gegenüber anderen hilft ungemein. Ich treffe mich einmal in der Woche mit einer kleinen Gruppe, und bei jedem Treffen beantworten wir einige Fragen, von denen die erste ist: »Was für Erfahrungen hast du in dieser Woche mit dem Meditieren und

dem Beten gemacht, und was hast du dir für die nächste Woche vor-
genommen?«

Einfache, praktische Entscheidungen können uns helfen, unseren
Bund zu halten. Ich halte gerne jedes Gebet mit Datum in einem
kleinen Ringbuch fest, das ich immer bei mir trage. Wenn ich auf
Reisen bin, dann nutze ich normalerweise den ersten Teil des Fluges
für eine Zeit der Anbetung, des Gebets und der Meditaton. Einen
Winter lang habe ich mir jeden Arbeitstag für 15.00 Uhr einen Ter-
min eingetragen. Ich verließ das Büro für eine Stunde, fuhr fünf Minuten bis in den Zoo und verbrachte mit der Bibel und meinem Tagebuch in der Hand fünfundvierzig Minuten in einem überdachten
Regenwald. Die meisten Menschen haben nicht die Möglichkeit,
dies zu tun, aber uns werden Zeiten einfallen, wenn wir uns an die
Idee gewöhnt haben.

Ich hoffe, Sie wissen, daß man die Tür nicht unbedingt öffnen
muß, wenn es klingelt, und man muß auch nicht unbedingt den Tele-
fonhörer abnehmen, wenn es läutet. Der Erzbischof Anthony Bloom
erzählt von seinem Vater, der eine Notiz an seine Tür schrieb, auf der
stand: »Machen Sie sich nicht die Mühe, zu klopfen. Ich bin zu Hause,
aber ich werde die Tür nicht öffnen.« Ich habe es noch nie geschafft,
das zu tun, aber ich habe bei Gelegenheit ein Schild an die Tür meines
Büros gehängt, auf dem stand: »Konferenz mit dem Chef!«

Sie können ganz sicher sein: Der Teufel wird alles versuchen, Sie
von dieser heiligen Zeit abzuhalten. Ihr Telefon wird klingeln. Die
Mine Ihres Kugelschreibers wird leer sein. Jemand wird an der Tür
klopfen. Sie haben plötzlich das Bedürfnis, etwas zu tun, was Sie
schon seit Jahren nicht getan haben. Und in dieser Hundertstel-
sekunde werden allein Sie entscheiden, ob Sie stark bleiben oder ob
Sie aus dem Heiligtum hinausrennen und sich von dem scheinbar so
Dringlichen tyrannisieren lassen.

Der Bund des Ortes

Wenn der Bund der Zeit uns zur Beständigkeit ruft, dann ruft der
Bund des Ortes zur Bindung an einen Ort. In seinen Tagen sah Benedikt so viele umherwandernde Propheten ohne jegliche Verbind-

lichkeit, daß die »stabilitas loci« zu einer zentralen Aussage seiner *Regel* wurde. Auch wir müssen irgendwo vor Anker gehen.

Der Bund des Ortes hilft uns, konzentriert zu leben. Als ich gerade Christ geworden war, ging ich jeden Morgen hinter die Garage, setzte mich mit der Bibel in der Hand auf die Mauer und stellte die Füße auf die Mülltonnen. Das war heiliger Boden. Wenn es draußen zu kalt war, ging ich in die Abstellkammer unserer kleinen Zweizimmerwohnung in Neu Mexiko. Dort fand ich die Dunkelheit und Stille, die mich lehrten, mich zu konzentrieren. Ich ermutige Sie, sich einen Ort zu suchen, an dem Sie sich konzentrieren können – einen Speicher, Garten, Abstellraum, Dachboden oder einen besonderen Stuhl – irgenwo außerhalb der Routine des Tages, weit entfernt von den vielen Ablenkungen. Lassen Sie es zu, daß dieser Ort für Sie ein heiliges »Zelt der Begegnung« wird. Thomas Merton schreibt:

> »Meine größte Freude ist es, auf den Dachboden unseres Gartenhauses zu klettern und durch das kleine zerbrochene Fenster auf das Tal zu schauen. Dort, in der Stille, liebe ich das grüne Gras. Die knorrigen Ästen des Apfelbaums sind Teil meines Gebets geworden ... Ich liebe diese Abgeschiedenheit so sehr, daß mich von Kopf bis Fuß pures Entzücken überkommt, wenn ich die Straße zu den alten Scheunen entlang gehe. Dann lächelt der Frieden bis in das Mark meiner Knochen.«[1]

Der Bundes des Ortes schließt die Verpflichtung zur Gemeinschaft ein. Wir sind Teil eines Volkes; wir identifizieren uns mit ihm und setzen uns dafür ein. Einige haben einen geistlichen Leiter, jemanden, der sie auf ihrem Weg mit Gott begleitet. Andere treffen sich in kleinen Gruppen – die Kirche in der Kirche – zur gemeinsamen Stärkung und in Verbindlichkeit.

Aber denken Sie daran: Die Gemeinschaft ist ein Geschenk. Wir können sie nicht einfach durch logistische Maßnahmen hervorrufen. Manchmal und mancherorts leben wir ohne diese besondere Gnade. Es ist jedoch unsere Pflicht, sie immer zu suchen, immer willkommen zu heißen und ihre Entwicklung immer zu fördern.

Das Herz bereiten

Wir sollen uns »aufs beste vorbereiten«, sagt Richard Baxter. Lange bevor man entdeckte, daß die Körpersprache unsere innersten Gefühle verrät, drängte Baxter die Menschen, Gott auf solch ungezwungene Weise zu begegnen, daß die geheimsten Gefühle herauskommen können. Wir können laufen, springen, gehen, stehen, knien oder flach auf dem Boden liegen. Wir können mit geschlossenen Augen und in Anbetung und Ehrerbietung verharren, oder wir können unsere Augen in Anbetung und Lob zum Himmel erheben. Wir können unsere Hände heben, klatschen oder falten. Wir können weinen, lachen, singen, schreien. Wir können Trompeten, Lauten, Harfen, Tamburins, Saiten, Pfeifen und laute Zimbeln benutzen. Wir können in stiller Anbetung niederknien.

Wir können unser Herz auch dadurch vorbereiten, daß wir eine »heilige Erwartung« pflegen. Mit unserem inneren Auge gehen wir aus dem Vorhof in den Innenhof. Der Vorhang unseres Herzens wird gelüftet, und wir betreten das »Allerheiligste«. Die Atmosphäre ist voller Erwartung. Wir hören in völliger Stille auf die Stimme unseres Herrn.

Wir können unsere Herzen noch auf andere Weise auf die wunderbare Gegenwart Gottes vorbereiten: indem wir unsere Zunge bändigen. Wieviel angemessener ist es, in völliger Stille vor den heiligen Gott zu treten, als in seine Gegenwart gehastet zu kommen, Herz und Verstand nicht am richtigen Fleck, und noch mit vielen Worten auf der Zunge. Die Bibel ermahnt uns: »Der Herr ist in seinem heiligen Tempel. Es sei vor ihm stille alle Welt!« (Hab 2,20)

Eine besondere Vorbereitung kann sehr hilfreich sein. Der Psalter ist das Gebetbuch der Gemeinde, und ich beginne mein persönliches Gebet oft mit der Lesung eines Psalms. Mein eigene Gemeinde ist völlig gegen Liturgie, aber das ist der Grund dafür, warum ich gerade dieses große Buch der Liturgie benutze, um mein eigenes Gebet zu unterstützen. Manchmal wähle ich auch andere Gebetbücher, um mein Herz einzustimmen. Manchmal schreibe ich meine eigenen Gebete auf und bete sie als tägliche, private Übung, um mein Herz vorzubereiten.

Die Vorbereitung unseres eigenen kleinen »Heiligtums« kann das

Herz in die Anbetung führen. Eine Bekannte von mir steckt in ihrem kleinen Arbeitszimmer eine Kerze an, bevor sie betet. Frische Blumen erfreuen das Auge und die Nase. Ich habe gerne eine Tasse Kaffee in der Hand, wenn ich morgens bete.

Sie werden Ihre eigenen Vorbereitungen treffen. Der Grundgedanke ist, alle uns zur Verfügung stehenden Mittel zu nutzen, und all das, was in uns ist, in die Anbetung zu führen: »Lobe den Herrn, meine Seele, und was in mir ist, seinen heiligen Namen!« (Ps 103,1) Richard Baxter erinnert uns daran, daß sich die Anstrengung lohnt: »Es gibt niemanden, der ein solches Leben voller Freude und Segen führt, wie die, die das himmlische Gespräch kennen.«

Das Gebet als Rendezvous

Bei einem Rendezvous denken wir normalerweise an ein vereinbartes Treffen von Verliebten. Wie passend! Das Rendezvous ist unser besonderes Treffen mit Gott. Wir können völlig frei und offen sein, denn wir betreten das wahre Zuhause unseres Herzens. Unser ewiger Freund lockt uns immer wieder voller Erwartung und Freude in seine Gegenwart. Es ist nicht schwer, eine regelmäßige Zeit des Treffens einzuhalten, denn die Sprache der Verliebten ist die Sprache der Verschwendung. Wir verschwenden gerne unsere Zeit mit Gott, denn uns gefällt die Gemeinschaft mit ihm.

Gelobter Erlöser, ich wünsche mir eine feste Gewohnheit des Gebets. Wenigstens ist es das, was ich im Moment will. Ich weiß nicht, ob ich das in zwei Wochen noch will. Ich weiß, daß ich ohne einen festen Rhythmus in der Gemeinschaft mit dir deinen heiligen Gehorsam nicht kennenlernen werde.
So verspreche ich dir, so gut ich kann, regelmäßig Zeit zum Gebet, zur Meditation und zur geistlichen Lesung zu reservieren. Stärke mich in diesem Bund. Hilf, daß ich mich so an deiner Gegenwart freue, daß ich oft zu dir nach Hause kommen will.
In deinem Namen und um deinetwillens gehe ich diesen Bund ein.
Amen.

Teil II

Die Bewegung nach oben:
Die Nähe suchen, die wir brauchen

Wir sind Verbannte und Fremde, bis wir bei Gott, im wahren Zuhause des Herzens, angekommen sind. Stolz und Angst haben uns in sicherer Entfernung gehalten. Aber während der Widerstand in uns durch die Taten des Glaubens, der Hoffnung und der Treue überwunden wird, bewegen wir uns nach oben, in die Nähe Gottes. Das gibt uns Kraft für den Dienst an anderen.

Leo Tolstoi erzählt die Geschichte von den drei Einsiedlern, die auf einer Insel leben. Ihr Gebet um Nähe und Liebe ist einfach, weil es einfache Leute sind: »Wir sind drei; du bist drei; sei barmherzig mit uns. Amen.« Manchmal passieren Wunder, wenn sie so beten.

Als der Bischof jedoch von den drei Einsiedlern hört, beschließt er, daß sie eine Anleitung zum richtigen Gebet brauchen. So macht er sich auf den Weg zu der kleinen Insel. Nachdem er die Mönche angeleitet hat, setzt der Bischof die Segel, um auf das Festland zurückzukehren, und ist froh darüber, die Seelen dieser einfachen Männer erleuchtet zu haben.

Plötzlich sieht er am Heck des Schiffes einen riesigen Feuerball, der über das Meer geflogen kommt. Als dieser näher herankommt, kann er sehen, daß es die drei Einsiedler sind, die auf dem Wasser laufen. Als sie an Bord des Schiffes geklettert sind, sagen sie zu dem Bischof: »Entschulden Sie bitte. Aber wir haben einige Ihrer Lehren wieder vergessen. Könnten Sie es uns noch einmal beibringen?« Der Bischof schüttelt den Kopf und antwortet leise: »Vergeßt alles, was ich euch gelehrt habe, und betet so weiter wie bisher.«

8. Die Anbetung

In der Schule der Anbetung lernt die Seele, warum jedes andere Thema sie bisher ruhelos gelassen hat.

Douglas Steere

Das Gebet ist die *Antwort* auf die beständige Liebe, mit der Gott jede Seele beschenkt. Wenn unsere Antwort am direktesten ist, nennt man sie Anbetung. Anbetung ist das spontane Verlangen des Herzens, Gott zu loben, zu ehren, ihn zu erheben und zu preisen.

Einerseits ist die Anbetung keine besondere Form des Gebets, denn jedes wahre Gebet ist von der Anbetung durchtränkt. Sie liegt in der Luft, die das Gebet atmet, sie ist das Meer, in dem das Gebet schwimmt. Andererseits unterscheidet sie sich *tatsächlich* vom Gebet, denn in der Anbetung geraten wir in die dünnere Luft der selbstlosen Hingabe. Wir wollen nichts anderes als ihn loben, ihn erhöhen. Wir konzentrieren uns auf nichts anderes als auf seine Güte. »In dem Gebet der Anbetung lieben wir Gott, weil er er selbst ist, weil er Freude ausstrahlt, weil er ist, der er ist.«

Das Abenteuer der Anbetung

Ich besuchte das jährliche Treffen einer kleinen Gruppe von Autoren. Diese Begegnungen sind immer aufbauend. In diesem Jahr trafen wir uns in einer wunderbaren Hotelanlage nahe der kanadischen Grenze. Ich merkte jedoch bald, daß ich mich von den intellektuellen Scherzen innerlich zurückzog. Ich kannte die Gründe für meine innere Zurückhaltung nicht genau. »Ich bin den hektischen Reiseplan wahrscheinlich leid«, überlegte ich mir, »und mein Geist ist traurig und niedergedrückt durch die vielen Leiden und Sorgen. Vielleicht löst ein bißchen Einsamkeit das Problem.« Tief drinnen fühlte ich jedoch, daß ich mehr brauchte als nur ein bißchen Einsamkeit. Aber was?

Am nächsten Tag war der frühe Nachmittag frei, und am späten Nachmittag waren Lesungen angesetzt, deren Besuch jedem freigestellt waren. Das war die ideale Zeit, um allein zu sein. Nach dem Mittagessen machte ich mich auf die Tour zu einem nahegelegenen See. Ich freute mich an der schier unendlichen Vielfalt der Blau- und Grüntöne. Dann hielt ich in einer nahegelegenen Stadt und schlenderte durch die Geschäfte. Meine Anonymität ermöglichte mir die Einsamkeit inmitten all der Menschen.

Es war Zeit, zu den Lesungen zurückzukehren, und doch spürte ich, daß das, was in mir passieren sollte, noch nicht geschehen war. Auf dem Rückweg erblickte ich ein merkwürdiges Schild, das zu einem nahegelegenen Wasserfall wies. Ich bog in die kurvenreiche Straße ein, die sich durch den dichten Wald schlängelte, und kam bei den Wasserfällen an.

Zu Fuß folgte ich dem Strom flußabwärts, und nach einer Stunde hatte ich alle begehbaren Wege hinter mir gelassen; ich war von Touristen und Wanderern weit entfernt. Ich suchte mir meinen Weg zwischen Findlingen und umgestürzten Bäumen hindurch und kam schließlich zu einer hervortretenden Felsgruppe, die bis in das Wasser reichte und den Fluß zwang, einen Umweg zu machen. Mit großer Anstrengung kletterte ich auf den Granitfelsen und genoß dann einfach die Herrlichkeit des Canyons über mir und die reißenden Wasser unter mir.

Was danach passierte, ist nur schwer in Worte zu fassen. Das Rauschen des Flusses verschluckte schnell jeden Ton, den meine Kehle hervorbringen konnte, und so fühlte ich mich frei, meinen Dank und mein Lob an Gott einfach hinauszuschreien. Ein Geist der Anbetung und des Feierns kam über mich, und ich begann, zu der Melodie des himmlischen Trommlers und des eingegebenen Textes zu singen. Ich sang im Geiste mit – Lieder und Psalmen kamen aus den Tiefen meines Gedächtnisses; auch geistliche Lieder kamen mir in den Sinn und purzelten in spontaner Bewegung aus mir hervor. Für alle Dinge, Großes und Kleines, sprudelte Dank aus mir heraus. Loblieder stimmten in den Fluß fröhlichen Lobes ein. Es war, als wäre ich auf meine bescheidene Art eingeladen, in den unendlichen Lobgesang einzustimmen, der vor dem Thron Gottes ist. Zu Anfang der Erfahrung war ich völlig überschäumend, aber nach und nach machte die Begeisterung dem Flüstern »Heilig! Heilig! Heilig!« Platz. Die Anbetung wurde immer tiefer, immer reicher. Ich hatte damit begonnen, den Namen Gottes zu loben, und konnte ihn schließlich nur noch hauchen. Die Erhebung mündete in die Anbetung.

Worte der Verehrung ging noch in leisem Murmeln einige Zeit weiter. Dann kam eine hörbare Stille über mich, die sich nach notwendiger Anleitung für die kommenden Tage ausstreckte. Aber zugleich deuteten die immer länger werdenden Schatten des Canyons das Ende des Tages an. In vollkommener Stille ging ich flußaufwärts zurück, innerlich geneigt vor Scheu und Bewunderung. Die innere Ruhe hielt einige Tage an. An diesem Nachmittag erlebte ich keine Ekstase im herkömmlichen Sinne des Wortes, sondern ich stimmte in eine liebevolle Anbetung ein, die unsere Sorgen heilt und uns näher zum Herz des Vaters zieht.

Die zwei Seiten der Anbetung

Anbetung hat zwei Seiten: Dank und Lob. Im Dank verherrlichen wir Gott für das, *was er für uns getan hat*; im Lob verherrlichen wir ihn dafür, *wer er ist.*

Der Unterschied ist bedeutend, aber wir dürfen ihn nicht zu wichtig nehmen. In der Praxis sind die beiden miteinander verwoben und Teil eines organischen Ganzen. Die Schreiber der Bibel benutzen die Worte oft abwechselnd oder beide zugleich: »Ich will dir danken in großer Gemeinde; unter vielem Volk will ich dich rühmen« (Ps 35,18). Dank und Lob gehören beide zu der Erfahrung jeder echten Anbetung.

Die alttestamentliche Welt ist voll von Dank. In den Tagen des Königtums wählte sich König David bestimmte Priester und Minister mit einer einzigen Bestimmung aus: ». . . daß sie priesen, dankten und lobten den Herrn, den Gott Israels« (1Chr 16,4). Er berief bestimmte Musikanten, die nichts anderes tun sollten, als »allezeit mit den Trompeten zu blasen« (1Chr 16,6). Und dann gab es auch das Lobopfer, das zum Gottesdienst des alten Israel einfach dazugehörte (3Mo 7,12 usw.).

Es ist schwer, eine Seite in dem Psalter zu finden, die nicht Worte des Dankes enthält: »Danket dem Herrn, denn er ist freundlich, und seine Güte währet ewiglich« (Ps 106,1). »Ich danke dem Herrn von ganzem Herzen« (Ps 9,2). »Herr, mein Gott, ich will dir danken in Ewigkeit« (Ps 30,13). Und es geht immer so weiter; Dank folgt auf Dank.

Jesus war der Mensch, der am meisten dankte. Die Überschrift, die über seinem Leben steht, ist das Gebet: »Ich preise dich, Vater, Herr des Himmels und der Erde« (Lk 10,21). Auch Paulus kannte den Geist der Dankbarkeit: »Ich danke meinem Gott durch Jesus Christus für euch alle« (Röm 1,8). Die biblischen Zeugen sprechen ganz sicher mit einer Stimme und ermuntern uns: »Sagt Dank Gott, dem Vater, allezeit für alles, im Namen unseres Herrn Jesus Christus« (Eph 5,20).

Wenn wir überhaupt eine Trennungslinie ziehen können, hat das Lob einen höheren Stellenwert als die Danksagung. In seinem Klassiker *Vom Beten* schreibt Ole Hallesby:

> »Solange ich danke, drehen sich meine Gedanken noch ein wenig um mich selbst. Aber beim Lobpreisen schwingt die Seele sich zu selbstvergessener Anbetung auf, die nur Gottes Allmacht, seine Gnade, sein Opfer anschaut und besingt.«[1]

Die Bibel ist bis an die Ränder voller Lobgesang. Der alte Gesetzeskodex überrascht uns mit seinen nachdrücklichen Worten: »Er ist dein Lobgesang, er ist dein Gott« (5Mo 10,21; Einheitsübersetzung). Die Psalmen erklingen mit der Erregung des Lobes: »Halleluja! Lobe den Herrn, meine Seele! Ich will den Herrn loben, solange ich lebe und meinem Gott lobsingen, solange ich bin« (Ps 146,1-2). »Ich will den Herrn loben allezeit; sein Lob soll immerdar in meinem Munde sein« (Ps 34,2). »Rühmet den Herrn, die ihr ihn fürchtet« (Ps 22,24). »Er hat mir ein neues Lied in meinen Mund gegeben, zu loben unsern Gott« (Ps 40,4).

Der Schreiber des Hebräerbriefes fordert uns auf: »So laßt uns nun durch ihn Gott allezeit das Lobopfer darbringen, das ist die Frucht der Lippen, die seinen Namen bekennen« (Hebr 13,15). Und der Schreiber der Offenbarung versichert uns, daß das Lob im Himmel eine wichtige Angelegenheit ist:

> »Und ich sah, und ich hörte eine Stimme vieler Engel um den Thron und um die Gestalten und um die Ältesten her, und ihre

Zahl war vieltausendmal tausend; die sprachen mit großer Stimme: Das Lamm, das geschlachtet ist, ist würdig, zu nehmen Kraft und Reichtum und Weisheit und Stärke und Ehre und Preis und Lob!« (Offb 5,11-12)

Das Preisen, das hier gemeint ist, ist jubelndes Lob, Lob in seiner höchsten Form. »Lobe den Herrn, meine Seele«, fordert der Psalmist sich selbst auf, »und was in mir ist, seinen heiligen Namen« (Ps 103,1). Lukas beendet sein Evangelium damit, wie die Gemeinde in Jerusalem Gott lobt: »Und [sie] waren allezeit im Tempel und priesen Gott« (Lk 24,53). Wenn wir mit dem Preisen Gottes Erfahrungen machen, dann ist die Seele vom Lob hingerissen.

Wer kann die Bedeutung dieser doppelten Funktion des Herzens und des Verstandes in Frage stellen? Zusammen helfen sie uns, die Bedeutung der Anbetung zu erschließen. Mögen unsere Herzen aufgewühlt sein. Möge unser Verstand verjüngt werden. Mögen wir begeistert in das alte Wallfahrtslied auf den heiligen Berg Zion einstimmen: »Gehet zu seinen Toren ein mit Danken, zu seinen Vorhöfen mit Loben; danket ihm, lobet seinen Namen« (Ps 100,4).

Tränen in den Augen Gottes

Wenn wir nur in das Herz Gottes sehen könnten, dann würden wir öfter zum Lob und zum Dank getrieben werden. Es ist für uns leicht zu denken, daß Gott so erhöht, so majestätisch ist, daß ihm unsere Anbetung egal ist. Keine Frage: Die Selbst-Genügsamkeit Gottes ist ein wunderbares Dogma, aber wir sollten die Worte Augustins in Gedanken behalten: »Gott dürstet danach, daß man nach ihm dürstet.«[2]

Unser Gott ist nicht aus Stein. Sein Herz ist sehr sensibel und zart. Keine Tat bleibt unbemerkt, egal wie unbedeutend und klein sie auch sein mag. Es bedarf nur wenig, um ihn zum Weinen zu bringen. Wie eine stolze Mutter, die sich darüber freut, daß ihr Sohn ihr einen verwelkten Strauß Löwenzahn bringt, so feiert Gott unseren bescheidenen Dank.

Denken Sie an Jesus, der die zehn Aussätzigen geheilt hat. Nur einer kam zurück, um sich zu bedanken, und das war ein Samariter.

Wie bewegt war Jesus durch den einen, wie traurig war er wegen der neun anderen. Denken Sie an die Frau, die die Füße ihres Herrn in ihren Tränen des Dankes gebadet hat. Wie bewegt war er durch diese einfache Hingabe. Denken Sie an die Frau, die in merkwürdiger Verschwendung den Kopf Jesu mit kostbarem Parfüm salbte. Wie sehr bewegte ihn diese verschwenderische Tat der Anbetung! Und wie ist es mit uns? Dürfen wir uns zurückhalten? Es macht dem Herzen Gottes Freude, wenn wir die durchbohrte Hand nehmen und einfach und wahrhaftig sagen: »Danke, ich lobe und preise dich!«

Hindernisse bei der Anbetung

C.S. Lewis nennt mehrere Dinge, die uns von der Anbetung abhalten.[3] Das erste Hindernis ist Unaufmerksamkeit. Wie leicht läßt man sich von den Turbulenzen abhalten, und man verpaßt die großen Angebote der göttlichen Liebe. Nicht nur, daß wir uns in der Hast nach Dingen verlieren. Es sind die legitimen Anspüche des Hauses, der Familie, der Schule und des Arbeitsplatzes, die sich zusammentun und dem Leben seine Klarheit nehmen. Unsere Verpflichtungen scheinen über Nacht ins Unendliche anzuwachsen. Wir können nicht anbeten, wenn wir nichts sehen.

Ein zweites Hindernis ist die falsche Aufmerksamkeit. Wir sehen einen Sonnenuntergang und fühlen uns zur Analyse genötigt, anstatt zum Lobgesang. Frustrationen treten auf, und wir nehmen nichts wahr außer der Frustration – wir »ignorieren den Duft der Göttlichkeit«.

An einem warmen Sommerabend leitete ich einmal einen Gottesdienst in einem Haus. An einem bestimmten Punkt des Abends ermutigte ich jeden, in »lauschender Stille« auf Gott zu warten. Die Stille wurde jedoch bald durch die Katze des Hausherrn gestört, die an der Tür kratzte und herein wollte. Je mehr ich versuchte, die Katze zu ignorieren, desto schlimmer wurde es. Ich betete, daß Gott etwas tun möge – daß er die Katze wegschickte oder auf magische Weise die Tür öffnete, und noch ein paar andere drastische Gebete, die ich hier nicht nennen möchte, da Sie Katzen vielleicht gern haben. (Komischerweise kam es mir nie in den Sinn, aufzustehen und die Katze hereinzulassen!)

Später am Abend brachte jemand das Thema auf die Katze. Jeder erzählte davon, wie sehr ihn die Katze daran gehindert hätte, sich ganz auf Gott zu konzentrieren. Jeder, außer Bill, einem ehemaligen Missionar, der mit der Weisheit des Heiligen Geistes ausgestattet ist.

Bill saß nachdenklich da und sagte kein Wort. »Bill«, fragte ich ihn, »was denkst du?« »Oh«, sagte er mit Bedacht, »ich habe mich gerade gefragt, was Gott uns wohl durch die Katze sagen wollte.« Soweit ich weiß, haben wir niemals eine »Nachricht« von einer Katze erhalten, die an einer Tür kratzt . . . außer dieser: Ich betrachtete die Katze als Störung. Bill betrachtete sie als möglichen Boten. Und das kann sehr wohl die »Nachricht« für jeden von uns an diesem Abend gewesen sein.

3) Ein drittes Hindernis zur Anbetung ist »geistliche« Habsucht. »Anstatt zu sagen ›dies bist auch du‹, sagt man vielleicht das fatale Wort ›Zugabe!‹« Ein Grund, warum unsere Sucht nach immer mehr unsere Fähigkeit zur Anbetung zerstört, liegt darin, daß sie uns von der Besinnung abhält. Das Nachsinnen über eine Rose oder einen Vers aus der Bibel ist der Stoff, aus dem die Anbetung gemacht ist. Alle unsere Sinne können dabei beteiligt sein. Wenn wir nach einem »noch einmal« fragen, dann bitten wir um mehr, als Gott uns gerade geben möchte. Anstatt einfach die Annehmlichkeiten zu genießen, verlangen wir nach mehr Annehmlichkeiten – ob wir sie nun genießen können oder nicht.

4) C.S. Lewis nennt noch ein weiteres Hindernis: Hochmut. Wie leicht stehen Menschen, die Gott im Alltäglichen entdecken, in der Gefahr, hochmütig zu werden! Wir sind alle erschrocken darüber, daß andere nur das Graue im Himmel sehen können, wenn wir »verzückt die wunderbaren Dinge wie Perlen, Tauben und Silber betrachten«. Wir, die wir Lehrer der Gemeinde sind, erliegen dieser Versuchung besonders leicht. »Habt ihr es immer noch nicht?« klagen wir. »Es ist doch genau vor eurer Nase!« Natürlich haben wir uns mit diesen Dingen während der letzten fünfzehn Jahre beschäftigt, während unsere Zuhörer erst jetzt damit konfrontiert werden. Wenn Hochmut ins Spiel kommt, dann beschäftigen wir uns damit,

98

wie wunderbar wir sind – deshalb schneidet Hochmut die Verbindung zur Anbetung so vollkommen ab.

Stolpersteine

Dank und Anbetung müssen gelernt werden. Sie kommen nicht automatisch. Nehmen Sie unsere eigenen Kinder! Sie müssen nicht lernen, wie man nach Dingen fragt. Um einen empirischen Beweis dafür zu haben, brauchen wir mit unseren Kindern nur in ein Einkaufszentrum oder in einen Supermarkt zu gehen! Aber um Dank auszudrücken? Das ist eine völlig andere Geschichte. Was für einer endlosen Anstrengung bedarf es, um unseren Kindern die gute Gewohnheit der Dankens beizubringen.

Dasselbe gilt auch für uns. Dankbarkeit, Lob, Anbetung – dies sind nur selten die ersten Dinge, die uns in den Kopf kommen . . . oder auf unsere Lippen. Wir brauchen all die Hilfe, die wir bekommen können, um zu einer tieferen, vollkommeneren Anbetung zu kommen. Die folgenden Stolpersteine werden, so hoffe ich, die Zeichen auf dem Wege sein.

Wir beginnen genau da, wo wir sind – bei den Frustrationen und Ängsten, den Ecken und Kanten des Alltags. Wenn wir zum Beispiel sehr traurig sind, dann hilft es uns selten, die vielen Segnungen zu zählen oder die herrlichen Eigenschaften Gottes aufzusagen. Wir lernen die Anbetung im universellen Rahmen nicht dadurch, daß wir uns auf das Großartige, auf den ganzen Kosmos konzentrieren. Jedenfalls nicht am Anfang. Es macht uns müde und besiegt uns, wenn wir so anfangen wollen.

Nein, wir fangen auf einfachere Weise an. Wir lernen nichts über die Güte Gottes, indem wir uns darauf konzentrieren, sondern indem wir einen Schmetterling beobachten. Hier ist also mein Rat: Fangen Sie damit an, auf die kleinen Lebewesen zu achten, die auf dem Boden herumkriechen. Versuchen Sie nicht, sie zu untersuchen oder zu analysieren. Schauen Sie sich einfach die Vögel und die Eichhörnchen und die Enten an. Schauen Sie einfach.

Gehen Sie an einen kleinen Bach und spritzen Sie sich etwas Wasser auf Ihr brennendes Gesicht. Versuchen Sie nicht, alle die

Probleme der Umweltverschmutzung und des Ökosystems in diesem Augenblick zu lösen, sondern fühlen Sie einfach das Wasser. Versuchen Sie vor allem nicht, Gott in dem Wasser zu finden, oder sich anzustrengen, um für das Wasser dankbar zu sein. Lassen Sie es einfach zu, daß die kühle Nässe Ihre Haut erfrischt. Setzen Sie sich jetzt zurück und lauschen Sie den Geräuschen des Baches. Beobachten Sie die Zweige der Bäume, wie sie sich vor- und zurückbiegen. Sehen Sie sich die Blätter an, die im leichten Wind rauschen. Nehmen Sie ihre Form wahr, ihre Farbe, ihre Machart. Lauschen Sie der Symphonie der rauschenden Blätter, der umherkletternden Eichhörnchen und der zwitschernden Vögel. Denken Sie daran: nicht analysieren, sondern einfach nur betrachten.

Wenn wir diese Dinge regelmäßiger tun, dann werden wir nach und nach die Annehmlichkeiten *erfahren*, anstatt sie genau zu erforschen. Was dies in uns bewirkt, ist ganz und gar wunderbar. Wir werden zuerst zu diesen kleinen Freuden hingezogen, und dann kommen wir durch sie zu dem Geber dieser Freuden. Wahre Freuden sind »Tunnel der Herrlichkeit«, wie C.S. Lewis sie nennt. Wenn dies passiert, dann fließen Dank und Lob und Anbetung zur rechten Zeit wie von selbst: »Die Anbetung ist an sich schon eine kleine Theophanie.«

Hier fangen wir an, aber hier hören wir nicht auf. Ein weiterer Stein, den wir als Brücke über die Wasser unseres Narzißmus legen müssen, ist das, was Sue Monk Kidd »die dankbare Mitte« nennt. Jeder von uns hat so ein Zentrum in seinem Leben – eine Zeit und einen Ort, wo wir frei sind von all dem Reißen und Zerren, all dem Schubsen und Schlagen, all der Mißbilligung und Uneinigkeit.

Lassen Sie mich einen guten Mittelweg beschreiben. Ich war sieben Jahre alt, als meine Eltern versuchten, an die Westküste der USA zu ziehen. Unsere relative Armut holte uns jedoch ein, und wir waren gezwungen, den Winter in der Hütte eines Onkels in den Rocky Mountains zu verbringen. Für meine Eltern war es eine sehr schwierige Zeit, da bin ich sicher, aber für mich war es herrlich. Für einen Stadtjungen, der plötzlich in ein Paradies von riesigen Pinien, Rosenquarz und plätschernden Bächen kommt, ist vielleicht das Wort *Paradies* noch eine Untertreibung. Selbst die Einfachheit der Hütte – das Anzünden einer Kerze, das Kochen am Lagerfeuer, die Toilette draußen – vergrößerte das Abenteuer nur noch.

Meine Brüder und ich nahmen viele Granitfestungen ein, fanden Pfeilspitzen und geheime Verstecke. Als die Winterstürme kamen, »begleiteten« wir Admiral Byrd auf vielen kalten Expeditionen. Zu Weihnachten half ich meiner Mutter, Kiefernzapfen silbern anzumalen.

Am liebsten erinnere ich mich an den Kamin. (Ich kannte sonst noch keinen Kamin, denn in unserem Haus in Nebraska hatte ein Kohleofen die Wärme gespendet.) Jeden Abend baute ich das Bett auf, das tagsüber in der Couch versteckt war, und kletterte unter die dicken Decken; mein Kopf war weniger als drei Meter von der knisternden Wärme entfernt. Jeden Abend schlief ich beim Anblick der seltsamen gelben Flammen ein, die uns alle wärmten. Dort fand ich die tiefste Geborgenheit.

Noch heute kann ich durch die Erinnerung zu dieser Mitte zurückkehren und dort die Dankbarkeit gegenüber Gott erfahren, der jedem gute Dinge gibt. Ich versuche nicht, den Kämpfen und Schwierigkeiten des modernen Lebens zu entfliehen, sondern ich gebe mir selbst einen Bezugspunkt, von dem aus ich diesen Kämpfen und Schwierigkeiten begegnen kann.

Auch Sie haben ein solches Zentrum, da bin ich sicher. Gehen Sie, so oft Sie können, in Ihre Vorstellungswelt. Lassen Sie es zu, daß von dort leise Gebete des Dankes fließen können.

Solche Erfahrungen können uns auf dem Weg zum nächsten Stolperstein helfen: der Praxis der Dankbarkeit. Wir können jetzt eine Gewohnheit der Dankbarkeit für die einfachen Geschenke entwickeln, die uns jeden Tag begegnen. Carolynn und ich sind gerade zurückgekommen; wir haben Gänse gefüttert, die ab und zu einen kleinen Teich hinter unserem Haus besuchen. Das ist etwas, wofür wir dankbar sein können. Ich bin jetzt dankbar für die kühle Brise, die die Sommerhitze erträglich macht. Und für die wunderbar symmetrisch geformte Fichte vor meinem Arbeitszimmer – dafür danke ich. Sie verstehen, was ich meine: Nahrung, Heim, Kleidung, das Leben selbst – für all diese Dinge und noch viel mehr sind wir dankbar. Versuchen Sie, einen ganzen Tag voller Dankbarkeit zu leben. Gleichen Sie jede Beschwerde mit zehn Danksagungen aus, jede Kritik mit zehn Komplimenten. Wenn wir die Dankbarkeit *praktizieren*, dann kommt eine Zeit, in der wir nicht »bitte«, sondern »danke« sagen.

Wir sind jetzt bereit, die Schwelle zu überschreiten, die uns am Anfang zu hoch gewesen wäre: Gott zu preisen. Um etwas zu preisen, macht man es größer, über die eigentliche Proportion hinaus. Wenn wir über uns oder über unsere Aktivitäten sprechen und uns dabei überschätzen, kann das wirklich gefährlich sein. Aber wenn wir Gott preisen, dann befinden wir uns auf sicherem Boden. Wir können über die Güte Gottes, über seine Liebe einfach nicht genug sagen. Die übertriebenste Sache, die wir uns vorstellen können, ist immer noch weit unter der Wirklichkeit Gottes.

Die einfachste Art anzufangen, Gott zu erhöhen, ist der Psalter. In beinahe jedem Psalm können wir einen Teil finden, der uns im Lob leitet: »Preiset mit mir den Herrn, und laßt uns miteinander seinen Namen erhöhen!« (Ps 34,4) Wir lassen es zu, daß diese Worte unsere eigenen werden.

Nach und nach werden die Worte nicht nur unsere eigenen, sondern sie werden uns auch zu unseren eigenen Worten führen. Wir können damit anfangen, daß wir Worte der Dankbarkeit sprechen, die uns dann zur Anerkennung, Würdigung, Preis und Anbetung führen.

Musik ist dabei eine große Hilfe. Es gibt heute genug Lobgesänge, die selbst traurige Herzen zur Anbetung führen können. Freudig können wir bei diesen Liedern einstimmen, selbst wenn wir nur wenig musikalisches Talent haben. Zu Hause oder im Auto hört kein anderer zu außer Gott. Und er freut sich darüber.

Der letzte Stolperstein, den ich nennen möchte, ist die fröhliche, witzige, füßetrampelnde Feier. Wir klatschen, lachen, rufen, singen, tanzen. Man feiert am besten in Gemeinschaft, aber selbst wenn wir allein sind, sind wir nicht allein, denn wir stimmen in den jubelnden Chor der Engel und Erzengel und aller lebenden Geschöpfe ein, die wir nur erahnen können. Wie Mirjam tanzen und singen wir dem Herrn, der herrlich triumphiert hat, der Pferde und Reiter ins Meer gestürzt hat (2Mo 15). Wie Maria preist unsere Seele den Herrn, und unser Geist freut sich in Gott, unserem Retter (Lk 1).

Wir sind in unserer Betrachtung der Anbetung einen weiten Weg gegangen. Wir haben mit Babyschritten angefangen, was C.S. Lewis die »Anbetung der unendlich Kleinen« nennt. Aber zu Gottes Zeit und auf Gottes Weise werden wir unwiderstehlich in die Anbetung Gottes geführt, der ewig, unsterblich, unsichtbar und der einzig weise Gott ist (1Tim 1,17).

O höchster, herrlicher Gott, wie groß ist meine Verlegenheit! In deiner ehrfurchtgebietenden Gegenwart scheint die Stille das Beste zu sein. Und doch – wenn ich schweige, werden die Steine schreien. Aber wenn ich spreche – was soll ich sagen?

Die Liebe bringt mich zum Sprechen, obwohl es mir so vorkommt, als stotterte ich. Ich liebe dich, Herr. Ich bete dich an. Ich verehre dich. Ich knie vor dir nieder.

Danke für das Geschenk deiner Gnade:

- für den immer wiederkehrenden Sonnenauf- und Sonnenuntergang,

- für das Wunder der Farben,

- für den Trost der Stimmen, die ich höre.

Ich erhebe dich, Herr. Laß mich deine Größe sehen – in dem Maße, wie ich sie aushalten kann. Hilf, daß ich in deiner Gegenwart in nicht endenwollender Staunen und in endlosem Lob niederknie.

Im Namen Jesu, dessen Anbetung vollkommen war.

Amen.

9. Das Gebet der Ruhe

*Ruhe. Ruhe. Ruhe in Gottes Liebe. Nur eins tut jetzt not: du mußt deine
ganze Aufmerksamkeit seiner kaum hörbaren, zarten Stimme widmen.*
Madame Jeanne Guyon

Mit dem Gebet der Ruhe plaziert Gott seine Kinder mitten ins Zentrum des Wirbelsturms. Wenn alles um uns herum im Chaos und Durcheinander versinkt, dann wissen wir, daß wir innerlich fest stehen und gelassen sein können. Wenn wir persönlich mit Dingen zu kämpfen haben, sind wir doch ruhig und entspannt. Obwohl Tausende von Frustrationen uns abzulenken suchen, bleiben wir konzentriert und aufmerksam. Das ist die Frucht des Gebets der Ruhe.

Es gibt vielleicht keine ansprechendere Einladung in der gesamten Bibel als die Worte Jesu: »Kommt alle zu mir, die ihr euch plagt und schwere Lasten zu tragen habt. Ich werde euch Ruhe verschaffen« (Mt 11,28; Einheitsübersetzung). Nichts haben wir heute nötiger als die Ruhe für Geist, Seele und Leib. Wir verbringen einen Großteil unseres Lebens in »einem unerträglichen und atemberaubenden Wettlauf von Fieberhaftigkeit«, wie Thomas Kelly es bezeichnet. All das Hasten und Jagen, all das Kontrollieren, all die Kräfte, die uns manipulieren und beeinflussen wollen, schaffen uns einfach.

Wenn wir nur einfach in das Leben hinüberhuschen könnten, das frei von Anstrengung, Angst und Hast ist! Wenn wir doch nur den stetigen Frieden Gottes kennen würden, wo es keine Anstrengung mehr gibt und Christus schon jetzt Sieger über die Welt ist! Wenn doch nur . . . Aber wissen Sie, mein Freund, wir können ein solches Leben bereits heute leben. Wir *können* diese Wirklichkeit der Ruhe, des Vertrauens, der Gelassenheit, der Stärke in der Ausrichtung des Lebens kennen. In diesem Moment lädt Jesus Sie und mich zu seiner Ruhe ein: »Nehmt auf euch mein Joch und lernt von mir, denn ich bin sanftmütig und von Herzen demütig; so werdet ihr Ruhe finden für eure Seelen« (Mt 11,29).

Ruhe vor den Forderungen des Gesetzes

104

Das Sabbat-Gebet

Der Schreiber des Hebräerbriefes verspricht uns, daß »noch eine Ruhe vorhanden [ist] für das Volk Gottes« (Hebr 4,9). Diese Worte sind mir aus den ersten Tagen meines Christseins bekannt, aber erst vor kurzem, als ich auf einer kleinen Insel vor der Pazifikküste Kanadas war, lernte ich mehr über dieses Sabbat-Gebet. Ich war mit einer kleinen Seminargruppe da, und während einer Pause am Vormittag nahm ich ein Kanu und paddelte zu einer kleinen Insel hinüber. Als ich das Kanu am Strand aus dem Wasser zog, untersuchte ich die von Kiefernnadeln bedeckte Gegend. Auf den Anhöhen der kleinen Insel entdeckte ich eine kleine, hölzerne Plattform, die jemand gebaut hatte. Darauf stand ein alter, verwitterter Stuhl, der wie ein einsamer Wachposten dort ausharrte.

Bevor ich es mir im Stuhl bequem machte, wollte ich prüfen, ob er mein Gewicht überhaupt noch aushalten konnte. Er hielt wacker stand. Ich lehnte mich in der wärmenden Sonne zurück und nahm die Stille des Landes, des Wassers und des Himmels in mir auf. Die Bäume standen völlig reglos da – wie stille Zeugen der Majestät Gottes. Die Lieder der Vögel unterbrachen die Ruhe nicht, sondern stimmten darin ein.

Ich war eigentlich nicht hier herübergepaddelt, um zu beten, sondern um zu forschen. Als ich jedoch dort saß, erinnerte ich mich an Carolynns Abschiedsworte am Flughafen: »Ich möchte, daß du erholt nach Hause kommst!« Bald begann ich, ganz einfach zu beten: »Erfrische mich, Herr, erfrische mich.« Es war nicht schwer, in der Stille zu warten – die ganze Natur hielt voller Verehrung inne und war still. Als nächstes kamen mir die Worte in den Sinn: »Ich möchte dich das Sabbat-Gebet lehren.« Ich beugte mich nach vorn und war vollkommen konzentriert. Ich wußte überhaupt nicht, was das Sabbat-Gebet sein sollte, aber ich wollte gern lernen. »Du mußt mich führen, denn ich weiß nicht, was ich tun soll«, betete ich. Dann kamen die Worte: »Sei still . . . Ruhe . . . Schalom.« Das war alles. Nichts weiter. Einige Momente lang versuchte ich, die Erfahrung eines jeden Wortes nachzuvollziehen.

Diese Begegnung war wunderbar, aber ich war mir auch darüber im klaren, daß die Zeit nur so vorbeigeflogen war. Ich machte mir

Sorgen und dachte: »Es ist beinahe Mittag. Die Leute werden anfangen, mich zu vermissen, und sich fragen, warum ich so lange hier geblieben bin. Ich mache mich besser auf den Rückweg, zum Mittagessen.« Und wieder hörte ich dieselben Worte: »Sei still . . . Ruhe . . . Schalom.« Sie schienen meinen Geist zu beruhigen, und ich kehrte zu einer stillen Aufmerksamkeit zurück.

Nach einer Weile wurde ich durch eine Art Über-Verantwortlichkeit beunruhigt. Vielleicht kennen Sie dieses Gefühl. »Die nächste Einheit fängt bald an«, überlegte ich. »Ich muß da sein. Was für ein Beispiel würde ich mit meiner Bummelei abgeben? Außerdem werden sie jetzt anfangen, sich Sorgen über meine Abwesenheit zu machen.« Ich kam in Fahrt. In Gedanken malte ich mir Szenarien aus: »Die Leute denken vielleicht, daß ich mit dem Kanu gekentert bin, und in diesen Minuten diskutieren sie sicherlich darüber, ob sie eine Rettungsmannschaft losschicken sollen«! Aber dieselben Worte riefen mich wieder zur Besinnung: »Sei still . . . Ruhe . . . Schalom.«

Die letzte Versuchung war verlockend. Ich dachte: »Diese Erfahrung ist absolut wunderbar. Ich muß diesen Augenblick für die Nachwelt festhalten. Aber wie? Ich kann mich unmöglich an all das erinnern, was hier geschieht. Wo ist Papier? Ich muß alles aufschreiben!« Und wieder: »Sei still . . . Ruhe . . . Schalom.« Da ließ ich mich in das Sabbat-Gebet fallen.

Nach einer kurzen Zeit schien es, als ob »die Gegenwart in seiner Mitte« beendet war, und ich machte mich auf den Weg zurück zur Gruppe, die, wie Sie sich sicher gedacht haben, meine Abwesenheit kaum wahrgenommen hatte, und die das Tagesprogramm fortgesetzt hatten.

In Gott ausruhen

Die Bibel lehrt uns, daß Gott ruhte, nachdem er alle Tiere von der Ameise bis zum Elefanten ins Leben gerufen und dem Menschen seinen Atem eingehaucht hatte. Dieses »Ruhen Gottes« am siebten Tag wurde zum theologischen Rahmen für die Sabbatordnung, die uns dazu aufruft, in Gott zu ruhen. Bevor wir die alttestamentliche Sabbatregelung ganz und gar ablehnen, sollten wir beachten, daß viel mehr dahinter steckt als nur der Wunsch nach einer regelmäßigen Atempause. Anstatt uns anzustrengen, damit dies oder jenes passiert, lernen wir, dem himmlischen Vater zu vertrauen, der gerne gibt. Damit soll nicht die Faulheit gefördert werden, sondern eher die abhängige Aktivität. Wir nehmen die Dinge nicht länger in die eigene Hand, sondern legen alles in die göttlichen Hände Gottes und handeln dann aufgrund der inneren Weisung.

Vielleicht erinnern Sie sich, daß die Kinder Israels die Ruhe Gottes nicht kennenlernten, obwohl Gott sie aus der Knechtschaft befreit hatte. Da sie unfähig waren, Jahwe zu vertrauen, lehnten sie sich auf und verbrachten ihre verbleibenden Tage auf der Wanderung in der Wüste. Voll trauriger Entschlossenheit erklärte Gott: »Sie sollen nicht zu meiner Ruhe kommen« (Ps 95,11).

Heute sind wir in die Sabbatruhe Gottes eingeladen, in die die Kinder Israels nicht kommen durften. »Es steht einigen offen, sie zu betreten«, erklärt der Schreiber des Hebräerbriefes. Die inhaltliche Übertragung für den Begriff »bete ohne Unterlaß« heißt »ruhe dich aus«. Durch das Gebet der Ruhe lernen wir diese intensive Stille, diese stille Wachsamkeit.

Das Gleichgewicht finden

Aber wie? Wie beten wir das Gebet der Ruhe? Hier kommen wir in wirkliche Schwierigkeiten. Entweder wollen wir sofort die Regie übernehmen, oder wir tun gar nichts.

Oft gehen wir das Thema »Gebet« so an, wie wir jedes andere Problem auch angehen – durch harte Arbeit. Wir beißen die Zähne zusammen, steigern unsere Willenskraft und versuchen es immer wieder. Das ist in Wahrheit ein heidnisches Konzept von Gebet, denn wir wollen Gott durch unsere vielen Beschwörungen und leeren Wiederholungen zum Handeln bewegen.

Anthony Bloom erzählt die Geschichte einer älteren Frau, die mit all ihrer Kraft am Gebet gearbeitet hatte, ohne jemals Gottes Gegenwart zu spüren. Der Erzbischof gab der Frau den weisen Rat, täglich auf ihr Zimmer zu gehen und »fünfzehn Minuten lang vor dem Angesicht Gottes zu stricken. Aber ich verbiete dir, auch nur ein einziges Wort des Gebets zu sprechen. Strick einfach und genieße den Frieden in deinem Zimmer.«

Die Frau hörte diesen Rat, und ihr erster Gedanke war: »Wie schön! Ich kann fünfzehn Minuten lang etwas tun, ohne dabei ein schlechtes Gewissen zu haben.« Nach und nach kam sie immer mehr zu der Stille, die sie durch ihr Stricken schuf. Bald sagte sie: »Ich nahm wahr, daß diese Stille nicht einfach eine Abwesenheit von Geräuschen war, sondern daß die Stille Substanz hatte. Es war nicht die Abwesenheit von etwas, sondern die Anwesenheit von jemandem.« Als sie mit ihrem täglichen Stricken fortfuhr, entdeckte sie, daß »im Herzen der Stille der war, der völlige Stille, völliger Friede, völlige Ruhe ist«.[1] Sie hatte ihre krampfhaften Anstrengungen aufgegeben, mit denen sie in Gottes Gegenwart kommen wollte, und entdeckte so, daß Gottes Gegenwart bereits da war.

Aber wir dürfen das nicht falsch verstehen. Völlige Passivität ist auch nicht die Lösung. Wenn wir in Gott ruhen, dann bedeutet das nicht Resignation oder Untätigkeit. Es bedeutet nicht, daß wir uns zurücklehnen und hoffen, daß Gott etwas tut. Das ist die hinduistische Auffassung von Gebet, wo wir uns regungslos dem unpersönlichen und schicksalshaften Willen von Göttern und Göttinnen hingeben.

Obwohl es schon einige Jahre her ist, erinnere ich mich noch gut an eine bestimmte Nacht. Ich hatte die Aufgabe gehabt, für mehrere hundert Teenager ein Treffen zu organisieren, und es war ein Erfolg gewesen. Der Redner des Abends war gerade fertig und lud diese Jugendlichen ein, ihr Leben Jesus Christus zu übergeben. Alle wurden ganz ruhig. Es war ein besonderer Moment. Aber plötzlich, genau in diesem wichtigen Moment, begann einer der Ventilatoren der Klimaanlage einen fürchterlichen Lärm zu machen. Ein störendes, fürchterliches Kreischen erklang in der gesamten Halle.

Ich begann zu beten: »Herr, dies ist ein besonderer Moment im Leben dieser jungen Menschen. Bitte, stell diesen Lärm ab – öle die Ketten, laß den Motor in die Luft gehen oder tue sonst irgend etwas, bitte!« Nichts geschah. Eine mittlere Glaubenskrise baute sich in mir auf und tat sich mit der Frustration in mir zusammen. Aber bald wurde es ruhiger, und als auch ich ruhiger wurde, hörte ich folgendes: »Warum gehst du nicht selbst hin und stellst die Klimaanlage ab?« Ich war nur wenige Schritte von dem Schalter entfernt! In meinem jugendlichen Leichtsinn hatte ich von Gott erwartet, daß er mit göttlicher Vollmacht eingriff, wenn mein einfaches Handeln gefordert wurde.

Nein, weder durch Manipulation und Kontrolle noch durch gleichgültige Passivität finden wir zum Gebet der Ruhe. Wie sollen wir das Thema also angehen? Wie nehmen wir diesem Problem die Spitze?

In der Grammatik spricht man vom Genus verbi, von der Verhaltensrichtung eines Verbes, die entweder aktiv oder passiv ist. Aktiv sind wir, wenn wir handeln, passiv, wenn ein anderer an uns handelt. In der mittleren Aktionsart jedoch handeln wir selbst, und zugleich wird an uns gehandelt. Wir handeln selbst und ernten auch noch die Erträge. Weder manipulieren wir Gott (aktiv), noch werden wir von Gott manipuliert (passiv). Wir sind in die Handlung verwikkelt und haben teil an den Erträgen, aber wir bestimmen oder definieren sie nicht.

Sie sehen also: Wir sind nicht an die Kategorien von aktivem und passivem Handeln gebunden. Sie reichen einfach nicht aus, um das zu beschreiben, was beim Gebet der Ruhe passiert. Um ganz sicher zu sein: Es ist das »Sabbatgebet«, das sich passiv anhört. Aber wir müssen auch »eintreten«, uns auf den Weg des Empfangens und Antwortens machen.

Die Meister der Andacht sprachen oft von dem *otium sanctum*, von der »heiligen Muße«. Sie bezieht sich auf ein Gleichgewicht im Leben: Aktivität und Ruhe, Arbeit und Spiel, Sonnenschein und Regen. Es bedeutet die Fähigkeit, den täglichen Aufgaben mit unendlicher Geduld, der Geduld Gottes, nachzukommen. Heilige Muße bedeutet, im Mittelweg zwischen aktiv und passiv zu leben und zu beten.

Das Handeln der ewigen Dreieinigkeit

Wir beten oft auf stammelnde und stotternde Weise. Häufig erhaschen wir nur einen klitzekleinen Blick der himmlischen Herrlichkeit. Wir wissen nicht, was wir beten sollen. Wir wissen nicht, wie wir beten sollen. Oft hören sich unsere besten Gebete wie unartiku-liertes Brüllen an.

Deshalb ist die Verheißung der guten Nachricht eine solch gute Neuigkeit: »Desgleichen hilft auch der Geist unserer Schwachheit auf. Denn wir wissen nicht, was wir beten sollen, wie sich's gebührt; sondern der Geist selbst vertritt uns mit unaussprechlichem Seufzen. Der aber die Herzen erforscht, der weiß, worauf der Sinn des Geistes gerichtet ist; denn er vertritt die Heiligen, wie es Gott gefällt.« (Röm 8,26-27)

Ahnen Sie, was das für eine Erleichterung ist? Der Heilige Geist Gottes, das dritte Mitglied der Dreieinigkeit, begleitet uns selbst in unseren Gebeten. Wenn wir über unsere Worte stolpern, dann dreht der Geist den Satzbau zurecht. Wenn wir mit dunklen Motiven be-ten, dann reinigt der Geist den Fluß. Wenn wir den Wald vor lau-ter Bäumen nicht sehen können, dann justiert und korrigiert der Geist Gottes unsere Bitte, bis sie mit dem Willen Gottes übereinstimmt.

Es muß nicht alles perfekt sein, wenn wir beten. Der Geist formt neu, er verfeinert und übersetzt unsere mickrigen, egoistischen Gebete. Wir können uns in diesem Dienst des Geistes für uns aus-ruhen.

Aber es kommt noch besser. Der Schreiber des Hebräerbriefs er-innert uns, daß Jesus Christus unser großer Hohepriester ist. Der Hohepriester hatte im alten Israel die Funktion, für das Volk vor Gott einzutreten. Ist uns klar, was das bedeutet? Während wir heute unseren alltäglichen Aufgaben nachgehen, betet Jesus Christus für uns. Wenn wir durch die lange Dunkelheit der Nacht hindurch-schlafen, betet Jesus Christus für uns. Für uns wird immerwähren-des Gebet vor dem Thron Gottes dargebracht, und zwar von keinem geringeren als von dem Sohn Gottes. Für Sie wird jetzt gebetet. Für mich wird jetzt gebetet. Wir können uns während der Arbeit des Sohnes für uns ausruhen.

Aber das Beste kommt noch. So schwer wir es uns auch vorstellen können: Gott befindet sich durch unsere holprigen und stolprigen Gebete in ewiger Gemeinschaft mit sich selbst. P.T. Forsyth schreibt: »Wenn wir mit Gott sprechen, dann ist es in Wirklichkeit der Gott, der in uns ist. Er spricht durch uns zu sich selbst. Der Dialog der

Gnade ist in Wirklichkeit ein Monolog Gottes, der sich in Liebe mitteilt.« Wie unglaublich! Das übersteigt unser Fassungsvermögen! »Wir beten, und doch sind nicht wir es, die beten, sondern es ist ein Größerer, der in uns betet.«

Somit haben wir das Handeln der ewigen Dreieinigkeit um unser zerbrechliches Gebet herum konzentriert. Gott der Geist übersetzt unser Seufzen und unser Stöhnen vor dem Himmelsthron. Gott der Sohn tritt in unserem Namen vor dem Himmelsthron für uns ein. Und Gott der Vater, der auf dem Himmelsthron sitzt, nutzt unsere Gebete, um zu sich selbst zu sprechen.

Können wir mit solcher Hilfe von Gott unsere feste Umklammerung des Lebens nicht etwas lockern? Können wir unser Verlangen danach, erfolgreich zu beten, nicht umwandeln? Können wir uns Gott nicht fügen? Können wir ihm nicht vertrauen, der uns zu einer reicheren Gemeinschaft führen will? Können wir nicht zum Gebet der Ruhe kommen?

Drei klassische Möglichkeiten

Es gibt drei gut bekannte Möglichkeiten, um uns zu dem Gebet der Ruhe zu führen. Die erste ist Einsamkeit. Bei dem »Gebet der Veränderung« haben wir uns kurz damit beschäftigt, wie die Einsamkeit uns verändert; hier beschäftigen wir uns damit, wie die Einsamkeit uns zu einfacheren Menschen macht. In der Einsamkeit halten wir uns für eine bestimmte Zeit freiwillig von den normalen Handlungs- und Beziehungsmustern fern, um zu entdecken, daß unsere Stärke und unsere Gesundheit von Gott allein kommt. Louis Bouyer schreibt: »Einsamkeit dient dazu, die Schale unserer oberflächlichen Sicherheiten aufzubrechen und zu zerstören.«

In der Einsamkeit dringen wir vorsichtig in das Allerheiligste vor, wo wir in der Stille geprüft werden. Voller Schmerz lassen wir die leeren Bilder von uns selbst zurück, die wir meinen, wir seien für jeden und alles verantwortlich. Langsam lassen wir die Umklammerung unserer Projekte los, die uns so wichtig schienen. Ganz langsam werden wir immer konzentrierter, immer einfacher. Und freudig nehmen wir die Nahrung des himmlischen Mannas in uns auf.

Ist Ihnen jemals aufgefallen, wie oft Jesus Einsamkeit erlebt hat? Die immer wiederkehrenden Worte »Und am Morgen, noch vor Tage, stand er auf und ging hinaus. Und er ging an eine einsame Stätte« (Mk 1,35) beschreiben einen Lebensstil und keine einzelne Handlung. Jesus brauchte die Einsamkeit und den häufigen Rückzug, um seine Arbeit zu tun. Und wir denken irgendwie, wir können ohne das auskommen, was für ihn so grundlegend wichtig war.

hesychia ist das griechische Wort für »Ruhe«, und *hesychasmos* bezieht sich auf die Frömmigkeit der Wüstenväter und -mütter. Henri Nouwen schreibt: »Das Gebet der Hesychasten ist ein Gebet der Ruhe.« Sie entdeckten *hesychia*, diese perfekte Ruhe der Leibes und der Seele, in der Einsamkeit der Wüste.

Nur wenige von uns können – oder würden – den Wüstenvätern und -müttern in die Wüste folgen. Wir haben Familien, Jobs und soziale Verantwortung. Trotzdem können auch wir die Einsamkeit erfahren.

In diesem Jahr probiere ich ein wunderbares Experiment aus: Um aus meiner Erfahrung mit der Einsamkeit praktische Konsequenzen zu ziehen, habe ich in meinen Kalender vier private Freizeiten eingetragen, für jede Jahreszeit eine – Frühling, Sommer Herbst und Winter. Es sind kurze Freizeiten von 24 bis 48 Stunden, je nachdem, wie es die Zeit erlaubt. Aber dadurch trainiere ich fortlaufend die »Einsamkeit«. Eine Gruppe, die ich ganz gut kenne, nimmt sich jeden Monat acht Stunden als Freizeit. Es sind vielbeschäftigte Leute – Geschäftsführer, Sekretärinnen und Hausfrauen, aber sie haben entdeckt, daß ein Samstag pro Monat ihnen gut tut – sowohl in geistlicher als auch in anderer Hinsicht. Auch Sie werden kreative Wege entdecken, um die Einsamkeit in Ihr Herz zu lassen, da bin ich ganz sicher.

Eine zweite Übung, die ihre Zeit wert ist, ist *silencio* oder zum Schweigen bringen dessen, was die alten Schreiber »geschöpfliches Handeln« nannten. Damit ist nicht so sehr die Stille gemeint, die in der Abwesenheit von Worten und Geräuschen entsteht, sondern ein Schweigen unserer besitzergreifenden, manipulierende Kontrolle über Menschen und Situationen. Es bedeutet, entschieden gegen unseren Drang anzugehen, jeden und alles kontrollieren und in Ordnung bringen zu wollen.

Dieses geschäftige, geschöpfliche Handeln behindert die Arbeit Gottes in uns. In der *silencio* bringen wir jede Bewegung zum Schweigen, die ihren Grund nicht in Gott hat. Wir werden still, bewegungslos, bis wir endlich die Mitte gefunden haben. Wir entledigen uns all des überflüssigen Gepäcks und aller Bindungen, die nicht unbedingt notwendig sind, bis wir in die völlige Wirklichkeit des Reiches Gottes gelangen. Wir lösen uns von allen Störungen, bis wir an das Herz gelangen. Wir lassen es zu, daß Gott unsere Prioritäten neu ordnet und die unnötigen Schaumschlägereien verhindert.

Diese Stille des geschöpflichen Handelns befähigt uns, auf Gott zu hören. François Fénelon schreibt: »Wir müssen jede Kreatur zum Schweigen bringen, auch uns selbst, um in der tiefen Stille der ganzen Seele die unaussprechliche Stimme des anderen zu hören. Wir müssen unser Ohr neigen, denn es ist eine sanfte und feine Stimme, die nur von denen gehört wird, die auf nichts anderes mehr lauschen.«

Einmal habe ich versucht, ein zeitintensives Problem an der Universität zu lösen. Ich brachte diejenigen, die die Entscheidungen zu fällen hatten, zum Mittagessen zusammen und hoffte, daß eine Unterhaltung von Angesicht zu Angesicht das Thema schnell lösen würde. Als die Zeit verging, beobachtete ich, wie die einzelnen ihre Positionen nur noch mehr verhärtet hatten. Die Sitzung ging ohne Ergebnis zu Ende, und ich kehrte entmutigt in mein Büro zurück. Ich klagte: »Gott, wir sind der Lösung des Problems keinen Schritt näher als vorher. Wir brauchen monatelange Treffen und Verhandlungen, und selbst dann gibt es keine Garantie dafür, daß wir zu einem guten Ergebnis kommen werden.«

Dann kam die Antwort Gottes: »Ich habe dich nicht darum gebeten, dieses Problem zu lösen. Entspanne dich. Wenn die Zeit reif ist, dann werden Veränderungen passieren.« Ich entspannte tatsächlich von meinen verbissenen Anstrengungen, und indem ich dies tat, lernte ich ein wenig mehr über *silencio*.[2]

Der dritte Weg, auf dem wir zu dem Gebet der Ruhe kommen können, ist das, was ich mit »Sammlung« bezeichne. Sammlung bedeutet, sich zu konzentrieren. Es bedeutet die Ruhe von Leib, Seele und Geist.

Wenn wir zu dem kontemplativen Gebet kommen, werden wir uns die Sammlung noch näher anschauen. Ein kurzes Wort zur Praxis reicht hier aus. Was können wir also tun? Wir können im Gebet ein Leben der Reflexion kultivieren. Wir können mit Klärungsfragen ringen – wer wir sind und was der Sinn unseres Daseins ist. Wir können eine private Freizeit organisieren, um die Ausrichtung unseres Lebens zu betrachten. Das ist das, was zu Sammlung gehört.

Die Hände als Gefäß

Jean Vanier, der Gründer der Arche-Gemeinschaft für geistig Behinderte, erklärt häufig mit Hilfe eines einfachen Bildes seine Haltung zu denen, die in der Arche leben. Er formt seine Hände zu einem Gefäß und sagt: »Stellen Sie sich vor, ich hätte einen verwundeten Vogel in meinen Händen. Was würde passieren, wenn ich meine Hände völlig schließen würde?« Die Antwort ist prompt: »Der Vogel würde natürlich zerdrückt werden und sterben.« »Nun, was würde passieren, wenn ich meine Hände völlig öffnen würde?« »Dann würde der Vogel versuchen wollen, wegzufliegen, und er würde herunterfallen und sterben.« Vanier lächelt und sagt: »Der richtige Platz ist wie meine geformten Hände, weder völlig offen noch völlig geschlossen. Das ist der Ort, wo Wachstum geschehen kann.«[3]

Für uns sind die Hände Gottes zu einem Gefäß geformt. Wir haben genug Freiraum, so daß wir uns ausstrecken und wachsen können, aber wir haben auch genügend Schutz, so daß wir nicht verletzt werden. So können wir geheilt werden. Das ist das Gebet der Ruhe.

Gelobter Erlöser, ich bin nicht gut darin, mich in deiner hohlen Hand auszuruhen. Nichts in meiner Erfahrung hat mich dieses Ruhen gelehrt. Ich habe gelernt, wie man etwas in die Hand nimmt. Ich habe gelernt, wie man die Kontrolle über alles hat. Aber wie ruht man aus? Nein, ich habe keine Vorbilder für die Ruhe.

114

Das ist nicht ganz richtig. Jesus, wenn du in der Volksmenge in Jerusalem oder in den jüdäischen Bergen herumgegangen bist, dann hast du den Weg für diese Lebensweise vorbereitet. Du bist immer aufmerksam, immer wach gewesen. Du hast dich dem Willen des Vaters gegenüber völlig offen verhalten. Viele Forderungen wurden an dich gestellt, und trotzdem hast du in uneiligem Frieden und Macht gehandelt.

Hilf mir, in deinen Fußstapfen zu gehen. Lehre mich, nur das zu sehen, was du siehst; nur das zu sagen, was du sagst; nur das zu tun, was du tust. Hilf mir, Herr, in Ruhe zu arbeiten und in Ruhe zu beten.

Ich bitte um diese Dinge in deinem guten und starken Namen.

Amen.

10. Sakramentales Gebet

Das wahre Sakrament ist eine geheiligte Persönlichkeit.

P. T. Forsyth

Sakramentales Gebet ist Fleisch gewordenes Gebet. Gott hat sich aus eigenem Willen frei dafür entschieden, uns sein Leben durch sichtbare und greifbare Dinge und Menschen zu vermitteln. Das ist ein großes Geheimnis. Gott, der reiner Geist ist und für den es keine Grenzen gibt wie für seine Geschöpfe, beugt sich zu unserer Schwachheit hinunter und offenbart sich durch das Greif- und Sichtbare. Brot und Wein erhalten eine sakramentale Bedeutung. Wir verneigen uns vor diesen Geheimnissen.

Über die Jahrhunderte hinweg hat eine Trennung zwischen den Christen stattgefunden, die meiner Meinung nach völlig unnötig ist. Auf der einen Seite sind die, die Liturgie, Sakrament und vorformuliertes Gebet betonen. Auf der anderen Seite sind jene, die Nähe, Zwanglosigkeit und spontanes Gebet betonen. Und jede Gruppe schaut in frommer Herablassung auf die andere.

Hier brauchen wir die heilige Verbindung »und«. Wir müssen uns nicht zwingen, das eine vor dem anderen zu wählen. Beide sind von demselben Geist inspiriert. Durch den Reichtum und die Tiefe einer gut ausgearbeiteten Liturgie können wir in hohe und heilige Anbetung einstimmen. Ebenso können wir durch die Wärme und Nähe des spontanen Lobes zu dem atemberaubenden Wunder hingezogen werden. Unsere Frömmigkeit kann beides aufnehmen.

Selbst nach vielen Jahren erinnere ich mich noch gut an mein Experiment mit dem »religionslosen Christentum« – eine Entwicklung, die durch die Aufzeichungen Bonhoeffers im Gefängnis beeinflußt war. Mein Experiment sah folgendermaßen aus: Ich wollte versuchen, drei Monate lang in ständiger Gemeinschaft mit Gott zu leben, aber ohne äußerliche Hilfsmittel, d.h. ohne Bibel, ohne Liturgie, ohne Abendmahl, ohne Predigt, ohne Gottesdienst, ohne festgesetzte Gebetszeit. Während dieser neunzig Tage war Gott mir gnädig, und ich merkte, wie dringend ich diese »Hilfsmittel« brauche, um in Gottes Nähe zu bleiben. Ich entdeckte, daß regelmäßige Andachtsordnungen eine Art Skelett bilden, auf das ich Muskeln und Sehnen des unablässigen Gebetes bauen kann. Ohne diese äußerliche Struktur wird mein inneres Verlangen nach Gott einfach nicht zusammengehalten. Diese regelmäßigen Ordnungen sind in Wirklichkeit von Gott gegebene Gnadenmittel.

Ein Buch voller Rituale

Was ich zur Zeit meines kleinen Experiments noch nicht wußte, ist, daß die Bibel voller Liturgien und Zeremonien aller Art steckt. Ich bin sicher, es ist nicht notwendig, die Einzelheiten der Gesetze über die Stiftshütte, die levitische Priesterschaft und die Tempelriten aufzuzählen.

Die Psalmen sind selbstverständlich auch voller heiliger Riten und Tempelliturgien. Da sie oft im Gottesdienst Verwendung fanden, sind die Titel der Psalmen – der jeweils erste Vers, der für uns so schwer verständlich ist – eigentlich Anweisungen für die Tempelmusiker. Das »Halleluja« im Psalter ist ein liturgisches Bekenntnis und bedeutet: »Lobt Gott!« Viele Psalmen sind aufgeschriebene Gebete der anbetenden Gemeinde.

Jesus hat ganz sicher von klein auf an dem liturgischen Leben seines Volkes Anteil genommen. Der Evangelist Lukas schreibt, daß er am Sabbat »nach seiner Gewohnheit« in die Synagoge ging (Lk 4,16). Ohne Zweifel hielt er sich an die täglichen Gebetsordnungen der Juden: Zweimal wurde das *Schma Israel* gebetet, dazu drei Gebetszeiten eingehalten – morgens, mittags und bei Sonnenuntergang. Das *Schma* – »Höre, Israel, der Herr ist unser Gott, der Herr allein« (5Mo 6,4) – ist das jüdische Glaubensbekenntnis. Zu jeder Gebetsstunde wurde ein Lied gesungen, die *Tephilla.* Es bestand aus einer Reihe von Segnungen; am Ende des ersten Jahrhunderts waren es achtzehn.

Die Briefe des Neuen Testaments enthalten einige frühe Lieder und Bekenntnisse, die ohne Zweifel in den lebendigen Gottesdiensten der frühen Christengemeinden immer wieder gesungen und gebetet wurden. Wir können Lob und Preis beinahe hören: »Gott, dem ewigen König, dem Unvergänglichen und Unsichtbaren, der allein Gott ist, sei Ehre und Preis in Ewigkeit! Amen« (1Tim 1,17). Oder das Bekenntnis zu Christus: »Er ist offenbart im Fleisch, gerechtfertigt im Geist, erschienen den Engeln, gepredigt den Heiden, geglaubt in der Welt, aufgenommen in die Herrlichkeit« (1Tim 3,16b).

Es ist auch einfach, die freudige Spontaneität dieser glaubensreichen Gemeinschaft zu entdecken: »Ermuntert einander mit Psalmen und Lobgesängen und geistlichen Liedern, singt und spielt dem Herrn in eurem Herzen und sagt Dank Gott, dem Vater, allezeit für alles, im Namen unseres Herrn Jesus Christus« (Eph 5,19-20).

Die Freiheit zum liturgischen Gebet

Obwohl nicht alle Formen des sakramentalen Gebets liturgisch sind, sind doch alle Liturgien, richtig verstanden, sakramental. Lassen Sie mich einige Vorteile dieses strukturierteren Gebets beschreiben.

Zuerst einmal hilft uns das liturgische Gebet, die Sehnsüchte des Herzens zu artikulieren. Es fällt uns manchmal schwer, die richtigen Worte zu finden, um zu sagen, wie wir uns fühlen. Manchmal fühlen wir uns auch nicht danach, zu beten, dann bringt die Liturgie »die Sache ins Rollen«. Und wer kann schon besser das Bekenntnis aus dem *Book of Common Prayer* in Worte fassen:

>»Wir sind geirrt und gewandert von deinen Wegen wie verlorene Schafe, wir sind den Wünschen und Sehnsüchten unseres Herzens gefolgt, wir haben gegen die heiligen Gesetze verstoßen, wir haben die Dinge unerledigt gelassen, die wir hätten tun sollen, und wir haben die Dinge getan, die wir besser nicht getan hätten. Aber du, o Herr, sei barmherzig mit uns, verschone die Sünder, wie du es den Menschen in Jesus Christus, unserem Herrn, zugesagt hast. Und gib uns, gnädiger Vater, um seines Namen willen, daß wir hernach ein göttliches, gerechtfertigtes und reines Leben führen, zur Verherrlichung deines heiligen Namens.«[1]

Zweitens: Das liturgische Gebet hilft uns, eins zu werden mit der »Gemeinschaft der Heiligen«. Das ist ein viel größeres Vorhaben, als wir vielleicht meinen. Während viele geteilter Meinung sind, ob man *zu* den Heiligen beten darf, stimmen wir alle darin überein, daß wir *mit* den Heiligen beten. Denken Sie einmal daran: Wir bringen die gleichen Worte zum Thron der Gnade, die von den Jüngern desselben Weges vor vielen Jahrhunderten dargebracht wurden. Wie aufregend, wenn wir den Gebeten der Heiligen über die Jahrhunderte hinweg unsere eigene kleine Stimme verpassen.

Drittens: Das liturgische Gebet hilft uns, der Versuchung zu widerstehen, spektakulär oder unterhaltsam sein zu wollen. Wir brauchen keine charismatische Persönlichkeit zu haben. Schlaue Worte helfen nicht. Geniale neue Einsichten sind nicht notwendig. Wir beten die Worte, die schon immer gebetet worden sind. Wir konzentrieren uns immer mehr auf Gott und immer weniger auf den jeweiligen Leiter unserer Gruppe.

Viertens: Das liturgische Gebet hilft uns, der Versuchung der privaten Religion zu widerstehen. Es ist so menschlich von uns, wenn wir unseren mickrigen Sorgen erlauben, den gesamten Platz im Gebet einzunehmen. Es ist nicht falsch, für unsere eigenen, so dringlichen Nöte zu beten, aber sie dürfen niemals das Ende der Gebetsarbeit sein. Durch die Liturgie werden wir ständig zum Leben in der Gemeinschaft zurückgeführt; wir werden immer wieder mit guter Lehre konfrontiert, und wir werden stets dazu gezwungen, das Weinen der Armen und den Aufruhr der Völker zu sehen.

Fünftens: Das liturgische Gebet hilft uns, die plumpe Vertraulichkeit zu verhindern, in der Verachtung gedeihen kann. Die Intimität des Gebets muß immer ein Gegengewicht haben in der unendlichen Distanz zwischen Geschöpf und Schöpfer. In der Bibel fallen jene, die Gott begegnen, oft auf ihr Gesicht, als seien sie tot. Die Erhabenheit und die Förmlichkeit der Liturgie hilft uns zu verstehen, daß wir uns in der Gegenwart eines *echten* Königs befinden.

Verständliche Bedenken

Dieser Zugang zum Gebet muß in Ihnen viele Bedenken wecken. Das ist völlig verständlich. In dieser oder jener Form habe auch ich alle Bedenken gehabt, die oft in bezug auf das sakramentale Gebet geäußert werden (und einige habe ich weiterhin noch).

1) Ein Einwand hat mit der Gleichförmigkeit von vorformulierten Gebeten und Liturgien zu tun. Vielleicht haben Sie schon einmal gehört, wenn jemand sagt: »Oh, man macht nur die Bewegungen mit. Das geht von ganz allein. Man denkt nicht über das nach, was man betet.«

Diese Behauptung ist im Grunde wahr, aber es ist kein Nachteil, sondern ich verstehe es als Vorteil. Einer der großen Vorteile beim liturgischen Gebet besteht ja gerade darin, daß man nicht darüber nachdenken muß. Wenn ich mich während des Schreibens immerfort mit Kommata und Silbentrennung beschäftigen müßte, dann würde ich noch nicht wirklich schreiben, sondern nur lernen zu schreiben. Das gilt auch für das Gebet. Wenn ich die Worte des Morgengebets aufsage – »O Gott, komm mir zu Hilfe. Eile, Herr, mir zu helfen« –, dann brauche ich mich nicht darum zu kümmern, wie ich meine Not formuliere. Ich kann ganz in die Tiefe meiner Not einsteigen und weiß gleichzeitig, daß Gottes Möglichkeiten in Wirklichkeit noch größer sind.

2) Eine anderer Einwand bezieht sich auf die Aktualität. Die Worte der Liturgie sind altertümlich. Die Litanei hört sich altmodisch an und scheint ohne Bezug zur modernen Welt zu sein.

Wieder ist das, was zuerst wie ein Nachteil aussieht, im Grunde ein Vorteil. Zumeist ist die Forderung nach Aktualität einfach eine Versuchung des Teufels, der widerstanden werden muß. Liturgien sind dazu da, daß das Beste des christlichen Gebets bewahrt wird. Und wenn wir das tun, bleiben wir oft vor der neuesten Mode verschont. Natürlich ändert sich die Liturgie, wenn sich die Sprache ändert, aber ich hoffe, das geschieht nicht zu bald. Zum einen finden wir im Leben der Gemeinde nur selten genügend literarisches Können, um etwas in der Art wie *The Book of Common Prayer* zu schreiben. C.S. Lewis sagte dazu: »Die Aufgabe an Petrus lautete: Weide meine Schafe; und nicht: mach Versuche mit meinen Ratten.«

3) Ein anderer Einwand betrifft die Frage, ob liturgische Gebetsformen »leere Wiederholungen« sind, vor denen Jesus eindringlich warnt (Mt 6,7). Das ist ein wichtiges Anliegen. Leider weiß ich, daß genau das häufig passiert. Unsere Freude an literarischer Finesse kann auch leicht zur Sucht werden. Die Schönheit und Präzision des Gottesdienstes kann die von Herzen kommende Sehnsucht nach Gott übertönen. Wir haben deshalb keinen Grund für Überheblichkeit. Wir können so leicht »plappern wie die Heiden«, ohne das geringste Anzeichen von »Gerechtigkeit und Friede und Freude in dem heiligen Geist« zu haben (Mt 6,7; Röm 14,17).

4) Ich möchte noch einen letzten Einwand nennen. Es ist die Angst, daß wir Jesus zum »Gefangenen des Tabernakels« machen, wie es die alten Pietisten ausdrückten. Wiederum möchte ich sagen, daß es berechtigten Grund für diese Sorge gibt. Wie leicht verpassen wir das Neue an der Botschaft Jesu, daß »Gott Geist ist, und die ihn anbeten, die müssen ihn im Geist und in der Wahrheit anbeten« (Joh 4,24). Wie leicht rutschen wir in einen Dualismus zwischen geistlich und weltlich, Wie leicht denken wir, wir könnten das Wirken des Geistes begreifen, der doch weht, wo er will.

Auch wenn wir die Bedenken ernst nehmen, sollte uns das nicht daran hindern, die besonderen Wege zu erkennen, die Gott zu unseren Herzen und Leben findet. Gott hat besondere Sakramente bestimmt, um seine Gnade auszugießen.

Ein Teil unseres geistliches Wachstums kommt daher, daß wir diese Gnadenmittel verstehen und uns auf sie einlassen.[2] Dies ist die Aufgabe, der wir jetzt unsere Aufmerksamkeit widmen.

Ein neues Lied mit alter Melodie

Die Psalmen sind für die Kirche immer Liederbuch und Gebetbuch zugleich gewesen. Das Wort »Psalter« bezog sich ursprünglich auf ein Musikinstrument. Der hebräische Titel des Psalters bedeutet auch »Lied«. Psalm 72,20 beschreibt alle vorangegangenen Psalmen als »das Gebet Davids«. Die mönchischen Gemeinschaften, die sich fünfmal am Tag zum Gebet versammeln, singen ebenso den Psalter wie die liturgischen Gemeinschaften, die sich zur Vesper treffen.

Nicht alle Psalmen sind Lieder oder Gebete, aber die Bezeichnung trifft dennoch zu, denn alle dienen der Verherrlichung Gottes – was auch das Ziel von Liedern ist. Sie wollen uns den Willen und Weg Gottes zeigen, und das ist auch das Ziel des Gebets. Wenn Singen und Beten zusammenkommen, wird damit Bedeutendes erreicht. Auf menschlicher Ebene ist die Musik eines der mächtigsten Mittel, denn sie spricht das Gefühl und den Willen, die Vorstellungskraft und den Verstand an. Wenn wir Musik und Gebet zusammennehmen, dann ergibt sich eine wunderbare Kombination. Das Singen macht unsere Gebete lebendiger, beschwingter und fröhlicher. Im Englischen gibt es ein Sprichwort: »Wer singt, der betet doppelt.« Als Martin Luther sich mit anderen Gebetbüchern beschäftigte, bemerkte er: »Oh, da ist nicht der Saft, die Stärke, die Leidenschaft, das Feuer, das ich im Psalter finde.«

Wir können dankbar für alle sein, die Psalmen vertonen, denn einige dieser Vertonungen sind sehr gut geworden. Ich hoffe, dieser Trend hält an.

Ich habe einen Vorschlag: Wenn Sie Psalmen singen, singen Sie als Gebet. Lassen Sie es zu, daß die Worte Sie beruhigen, sich setzen, Sie in der Tiefe ansprechen. Das ist nicht schwer, denn viele Psalmen sprechen sehr tiefe Ebenen an.

In manchen Psalmen steht das Wort *Sela*, oft in der Mitte des Psalms. In einigen Bibelübersetzungen steht statt dessen ein Pausenzeichen. »Sela« bedeutet wahrscheinlich Zwischenspiel. Wenn Sie einen Psalm vertonen, dann sollten Sie genau an dieser Stelle ein solches Zwischenspiel einfügen, so daß die Menschen kurz über das nachdenken können, was sie gerade singen. Martin Luther sagt, daß das *Sela* nach einer ruhigen und ausgeruhten Seele verlange, die das ergreifen und festhalten kann, was der Heilige Geist ihr darbringt und anbietet. Die hebräische Struktur von Dichtung, der Parallelismus, hilft uns außerdem. Hierbei wird derselbe Gedanke mit etwas anderen Worten wiederholt. Das lädt uns zum nachdenklichen Singen ein. Durch einfache Wiederholung dringen wir immer tiefer in das Gebetsanliegen ein.

Für jene, die schriftliche Gebete nicht gewohnt sind, bietet der Psalter die allerbeste Einführung. Wenn wir unterschiedliche Teile auswendig lernen, dann reichen sie bis tief in unser Herz und beeinflussen und formen so unsere spontanen Gebete. In der frühen Christenheit wurde »der ganze David« nicht selten auswendig gelernt. Wie Hieronymus schreibt, hörte man zu seiner Zeit oft, daß Psalmen im Garten und auf dem Feld gesungen wurden. Möge der Tag kommen, wo auch wir »dem Herrn ein neues Lied« mit alter Melodie singen (Ps 96,1).

Das umfassendste Gebet

Das umfassendste christliche Gebet finden wir bei der Feier der Eucharistie, dem heiligen Abendmahl. Beinahe jeder Aspekt des Gebets findet sich in der Feier des Abendmahls: Prüfung, Buße, Bitte, Vergebung, Meditation, Danksagung, Freude, und noch mehr. Es drückt die zentrale Mitte des Gebets am besten aus, weil wir alle vollwertige Teilhaber am Geschehen sind – aber die Gnade ist von Gott allein. All unsere Sinne werden genutzt. Wir sehen, riechen, berühren, schmecken. Wir hören die Einsetzungsworte: »Dies ist mein Leib . . . dies ist mein Blut.« Kurz: Das Gebet beim Abendmahl ist das umfassendste Gebet, das wir diesseits der Ewigkeit je sprechen werden.

Gutmeinende Christen haben lange darüber gestritten, wie uns das Leben Christi durch das Gemeinschaftsmahl vermittelt wird. Komplizierte Worte werden benutzt, um wichtige Unterscheidungen zu machen: Transsubstantiation, Konsubstantiation, Gedächtnis und so weiter. Ich glaube, diese Dinge sind wichtig, und ich habe auch meine Meinung dazu. Aber ich wäre dumm, wenn ich denken würde, daß ich ein großes Licht auf diese komplizierten Dinge werfen könnte. Männer und Frauen, die viel intelligenter gewesen sind als ich, haben diese Themen nach allen Richtungen hin bearbeitet. Außerdem habe ich nicht den Wunsch, die Überzeugungen von irgend jemandem zu verletzen, egal, aus welcher Tradition er oder sie in den Abendmahlsgottesdienst kommen mag.

Ich persönlich mag das Verständnis von Maximus Confessor (Bekenner), der sich wie kein anderer Theologe des 7. Jahrhunderts mit den Sakramenten beschäftigt hat. Er nennt den Leib und das Blut Christi die eucharistischen »Symbole«, »Bilder« und »Geheimnisse«.

Das ist seine Art, zu sagen: Christus ist wirklich gegenwärtig unter uns, und wir haben Anteil an seinem Leben, aber wie das alles vor sich geht, ist ein heiliges Geheimnis. Hier muß unsere Analyse dem Lobpreis Platz machen. In der östlichen Orthodoxie gehört das Abendmahl tatsächlich offiziell zu den »heiligen Mysterien«. Wie C.S. Lewis geistreich bemerkte: »Schließlich hieß der Befehl ›nimm und iß‹ und nicht ›nimm und verstehe‹.«

Wir haben auch unterschiedliche Meinungen zur Häufigkeit und Form des Abendmahls. Einige feiern es oft und auf einfache Weise. Hieronymus berichtet von einem Bischof, der aufgrund seiner Liebe zur Armut nur einen geflochtenen Korb besaß, in dem er das Brot aufbewahrte, und einen einfachen Becher, in dem der Wein war. Manchmal ist die Abendmahlsliturgie auch formeller, zuweilen sogar prachtvoll. All diese Unterschiede sind jedoch nur oberflächliche Nebensächlichkeiten, wenn wir es mit dem vergleichen, worin wir übereinstimmen. Die christliche Gemeinde spricht mit einer Stimme, wenn es um das Verständnis des Abendmahls als »sichtbares Mittel der unsichtbaren Gnade«[3] geht. Gott hat sich dafür entschieden, die häufigsten Elemente einer jüdischen Mahlzeit – Brot und Wein – zu nehmen, und sein Leben irgendwie in sie zu geben. Dies bekennen wir in völliger Einheit.

Beim Gebet des Abendmahls werden wir fortwährend daran erinnert, daß die Passion das Herz der guten Nachricht ist. Sie zwingt uns dazu, immer wieder zu dem großen Opfer zurückzukehren. Der Leib Jesu ist gebrochen. Sein Blut wurde vergossen. Deshalb leben wir. Deshalb werden wir gestärkt. Deshalb werden wir bevollmächtigt. Im Gebet des Abendmahls kommen wir alle auf gleicher Stufe an den Tisch: die, die reden können und weise sind, haben keinen Vorteil gegenüber denen, die nicht lesen und schreiben können oder noch unreif sind. Wir kommen alle mit geöffneten Händen und sprechen das Gebet eines Kindes – das Gebet, das empfängt.

Im Abendmahlsgebet sind unsere Gefühle nicht wichtig. Was für eine Befreiung! Wir müssen kein besonders frommes Gefühl herbeizaubern, um würdig für die Teilnahme zu sein. Ja, ich weiß, das gilt für alle Formen des Gebets, aber man kann es hier eher glauben. »So, wie ich bin, komm ich zu dir, Herr, dein Erbarmen gilt auch mir.« Das gilt auch für Sie. Es ist egal, was wir von uns selber halten oder von unserem Verhalten vor Gott. Wir kommen mit leeren und ausgestreckten Händen. Was passiert, ist reine Gnade.

An dieser Stelle möchte ich ein Wort für jene von uns sagen, die vielleicht durch das aufgeschreckt sind, was Paulus im 1. Korintherbrief über das »schuldig werden« beim Abendmahl schreibt (1Kor 11,20-30). Das mag Ihnen vielleicht Angst machen, besonders wenn Sie sich nicht würdig fühlen, die Güte, Gnade und Freigebigkeit Gottes zu empfangen. Vielleicht sind Sie besorgt, weil Sie Dinge getan oder gesagt haben, die Sie davon ausschließen, am Tisch des Herrn zu sitzen. Und wenn Sie doch teilnehmen, dann fürchten Sie sich davor, sich schuldig zu machen.

Ich kann Ihnen versichern, daß Paulus sich mit einem völlig anderen Problem beschäftigt. Er sorgt sich um jene, die ab und zu das Abendmahl einnehmen – beinahe gedankenlos. Er beschäftigt sich mit denen, die »in unehrenhafter Weise« essen und trinken, die kein Verständnis für die heilige Ernsthaftigkeit der Situation haben.

Wissen Sie, das ist genau das gegenteilige Problem im Vergleich zu Ihrer Sorge. Wenn überhaupt, dann sind Sie zu ernst, zu besorgt. Glauben Sie mir: Gott nimmt Sie so an, wie Sie sind. Sie brauchen sich nicht selbst zu verbessern oder Ihre Quote an guten Taten zu erhöhen oder besser Ihre Sünden zu bekennen oder sonst etwas. Zögern Sie nicht, weil Sie sich unwürdig fühlen; dieses Mahl ist ja gerade für die Unwürdigen! Kommen Sie! Essen Sie! Trinken Sie! »Denn so oft ihr von diesem Brot eßt und aus diesem Kelch trinkt, verkündigt ihr den Tod des Herrn, bis er kommt« (1Kor 11,26).

Das »Sakrament« des Wortes

Martin Luther sagt, daß die Gemeinde sich überall findet, wo »das Evangelium gepredigt wird und die Sakramente recht gebraucht werden«.[4] Das Sakrament des Abendmahls ist die Gute Nachricht für das Auge. Das Sakrament des Wortes ist die Gute Nachricht für das Ohr. Im Sakrament des Wortes sind die Prediger selber lebendige Elemente in der Hand Christi. Sie bezeugen oder symbolisieren Christus nicht nur, sondern an ihnen vollzieht sich sein Leiden und sogar sein Sterben. An ihrer Person offenbart er sich als Gekreuzigter und Auferstandener.

Ich hoffe, Sie verstehen mich recht: Wenn ich vom Sakrament des Wortes rede, dann meine ich damit mehr als die reine Predigt, obwohl das Predigen sicherlich dazugehört. Das Wort hat mehrere Bedeutungen: die lebendige Stimme Gottes, Jesus als der göttliche *Logos*, die Heilige Schrift als das geschriebene Wort Gottes und das Bezeugen der Wirklichkeit Gottes durch Menschen, die unter dem Einfluß und der Macht des Geistes stehen.

Ich hoffe, Sie wissen, daß jene, die dieses Sakrament verwalten, mehr sind als die offiziell anerkannten und ordinierten Geistlichen. Jesus Christus, das Haupt der Kirche, wählt aus und bevollmächtigt, das Wort des Lebens zu predigen. Es mag sich seltsam anhören, aber Gott könnte Sie und mich benutzen, damit sein Wort weitergesagt wird. Es wird nicht leer zurückkommen, sondern es wird wirksam sein für den Zweck, zu dem es ausgesandt ist.

Außerdem hoffe ich, Sie erkennen, daß das Sakrament des Wortes an vielen Orten und in vielen Lebenslagen außerhalb des sonntäglichen Gottesdienstes geschieht, obwohl es dort natürlich auch passiert. Ich habe gesehen, wie das Wort an Straßenecken, in Krankenhäusern und in Büros gepredigt wurde und die Macht Gottes herabfuhr. So fließt das Leben Gottes zu den Menschen, und Gott benutzt alle möglichen Mittel, um seine Herrlichkeit zu demonstrieren. Vielleicht sprechen wir gerade mit jemandem am Telefon und sagen geheiligte Worte, die »in Vollmacht und Wahrheit« geredet sind, wie die alten Schreiber gern gesagt haben. Das ist das Sakrament des Wortes.

Ich möchte die Predigt des Wortes als eines der zentralen, von Gott eingesetzten Gnadenmittel unseres Lebens betonen. Ohne eine Gebetshaltung beim Predigen und Hören sind wir eine blutarme Gemeinde und von allen Menschen am ehesten zu bedauern. E.M. Bounds erklärt: »Der Charakter unseres Gebets wird den Charakter unserer Predigt bestimmen. Leichtes Gebet produziert eine leichte Predigt. Das Gebet macht die Predigt stark, salbt sie und bewirkt, daß sie im Gedächtnis bleibt.«

In seiner Aussage benutzt Bounds ein altes Wort, das beschreibt, was wir heute so dringend nötig haben: Salbung. Die Salbung ist das

Geheimnis; sie legt sich auf die Predigt und unterscheidet sie von jeder anderen Art der Kommunikation. Es ist mehr als Ernsthaftigkeit; es ist mehr als Inbrunst; es ist mehr als rhetorisches Können. Die Salbung der Predigt ist das Göttliche in der Predigt. Sie gibt der Predigt ihre Mitte, ihre Schärfe und Wirkungskraft. Sie bereichert die offenbarte Wahrheit mit der ganzen Macht Gottes. Sie unterstützt, glättet, schneidet, konfrontiert und erweckt tote Knochen zum Leben.

Einmal war ich in einem Gottesdienst, den ich so bald nicht vergessen werde. Ich war zusammen mit einem Freund da, der sich mit christlichen Dingen nicht auskannte. Wir kamen zu der festgesetzten Zeit um 10.30 Uhr an, aber der Gottesdienst hatte bereits begonnen. Als wir den Gottesdienstraum betraten – es war ein umgebautes Warenhaus –, erschlug uns die geistliche Macht und Energie in der Gottesdienstgemeinschaft beinahe spürbar. Wir schnappten buchstäblich nach Luft und wichen erst einmal einen halben Schritt zurück.

Der Pastor sprach sanft, mitfühlend, authentisch und voller Stärke. Er war nicht sehr redegewandt – der Mann hatte von Rhetorik wahrscheinlich noch nie etwas gehört, aber er hatte etwas weit Besseres: eine geheiligte Grundlage. Wir wußten, daß er von der lebendigen Wirklichkeit sprach. Es schien, als ob die Worte zwischen dem Mund des Sprechers und dem Ohr des Hörers mit ungewöhnlichem Leben und Macht angereichert wurden. Die Salbung Gottes lag mit solcher Gnade und Barmherzigkeit auf ihm, daß unsere Herzen weich und zum Gehorsam hingezogen wurden. Sogar die Luft schien zu leben, und ein heiliges Schweigen fiel auf uns alle. Für uns beide zerschlug dieser kurze Moment des Predigens alle Zweifel über Gottes Handeln und die Geschäfte der Menschen.

Solche Gnade kommt nicht automatisch: »Viel Gebet ist der Preis der Predigtsalbung; viel Gebet ist die einzige und alleinige Bedingung, um diese Salbung zu behalten. Ohne das unendliche Gebet gelangt die Salbung nie zum Prediger. Ohne Standhaftigkeit im Gebet bringt die Salbung, wie das überflüssige Manna, Gewürm hervor.«

Wie können Sie und ich helfen? Ganz sicher durch stetes Gebet für den Prediger. Aber es gibt etwas, was noch wichtiger ist: geheiligtes Hören. Während sich der Prediger dem Tisch des Herrn nähert, nehmen wir absichtlich eine Haltung des Lernens ein. Während uns das Sakrament des Wortes gebracht wird, sind wir innerlich auf Knien, voller Erwartung. Wir hören die ganze Zeit auf die *kol Jahwe*, die Stimme des Herrn. Wir hören mit dem Verstand und mit dem Herzen. Die ganze Zeit prüfen wir unser Leben und hauchen Gebete der Annahme und der Anwendung des Gehörten.

»Ja, aber Sie kennen die Art Predigt nicht, die ich Woche für Woche über mich ergehen lassen muß«, mögen Sie vielleicht denken. »Das scheint mir überhaupt nicht sakramental zu sein!« Ich kenne das Problem gut: Prediger, die eine tote Orthodoxie predigen, Prediger, die den letzten intellektuellen und kulturellen Schrei predigen. Ich weiß, daß viele Predigten schlecht sind; sie sind schlecht vorbereitet und werden schlecht gehalten. Ich kenne auch genau die vielen Spannungen, unter denen treue Pastoren leiden und die sie an einer entsprechenden Vorbereitung der Predigt hindern.

Dennoch muß ich das geheiligte Hören lernen. Wir lauschen auf das göttliche Wispern inmitten des menschlichen Lärms, denn: »Es ist das Sakrament des Wortes, das allen anderen Sakramenten ihren Wert gibt«, wie Forsyth schreibt.

Das Gebet des Leibes

Ich habe keinen Geist, sondern ich bin ein Geist. Ich habe keinen Körper, sondern ich bin ein Körper. Das gilt auch für Sie. Zu oft beten wir jedoch, als wären wir ein körperloser Geist. Es ist höchste Zeit, daß wir das christliche, fleischgewordene Verständnis vom Leib wieder zum Leben erwecken. Wir beten Gott mit unseren Leibern an. Wir beten mit unseren Leibern.

Die Bibel ist voll von Gebeten, in denen der Leib eine Rolle spielt: Mose betete mit erhobenen Händen, als die Israeliten gegen die Amalekiter kämpften. Elisa betete das Leben zurück in den schunemitischen Jungen, als er auf ihm lag. David tanzte vor dem Herrn, als die Bundeslade in die heilige Stadt getragen wurde. Jesus legte vielen Menschen seine Hände auf. Johannes fiel vor dem verherrlichten Herrn nieder, als er auf Patmos war. Die Liste könnte beliebig erweitert werden.

Die häufigste Gebetshaltung in der Bibel ist ganz nach vorne gebeugt, mit ausgestreckten Händen. Die zweithäufigste Haltung sind die erhobenen Hände und Arme. Die Haltung, die wir am ehesten gewohnt sind – geschlossene Augen und gefaltete Hände – findet sich nirgendwo in der Heiligen Schrift. Das bedeutet nicht, daß die ersten beiden Haltungen akzeptabel sind und die dritte nicht. Aber es sollte uns befreien, eine Körpersprache zu nutzen, die zu unserer Gebetserfahrung paßt.

Lassen Sie mich ein paar Vorschläge machen. Wenn wir zum Bekenntnis und zur Buße getrieben werden, dann wollen wir vielleicht auf dem Boden liegen, mit dem Gesicht zu Boden, in Bußfertigkeit und Herzensleid. Wenn wir in die liebende Anbetung Gottes gezogen werden, dann wollen wir vielleicht lieber knien, mit den Händen ein wenig erhoben, Handinnenseiten nach oben gerichtet, in stillem Dank und Verwunderung. Wenn wir uns zu aktiver Anbetung und Lob hingezogen fühlen, dann wollen wir vielleicht mit erhobenen Händen stehen, die Hände ausgestreckt, laut singend und bittend. Und wenn wir uns zum Lob des Schöpfers Himmels und der Erde hingezogen fühlen, dann wollen wir vielleicht mit ausgestreckten Armen stehen, und wir sprechen die Worte des Psalmisten: »Lobe den Herrn, meine Seele, und was in mir ist, seinen heiligen Namen« (Ps 103,1).

Sakraler Tanz ist eine andere Form des Gebets des Leibes, die sich jetzt wieder in der christlichen Anbetung geübt wird. Am besten finde ich an dieser Wiederentdeckung die Mischung von liturgischen Formen und charismatischem Ausdruck wie Preis, Anbetung und Prophetie. Mir gefällt es.

Tausend Jahre lang haben Christen einen sakralen Tanz praktiziert, der sich *tripudium* nannte. Als die Gottesdienstbesucher sangen, hakten sie sich unter und machten drei Schritte nach vorn, einen Schritt zurück, drei Schritte nach vorn und wieder einen Schritt zurück. Sie taten dies und verkündeten so eine Theologie mit ihren Füßen. Sie verkündeten den Sieg Christi in der bösen Welt, einen Sieg, der uns nach vorne bringt, aber nicht ohne Schritte zurück.

129

Sakraler Tanz kann entweder als Teil des privaten Gebets und der Anbetung dienen oder man kann ihn in gemeindlicher Runde tanzen. Wie der Psalmist loben wir Gott mit der Laute und der Harfe, mit der Zimbel und dem Tanz, mit Saiten und Pfeife. Wir feiern die Güte Gottes mit unseren inneren Organen.

Ich sage Ihnen all diese Dinge, um Vorschläge zu machen. Gott will Sie und mich in Formen des Gebets des Leibes führen, die uns Not tun und die ihm große Ehre bringen.

Ein volles Gebetsleben schließt auch in der Form eine unendliche Bandbreite ein. Wir kommen in liturgischer Würde und in charismatischem Jubel vor Gott. Beides ist lebensnotwendig für eine umfassende Gebetserfahrung.

Vater unser im Himmel,
geheiligt werde dein Name.
Dein Reich komme.
Dein Wille geschehe,
wie im Himmel, so auf Erden.
Unser tägliches Brot gib uns heute.
Und vergib uns unsere Schuld,
wie auch wir vergeben unseren Schuldigern.
Und führe uns nicht in Versuchung;
sondern erlöse uns von dem Bösen.
Denn dein ist das Reich und die Kraft
und die Herrlichkeit in Ewigkeit.
Amen.

11. Gebet ohne Unterlaß

*Wenn der Geist in einem Menschen wohnt, dann kann dieser nicht auf-
hören, zu beten, denn der Geist betet ohne Unterlaß in ihm. Ob er
schläft oder wach ist – das Gebet geht die ganze Zeit in ihm weiter. Vielleicht ißt oder trinkt er, vielleicht ruht er sich aus oder er arbeitet; der
Weihrauch des Gebets steigt spontan in seinem Herzen auf. Die leiseste
Bewegung in seinem Herzen ist wie eine Stimme, die in der Stille und im
Geheimen dem Unsichtbaren singt.*

Isaak von Antiochien

Ich möchte Ihnen von einem wunderbaren Weg erzählen, wie man
immer in Gottes Gegenwart leben kann. Ich kann nicht bekennen,
daß ich völlig in dieses Leben der ständigen Gemeinschaft mit dem
Vater eingedrungen bin, aber ich habe oft genug einen Blick davon
erhascht, so daß ich sagen kann: es ist der beste, feinste und voll-
kommenste Weg zu leben.

Menschen haben uns jahrhundertelang davon berichtet, daß es
möglich ist: »Es gibt keine Lebensform auf der Welt, die schöner und
voller Entzücken wäre, als die fortwährende Unterhaltung mit
Gott.« Johannes vom Kreuz rät uns: »Laß das Gedächtnis an Jesus
sich mit deinem Atem verbinden.« Juliana von Norwich sagt: »Das
Gebet vereint die Seele mit Gott«. Kallistos, ein byzantinischer
Geistlicher, schreibt: »Unaufhörliches Gebet besteht aus unablässi-
gem Anrufen auf den Namen Gottes.« Man sagt, daß der heilige
Franziskus »kein Mann des Gebets, sondern ein Gebet war, das zu
einem Mann geworden war«. Und Frank Laubach berichtet: »Oh,
diese Sache, bei der man in konstanter Verbindung mit Gott bleibt,
bei der Gott das Objekt der Gedanken und der Freund in der Unterhaltung ist, das ist die verwunderlichste Sache, über die ich jemals
gestolpert bin.«

Vielleicht scheint Ihnen das unmöglich oder nicht erstrebenswert.
Manchmal teile ich diese Meinung. Warum sollten wir uns noch
mehr religiöse Verpflichtungen auferlegen, wenn wir bereits zuviel

auf unserem Plan haben? Darüber hinaus scheint es unglaublich schwierig zu sein. Niemand kann zu jeder Zeit an Gott denken. Wer würde das überhaupt tun wollen?

Wenn Sie diese Meinung auf irgendeine Art teilen, dann möchte ich Sie ermutigen. Gott erwartet von Ihnen nicht, daß Sie sich sofort in das Meer der ewigen Gemeinschaft mit ihm stürzen und von einem Kontinent zum anderen schwimmen. Wir bewegen uns durch einen Prozeß des gelebten Lebens auf diesem Weg, der verständlich und praktisch ist. Und während dieses bewußte Leben in der Gegenwart Gottes anstrengend ist, hört alles andere auf, anstrengend zu sein. Wir werden immer konzentrierter, richten uns mehr und mehr auf die Mitte aus und haben einen größeren Gesamtüberblick. Wir entdecken immer mehr, daß wir mit einer Leichtigkeit und Beschwingtheit den Streß und die Anstrengung des täglichen Lebens meistern, die uns selbst überrascht.

Übrigens ist eine dauerhafte und treue Gemeinschaft in mancher Hinsicht einfacher als unsere normale Art zu beten. Es ist viel schwerer, unregelmäßig zu beten als regelmäßig – genauso schwierig ist es, ab und zu gutes Tennis zu spielen, wenn wir nur unregelmäßig trainieren. Meinen wir wirklich, wir könnten die Lauterkeit von Herz, Verstand und Geist durch ein unbeständiges Gebetsleben erreichen? Nein, nur durch regelmäßige Gemeinschaft entsteht eine echte Nähe. Und wir entwickeln eine Leichtigkeit. Warum Leichtigkeit? Weil wir uns feste Gewohnheiten der Rechtschaffenheit angewöhnen. Nach und nach werden diese »heiligen Gewohnheiten« ihren Dienst leisten, so daß das Gebet leicht wird. Es wird zur natürlichen und spontanen Sache; schwieriger wird es sein, dem Gebet fernzubleiben.

Ununterbrochene Gemeinschaft

Die biblischen Schreiber schweigen nicht über die Möglichkeit des unablässigen Gebets. »Betet ohne Unterlaß«, schreibt der Apostel Paulus (1Thess 5,17). Zu den Römern sagt er: »Seid fröhlich in Hoffnung, geduldig in Trübsal, beharrlich im Gebet« (Röm 12,12). Und den Ephesern rät er: »Betet allezeit mit Bitten und Flehen im Geist und wacht dazu mit aller Beharrlichkeit im Gebet für die Heiligen« (Eph 6,18). Den Kolossern schreibt er: »Seid beharrlich im Gebet und wacht in ihm mit Danksagung!« (Kol 4,2) Und den Philippern: »Sorgt euch um nichts, sondern in allen Dingen laßt eure Bitten in Gebet und Flehen mit Danksagung vor Gott kundwerden« (Phil 4,6).

Der Schreiber des Hebräerbriefes drängt uns: »Laßt uns durch ihn [Jesus] Gott allezeit das Lobopfer darbringen, das ist die Frucht der Lippen, die seinen Namen bekennen« (Hebr 13,15). Jesus gab uns seine Gleichnisse über das Gebet, damit wir »allezeit beten und nicht nachlassen sollten« (Lk 18,1). Er zeigte uns die Wirklichkeit der ewigen Gemeinschaft mit dem Vater. »Der Sohn kann nichts von sich aus tun, sondern nur, was er den Vater tun sieht; denn was dieser tut, das tut gleicherweise auch der Sohn« (Joh 5,19). »Ich kann nichts von mir aus tun. Wie ich höre, so richte ich« (Joh 5,30). »Ich bin im Vater und der Vater ist in mir« (Joh 14,11). Als Jesus seinen Jüngern sagte, sie sollten so in ihm bleiben, wie eine Rebe am Weinstock bleibt, da verstanden sie sofort, was er meinte, denn sie hatten gesehen, wie er jahrelang beim Vater geblieben war (Joh 15,1-11).

Die verzehrende Leidenschaft

Sicher spüren Sie die dringende Notwendigkeit für unablässiges Gebet in unserer Zeit. Wir hecheln durch eine endlose Reihe von Aktivitäten, mit zerstreuten Gedanken und viel Lärm im Herzen. Wir fühlen uns gestreßt, gehetzt und atemlos. Gedanken schießen uns in den Kopf und verschwinden wieder, ohne jeglichen Grund. Nur selten können wir uns auf eine einzige Sache für eine längere Zeit konzentrieren. Alles und jedes unterbricht unsere Konzentration. Wir sind ein abgelenktes Volk.

Das unablässige Gebet spricht den Frieden in das Chaos. Wir fangen an, etwas von der unendlichen Geduld Gottes zu erfahren. Unsere verstreuten und zerstückelten Aktivitäten werden um einen neuen Bezugspunkt herum geordnet. Wir erfahren Frieden, Ruhe, Gelassenheit, eine feste Ausrichtung des Lebens.

Aber das passiert nicht automatisch. Wir müssen es mit einer verzehrenden Leidenschaft wollen. »Religion ist nicht eine langweilige Gewohnheit, sondern ein loderndes Fieber.«[1] Sehnt sich nicht jede Zelle Ihres Lebens nach dieser Art von Leben? Ist nicht tief in Ihnen diese Sehnsucht nach Gottes immerwährender Gegenwart? Sehnen Sie sich nicht auch nach mehr von Gottes Liebe, Gottes Freude, Gottes Frieden, Gottes Macht? Ich wette, daß Ihnen ein kleines Gebet hier und da einfach nicht genug ist. O nein, Sie wollen mehr, viel mehr. Sie möchten die ewige Flamme der Anbetung auf dem Altar des andauernden Gebets anzünden. Wenn Sie nur wüßten, wie man das macht! Ja, wenn wir nur alle wüßten, wie das geht! Das ist das Thema, dem wir uns jetzt zuwenden wollen.

Im Atmen beten

In den vielen Jahrhunderten, in denen Christen versuchten, dem biblischen Aufruf »Betet ohne Unterlaß« zu folgen, entwickelten sie zwei grundlegende Ausdrucksarten des unablässigen Gebets. Die eine ist formaler und liturgischer, die andere kommunikativer und spontaner. Die erste ist in der östlichen hesychastischen Tradition der Christen entstanden.[2] Die Idee kommt aus den Psalmen, wo der Einleitungssatz uns an den gesamten Psalm erinnert, zum Beispiel: »O Herr, du erforschst mich und kennst mich« (Ps 139,1). Sätze wie dieser sind kurze und einfache Gebete, die in einem Atemzug gesprochen werden können. Gregor vom Sinai sagt: »Unsere Liebe zu Gott sollte vor dem Atmen kommen.«

Das bekannteste Gebet dieser Art ist das Herzensgebet: »Herr Jesus Christus, Sohn Gottes, erbarme dich meiner.« Es stammt aus dem Gleichnis Jesu über die Selbstgerechtigkeit, in dem der Zöllner sich auf die Brust schlägt und betet: »Gott, sei mir Sünder gnädig.« Es entstand in seiner jetzigen Form im sechsten Jahrhundert und wurde damals häufig gebetet; im 14. Jahrhundert wurde es in der östlichen Kirche wiederentdeckt.

Im neunzehnten Jahrhundert erzählt ein unbekannter russischer Bauer in dem Buch *Aufrichtige Erzählungen eines Pilgers*[3] die bewegende Geschichte seiner Suche nach dem unablässigen Gebet. Als er das Herzensgebet kennenlernt, betet er es unablässig, bis das Gebet von seinem Verstand in sein Herz wandert und von dort durch seinen ganzen Körper. Er verinnerlicht es so sehr, daß es ihm immer gegenwärtig ist, ob er wacht oder schläft. Dieses besondere Buch hatte einen Einfluß auf die Christen, der weit über die Grenzen der Ostkirche hinausging.

Aber das Herzensgebet ist nur ein Beispiel. Man kann auch sein eigenes, individuelles kurzes Gebet entdecken. Vor einigen Jahren war ich abends draußen und joggte, als Dutzende von solchen Gebetssätzen von meinen Lippen strömten: »O Herr, taufe mich mit Liebe«; »lehre mich deine Güte, Vater«; »Jesus, laß mich deine Gnade aufnehmen«; »gütiger Herr, nimm mir meine Angst«; »offenbare meine Sünde, o Heiliger Geist«; »Herr Jesus, hilf, daß ich mich geliebt fühle«.

Achten Sie auf die Kürze der einzelnen Gebete, sie sind selten länger als acht oder neun Silben. Und bemerken Sie auch das Gefühl von Nähe und enger Verbundenheit. Gott wird in sehr persönlicher Art angeredet. Beachten Sie, wie die betende Person Angewiesensein, Fügsamkeit und Vertrauen ausdrückt – genau das Gegenteil davon, sich auf sich selbst zu verlassen. Und beachten Sie, daß alle Gebete Bitten sind. Einerseits könnte es als egoistisches Gebet verstanden werden, weil wir darum bitten, daß etwas in uns oder für uns getan wird. Andererseits ist es kein egoistisches Gebet, denn die Bitten dieser Gebete sind momentane Spiegelung des Willens und Handelns Gottes.

Diese Gebete, die wir im Atmen beten, werden nicht gemacht, sondern entdeckt. Wir bitten Gott, uns seinen Willen und seine Wahrheit für die gegenwärtige Not zu zeigen.

Um solche Gebete für sich selbst zu entdecken, suchen Sie sich einen ungestörten Platz und setzen Sie sich still hin, völlig in der Gegenwart Gottes. Lassen Sie es nach ein paar Minuten zu, daß er Sie beim Namen ruft. Danach lassen Sie diese Frage kommen: »Was willst du?« Beantworten Sie diese Frage direkt und einfach. Vielleicht fällt Ihnen ein einziges Wort ein: »Friede«, »Vertrauen«, »Stärke«. Vielleicht ist es auch ein Satz: »deine Wahrheit verstehen«, »deine Liebe spüren«. Verbinden Sie dann diesen Satz mit der für Sie angenehmsten Art, über Gott zu sprechen: »wunderbarer Erlöser«, »Abba«, »Immanuel«, »Heiliger Vater«, »gütiger Herr«. Vielleicht schreiben Sie zum Schluß Ihr Kurzgebet auf. Es muß sich leicht in einem Atemzug sagen lassen.

Während der nächsten Tage erlauben Sie Gott, Ihr Gebet eventuell etwas zu korrigieren. Sie haben vielleicht aufgeschrieben: »Laß mich deine Wahrheit verstehen, Herr.« Aber nach einem Tag oder zwei, an denen Sie gebetet haben, merken Sie, daß das, was Sie wirklich brauchen, nicht so sehr das Verstehen seiner Wahrheit ist, sondern seine Wahrheit zu leben. Daher beten Sie jetzt: »Hilf mir, deine Wahrheit zu leben, Herr.«

Beten Sie Ihr Gebet so oft wie möglich. Erlauben Sie Gott, es tief in Ihren Geist zu pflanzen. Hetzen Sie nicht, und wechseln Sie das Gebet nicht zu schnell. Vor acht Monaten bekam ich ein persönliches Gebet, und ich habe immer noch keine Anzeichen dafür, daß ich damit aufhören kann. Manchmal – nicht immer, aber manchmal – erreichen wir einen Punkt, der über dieses Gebet hinausgeht, wo wir innerlich und äußerlich völlig ruhig sind. Christus ist vor uns, hinter uns, er ist um uns und in uns. Das ist der Punkt, wo wir unsere Anstrengungen sein lassen und mit Gott sind.

Über diese Gebete bemerkt Theophan der Klausner: »Die Gedanken schwirren in deinem Kopf umher wie Moskitos. Um das Schwirren zu stoppen, mußt du deinen Verstand an einen Gedanken binden oder an den Gedanken des Einzigen. Eine Hilfe dazu ist ein kurzes Gebet, das dem Verstand hilft, einfach und eins zu werden.«

Die Praxis der Gegenwart Gottes

Die zweite wichtige Ausdrucksweise des unablässigen Gebets bedeutet, mit einer freudigen Erwartung der Gegenwart Gottes in die Aktivitäten des Tages zu gehen, mit geflüstertem Gebeten des Lobes und der Anbetung, die ständig aus unserem Herzen fließen. Bruder Lawrence, der sich selbst »den Herrn aller Töpfe und Pfannen« nannte, faßte diesen Gedanken in seinen berühmten Ausspruch: »Die Zeit der Arbeit darf für mich nicht geringer sein als die Zeit des Gebets; und in dem Lärm und dem Geklapper meiner Küche, während verschiedene Leute zur gleichen Zeit nach unterschiedlichen

Dingen verlangen, habe ich Gott in großer Ruhe in mir, als ob ich auf meinen Knien beim gelobten Sakrament wäre.«

Lawrence drängt uns, »unsere Herzen zu einer privaten Kapelle zu machen, wo wir uns von Zeit zu Zeit zurückziehen und bei Gott sein können, in vollem Frieden, in Demut und in der Liebe«. Er ermutigt uns, als letzte Tat des Tages und als erste Tat am neuen Morgen ein inneres Gebet zu sprechen. Indem wir dies tun, entdecken wir, daß »die, die vom Heiligen Geist angehaucht wurden, Fortschritte machen, obwohl sie schlafen«.

In den letzten Jahren seines kurzen Lebens berichtete uns der Philosoph Thomas Kelly, daß »die Ströme lebendigen Wassers und heiliger Offenbarung immerfort in uns aufsteigen, und zwar Tag für Tag, Stunde für Stunde, immerzu, und uns verändern«. Er schreibt:

»Es gibt einen Weg, um unser geistiges Leben auf mehr als einer Stufe zugleich zu ordnen. Auf der einen Stufe denken wir vielleicht, diskutieren wir, sehen wir, rechnen wir und erfüllen wir all die Anforderungen unseres äußerlichen Lebens. Aber tief in uns, hinter dem Vorhang, auf einer tieferen Stufe, können wir gleichzeitig beten und loben, ihn lieben und ihm dienen, und in einer zarten Erwartung auf den göttlichen Lebenshauch verharren.«[4]

Die vielen Tagebuchaufzeichnungen von Frank Laubach sind durchleuchtet von der Gegenwart Gottes: »An diesem Nachmittag hat die Gegenwart Gottes mit solch unmittelbarer Freude von mir Besitz ergriffen, daß ich dachte, ich hätte so etwas noch nie vorher erfahren. Gott war so nah und so wunderbar liebenswert, daß ich das Gefühl hatte, aufgrund dieser sonderbaren, beglückenden Zufriedenheit völlig dahinzuschmelzen.« 1930 schreibt er auf der philippinischen Insel Mindanao:

»Es ist das Gefühl der Zusammenarbeit mit Gott in kleinen Dingen, das mich so erstaunt, denn ich habe dies noch nie zuvor erfahren . . . Es ist meine Aufgabe, diese Stunde in fortwährender innerer Unterhaltung mit Gott und in völliger Bereitschaft, seinem Willen zu entsprechen, zu verbringen, um diese Stunde wunderbar reich zu machen. Dies scheint alles zu sein, worüber ich mir Gedanken machen muß.«

Einige Jahre später betet er: »Gott, dieser Versuch, meinen *Willen* deinem Willen zu beugen, macht mich ganz. Hier auf dem Bahnhof von Kalkutta fühle ich eine neue Kraft, so wie ich sie viele Jahre nicht gehabt habe.«[5]

Ich weiß nicht, wie ich Ihnen das Gefühl der Nähe vermitteln soll, das Gefühl von Abenteuer, von Durchbruch, das sich in seinen Aufzeichnungen und Briefen findet. Nicht nur in seinen, sondern in den Aufzeichnungen vieler anderer Pioniere im geistlichen Leben. Diese Menschen kannten eine Wirklichkeit, die viele von uns nicht kennen. Ihre Aufzeichnungen tanzen vor lauter Begeisterung über die gemachte Entdeckung. Thomas Kelly schreibt: »Das Leben aus der Mitte heraus ist ein Leben in ungehetztem Frieden und Macht. Es ist einfach. Es ist heiter. Es ist erstaunlich. Es ist siegreich. Es ist strahlend. Es kostet keine Zeit, aber es beschäftigt uns den ganzen Tag. Und es macht die Ausrichtung unseres Lebens neu und überwältigend.«

Aber können *Sie* auf diese Art und Weise leben? Kann *ich* so leben? »Auf keinen Fall!« sagen wir. Aber warten Sie, vielleicht ist es viel eher möglich, als wir zuerst denken. Sicherlich kommt dieses Leben einer ungebrochenen Gemeinschaft nicht automatisch und nicht ohne Anstrengung. Das sollte uns nicht verwundern; alles, was irgend etwas wert ist, kostet Anstrengung. Bruder Lawrence gibt zu, daß er zehn Jahre brauchte, bevor er die Gegenwart Gottes vollkommen erlernt hatte. Laubach erklärt:

»Die Aufgabe, zu der du mich berufen hast, ist so schwer zu bewerkstelligen wie die Besteigung des Mount Everest, aber ich kann es schaffen, wenn ich meinen Willen auf deinen Willen hin ausrichte. Das ist meine Aufgabe: meinen Willen der gegenwärtigen Kraft auszusetzen und dich ohne Ende hindurchfahren zu lassen.«[6]

Mühselig, aber nicht unmöglich – und um so mehr, wenn wir den Vorgang verstehen, in den wir verwickelt sind, und ihm Schritt für Schritt folgen.

Schritte zum unablässigen Gebet

Wir können nicht mit einem einzigen Sprung in die schwindelnden Höhen der immerwährenden Gemeinschaft mit Gott gelangen. Es passiert nach und nach in begrenzten, praktischen Schritten.

Der erste Schritt ist die äußere Disziplin. So erreichen wir andere Fähigkeiten auch, egal welche. Die geübte Pianistin, die blitzschnell ihre Hände über die Tasten gleiten läßt, mußte sich früher mit den einfachsten Griffen abquälen. Das gleiche gilt auch für uns.

Wir beginnen mit einfachen, deutlichen, fast künstlichen Wegen. Lehrer können sich vom Läuten der Pausenklingeln daran erinnern lassen, ihr kurzes Gebet in die Arme des Vaters zu legen. Jene, deren Lieblingsfarbe lila ist, werden jedes Mal an Gottes immerwährende und liebende Gegenwart erinnert, wenn sie etwas Lilafarbenes sehen. Chirurgen können bei jedem Waschen vor einer Operation daran erinnert werden, wenn sie sich die Arme und Hände abschrubben. Der Kassierer in der Bank kann immer dann beten, wenn jemand zum Schalter kommt. Wir können Zettel an unserem Kühlschrank, Badezimmerschrank oder an unserem Fernseher anbringen. Geschirr spülen, Betten machen, beim Supermarkt in der Schlange stehen – all diese Dinge können uns zum Gebet rufen. Jogging, Schwimmen und Wandern kann uns ebenfalls daran erinnern.

Die Idee ist überraschend einfach. Frank Laubach nannte es sein *Spiel mit den Minuten,* und auch wir können es zu einem wunderbaren Spiel werden lassen. Wie viele Minuten können wir uns heute der heiligen Gemeinschaft zuwenden?

Der zweite Schritt dient dazu, das Unterbewußtsein zu erreichen. Dann sprechen wir unser Gebet, sind uns aber nicht bewußt, es gesagt zu haben. Gehauchte Gebete des Staunens und der Anbetung sind immer unter und hinter allem – etwa so wie ein Lied, von dem wir plötzlich entdecken, daß wir es den ganzen Tag gesummt haben. Innerliches Gebet kommt bei den seltsamsten Gelegenheiten zum Vorschein: mitten im Verkehr, unter der Dusche, in einem vollen Einkaufszentrum. Wir fangen an, unser Gebet zu träumen. An diesem Punkt werden wir merken, daß sich unser Verhalten verändert. Uns regt der Verkehr nicht mehr so auf. Wir erleiden die kleinen Frustrationen zu Hause und im Büro viel leichter. Wir können den anderen still und intensiv zuhören. Wir achten mehr auf Kinder.

Der dritte Schritt geschieht dann, wenn das Gebet in unser Herz gelangt. Tatsächlich bewegen wir uns mit dem Verstand in unser Herz. Gefühl und Verstand sind mehr in Übereinstimmung. Unsere Gebetsarbeit wird immer zarter, immer liebevoller, immer spontaner. Es fühlt sich immer weniger wie Arbeit und immer mehr wie Vergnügen an.

Wir fangen nun an, mit Liebe zu denken. Unsere Entscheidungen sind mehr und mehr in einem liebevollen Denken geprägt. Ich finde irgendwie nicht die Worte, um Ihnen das zu erklären. Wir werden zum Beispiel sensibler für die Verletzungen und Leiden anderer. Wir betreten einen Raum und wissen bald, wer traurig oder einsam ist, wer unter einer tiefen, unaussprechlichen Not leidet. In diesem Fall können wir zu ihnen hinüberschlüpfen und still neben ihnen sitzen, um ihnen Trost, Verständnis und Heilung zu bringen in dem Bewußtsein, daß »eine Tiefe die andere ruft« (Ps 42,7).

Der vierte Schritt kommt dann, wenn das Gebet die ganze Persönlichkeit durchdringt. Es wird wie unser Atem oder unser Blut, das durch den ganzen Körper fließt. Das Gebet entwickelt einen tiefen Rhythmus in uns.

All das habe ich nur gehört, denn hier spreche ich nicht von eigenen Erfahrungen. Aber meine Quellen sind verläßlich. Heilige haben über Jahrhunderte diese Wirklichkeit erfahren, die sie oft »göttliche Einheit« nannten. Madame Guyon erklärt, daß all unsere Gebete und Meditationen »nur Vorbereitungen« sind für diese tiefere Arbeit: »*Sie sind nicht das Ende.* Sie sind ein *Weg* zum Ende hin. Das *Ende* ist die Einheit mit Gott.«

Der letzte Schritt ist für mich im Moment zu groß. Vielleicht auch für Sie. Das sagt heute mehr über die Armut unserer geistlichen Erfahrung aus als über die tatsächliche Schwierigkeit dieses Schrittes. Wie auch immer, wir werden uns damit mehr im nächsten Kapitel befassen.

Zwei Probleme

Bevor ich dieses Kapitel beende, möchte ich noch auf ein theoretisches und ein praktisches Problem eingehen. Das theoretische Problem dreht sich darum, ob das unablässige Gebet unter die leeren Wiederholungen fällt, die von Jesus abgelehnt worden sind. Sie werden sich erinnern, daß wir uns mit diesem Thema bereits beschäftigt haben. Für uns heute ist die Gefahr viel geringer. Jesus befaßte

140

sich damals mit einer speziellen Praxis seiner Tage, wo die Pharisäer ihre Frömmigkeit öffentlich darstellten, indem sie ihre Gebete auf dem Marktplatz aufsagten. Das war ein Aufsagen, das nicht nur umsonst war, sondern auch inhaltsleer. Aber das Gebet ohne Unterlaß ist verborgenes Gebet, das Gebet in der Kammer. Niemand weiß, daß wir beten . . . außer vielleicht jenen, die bemerken, daß wir fröhlicher und erfüllter sind.

Die Wiederholung an sich ist nicht falsch. Jesus empfiehlt es in seinen Gleichnissen über zudringliche Bitten, und er selbst betete im Garten Gethsemane so. Paulus betete so, als er darum flehte, daß sein »Pfahl im Fleisch« weggenommen würde. Es ist nicht die Wiederholung, sondern die grundsätzliche Einstellung, die das Gebet als magische Beschwörung versteht. Die Annahme, daß wir nur die richtige Kombination der Worte in der richtigen Reihenfolge sagen müssen, um Gott zur Zustimmung unserer Vorhaben zu bewegen, ist die Wiederholung, die die Bibel ablehnt.

Das zweite Problem ist mehr praktischer Natur. Was ich in diesem Kapitel gesagt habe, ist richtig, wenn wir uns *geistlich* fühlen und Gott folgen wollen. Aber was ist mit den Zeiten, in denen wir uns entschieden *ungeistlich* fühlen – wenn wir zum Beispiel eine Unstimmigkeit mit den Kindern haben oder einen Streit mit dem Ehepartner?

Ehrlich gesagt: Bei den Verzweiflungsgebeten, die wir im ersten Kapitel besprochen haben (»O Gott, hilf mir!«) habe ich gemerkt, daß ich dann nicht beten kann. Anstatt mich also selbst auszutricksen, indem ich mir eine beständige Gemeinschaft mit Gott fromm vorzumachen versuche, bitte ich Gott in solchen Situationen um eine Pause. Er ist gnädig wie immer und versteht unsere Schwachheit. Zur rechten Zeit können wir zurückkommen und es noch einmal versuchen. Die Frage ist nicht, ob wir immer wieder versagen werden, denn das ist eine Tatsache. Die Frage ist, ob wir nach einer gewissen Zeit eine Gewöhnung an die göttlichen Gemeinschaft entwickeln.

Gott wartet in dem inneren Heiligtum der Seele auf uns. Er heißt uns dort willkommen, wo wir, wie Madame Guyon es beschreibt, »ein fortwährendes, inneres Zuhause« haben können. Und das ist Grund zur Freude. Die Ergebnisse übersteigen immer das, was wir investiert haben.

»O Herr, mein Gott, wie herrlich ist dein Name in allen Landen.« Pleja-
den und Orion singen dein Lob. Spatzen und Rotkehlchen singen ihr
Lied für dich. Die ganze Schöpfung scheint in Einklang mit dir, dem Mei-
sterlehrer. Alle, außer mir. Warum? Warum will ich allein meine eigene
Melodie singen? Ich bin ganz sicher ein halsstarriges Geschöpf.
Bitte vergib mir.
Ich wünsche mir, daß ich öfter und mehr mit dir im Einklang sein kann.
Ich wünsche mir eine Gemeinschaft, die konstant und tragfähig ist. Bitte
nähre diesen Wunsch in mir, der jetzt so klein und zart ist. Möge ich ei-
nes Tages wie die Bäume werden, die »an den Strömen des Wassers ge-
pflanzt sind und die ihre Frucht zu ihrer Zeit bringen, und ihre Blätter
welken nicht. In allem, was sie tun, gedeihen sie«.
Um Jesu Willen.
Amen.

12. Das Gebet des Herzens

Ein Herz geht zu Herzen.   John Henry Newman

Das Gebet des Herzens ist das Gebet der unmittelbaren Nähe. Es ist das Gebet der Liebe und der Zärtlichkeit, das von einem Kind an seinen Vater Gott gerichtet ist.[1] Wie eine Henne, die ihre Küken unter ihren Flügeln versammelt, erlauben wir Gott durch das Gebet des Herzens, uns bei ihm zu versammeln – uns zu halten, zu kuscheln, uns zu lieben (Lk 13,34). Es ist – anders als das Herzensgebet – in der Regel ein längeres Gespräch mit dem liebenden Vater.

»Ich möchte ihre Herzen erwärmen«

Während ich in meinem daunenweichen Bett lag und auf die Dunkelheit wartete, dachte ich über die vergangenen Tage nach. Ich hatte gerade eine Evangelisation beendet, die gut gelaufen war. Die Menschen waren zur Antwort bereit gewesen, und der Geist hatte in sanfter Weise auf uns geruht. Mir blieb nur noch eine Aufgabe – am Sonntagmorgen in einer Gemeinde der Umgebung zu predigen, dann würde ich mich am Nachmittag auf den Heimweg machen.

»Was, Herr, hältst du für diese Gemeinschaft am Morgen bereit? Möchtest du ihnen irgend etwas Besonderes sagen oder tun?« Obwohl ich meine Predigten normalerweise weit im voraus plane, bete ich häufig auf diese Art und Weise, denn oft gibt es kleine Anstöße, die genau die richtige Antwort auf die Nöte einzelner bringen. Für diesen besonderen Gottesdienst war die Führung recht deutlich: »Sag ihnen, daß ich ihre Herzen wärmen will.«

»Ihr Herzen wärmen? Was bedeutet das?« dachte ich. Ich stand auf und kritzelte einige Ideen auf ein Blatt Papier, um sie dann in die Predigt einzubauen. Wie Gott es jedoch anstellen würde, ihre Herzen zu wärmen, wußte ich nicht. Aber über die Jahre hinweg habe ich gelernt, daß ich nicht alles wissen muß.

Vor dem Gottesdienst traf ich auf den Chor und erzählte, so gut ich konnte, von diesen Dingen. Ein vielstimmiges Murmeln bewegte sich durch die Gruppe, während wir für den bevorstehenden Gottesdienst beteten.

Der Gottesdienst verlief gut, und als ich die Predigt beendet hatte, sagte ich der versammelten Gemeinde einfach, daß Gott die Herzen einiger Menschen in dem Raum erwärmen wollte, wir sollten darauf warten, daß er uns berührte. Wir warteten einige Zeit in angenehmer Erwartung, bis etwa ein Dutzend Menschen aufstand, um davon zu berichten, auf welche besondere Weise Gott das Eis in ihren Herzen geschmolzen und ihre harten Herzen weich gemacht hatte. Ich fragte daraufhin, wer sich danach sehnte, ein tieferes Leben in der Nachfolge Jesu zu leben. Ungefähr die Hälfte der Versammlung stand auf, und ich leitete sie in einem ausführlichen Hingabegebet, in dem es auch Zeiten des Schweigens gab. Wir warteten weiter darauf, daß Gott unsere Herzen erwärmen würde. Die ganze Zeit fühlte ich Zärtlichkeit und Ermutigung. Es ging auch nach dem Gottesdienst noch weiter. Ich sollte vor einem Forum von Erwachsenen sprechen, aber statt dessen verbrachte ich die ganze Zeit damit, für einzelne zu beten, die wollten, daß ihre Herzen auf verschiedene Weise erwärmt würden. Einer brauchte körperliche Heilung, weil sein Herz nicht richtig funktionierte, ein anderer bedurfte emotionaler Heilung aufgrund einer zerbrochenen Beziehung und so weiter. Selbst das folgende Mittagessen war von dem Verständnis für kranke Herzen gesegnet, und ich betete leise darum, daß die Heilung noch weitergehen würde.

Am Nachmittag traf ich mich mit dem Pastor der Gemeinde. Er war jung, voller Energie, ein kommender Mann in seiner Kirche. (Zuvor war ich leicht verärgert gewesen, denn ich mußte einen späteren Flug nach Hause nehmen, aber jetzt verstand ich den Grund dafür, denn so hatten wir genügend Zeit, in einer stillen und ungestörten Atmosphäre zusammen zu sein.) Als er von sich erzählte, öffnete er immer mehr von den geheimen Winkeln seines Herzens. Ich erkannte, daß das, was der Pastor erfuhr, ein klassisches Beispiel für die »Nacht der Seele« ist. Ich hörte eine Stunde lang zu und war von dem bewegt, was diesen höchst erfolgreichen Mann beschäftigte.

Ich wußte, es war ein heiliger Moment, aber was sollte ich dabei tun? Schließlich stand ich auf, stellte mich an seine rechte Seite, legte eine Hand auf seine Schulter und die andere auf sein Herz. Er lehnte seinen Kopf an meine Brust und begann, zu schluchzen und zu weinen. Ich betete fünfzehn Minuten lang oder länger, die meiste Zeit still, aber hin und wieder sprach ich einige Worte laut aus. Während ich betete, wurde mir nach und nach bewußt, wie warm meine Hand auf seinem Herzen wurde. Als wir spürten, daß die Arbeit, die Gott tun wollte, beendet war, begannen wir ein wenig zu erzählen. Ich fragte ihn, ob ihm aufgefallen war, wie warm meine Hand wurde, während wir beteten. »Natürlich«, antwortete er. »Es hätte nicht wärmer sein können, wenn du deine Hand auf meiner Haut gerieben hättest.« Während er sprach, legte ich noch einmal meine Hand auf sein Herz. Sofort wurde sie extrem warm, beinahe wieder heiß. Ich ließ meine Hand dort liegen, als wir weitersprachen. Beide waren wir verwundert über das, was dabei herauskam.

Ich dachte an das Buch von Richard Rolle, *The Fire of Divine Love*, in dem er solche ungewöhnlichen Erfahrungen extremster Hitze in seinem Herzen beschreibt, die ihn manchmal nachtasten ließen, um sicher zu gehen, daß sein Herz nicht tatsächlich in Brand geraten war.

Mir ging plötzlich auf, daß es eine Verbindung zwischen dem gab, was uns passierte, und der Mitteilung, die mir an dem Morgen gekommen war, als ich im Bett gelegen hatte. (Das war mir bis zu diesem Moment nicht aufgefallen.) Gottes Wunsch, die Herzen der Menschen zu wärmen, war ganz sicher für die Gemeinde gedacht, da bin ich sicher, aber er galt auch in ganz besonderer Weise diesem Pastor.

Als wir dastanden, erwärmte Gott sein Herz, und die physische Äußerung der Hitze war ein gnädiger Hinweis auf die viel tiefere Arbeit der heilenden Liebe und der gnadenvollen Barmherzigkeit, die innen vor sich ging. Der treue Diener Christi hatte die Gegenwart seines Herrn lange nicht »gespürt«, und soweit wir beurteilen können, hatte Gott ihm die Tatsache gnädig bestätigt, daß er ihn »niemals verlassen noch im Stich lassen werde« und die Wunden aus früheren Dienstjahren heilen würde.

Ich erzähle Ihnen diese Geschichte, um die Sehnsucht Gottes zu betonen, mit uns zu sein, von Herz zu Herz. Jean-Nicholas Grou sagt: »Es ist das Herz, das betet, es ist die Stimme des Herzens, auf die Gott hört, und es ist das Herz, auf das er antwortet.« Wir haben es ebenso wie John Wesley vor vielen Jahren nötig, daß unsere Herzen »auf wunderbare Weise gewärmt« werden.

Der Prüfstein

Das Gebet des Herzens ist das Abba-Gebet. Der große Apostel Paulus schreibt, daß »Gott den Geist seines Sohnes in unsere Herzen gesandt hat, der da ruft: ›Abba, lieber Vater!‹« (Gal 4,6). Es sind die Abba-Erfahrungen Jesu, die den Prüfstein für das Gebet des Herzens darstellen.

Eins der Dinge, die uns beschäftigen, wenn wir die Evangelien lesen, ist die tiefe, persönliche und intime Nähe des Vaters, die Jesus erfahren und gelehrt hat. Natürlich ist die Idee von Gott als Vater nicht neu. Der Psalmist erklärt: »Wie sich ein Vater über Kinder erbarmt, so erbarmt sich der Herr über die, die ihn fürchten« (Ps 103,13). In Hosea beschreibt Gott sich als Vater, der seine Kinder in seine Arme nimmt und der sie mit »Seilen der Liebe« leitet und ihnen Nahrung gibt (Hos 11,1-4).

Aber es werden uns nicht ausschließlich väterliche Bilder vermittelt. Durch den Propheten Jesaja spricht Gott zum Beispiel von der Mutter: »Ich will euch trösten, wie einen seine Mutter tröstet« (Jes 66,13), heißt es dort.

Nein, es ist nicht das väterliche Bild, mit dem Gott uns überrascht, wenn wir die Evangelien lesen, sondern es ist die Einladung, Gott auf solch persönliche und intime Weise anzureden, die völlig neu ist. Die Jünger müssen bei einer solchen Antwort auf ihre Frage nach der Anleitung zum Beten völlig perplex gewesen sein, denn Jesus sagt einfach: »Wenn ihr betet, so sprecht: ›Vater‹« (Lk 11,2). Für den gläubigen Juden, der sogar zögerte, den Namen des Heiligen auszusprechen, muß die kindgemäße Intimität der Worte Jesu völlig schockierend gewesen sein.

Abba und imma – Papa und Mama – sind die ersten Worte, die jüdische Kinder sprechen lernen. Und abba ist ein so persönlicher und familiärer Ausdruck, mit dem niemand es je gewagt hätte, den gro-

146

ßen Gott des Universums anzureden – bis Jesus kam. Joachim Jeremias schreibt: »Es gibt nicht ein einziges Beispiel des Gebrauches von *abba* ... als Anrede Gottes in der gesamten jüdischen Literatur.«[2]

Es ist die unmittelbare Nähe Jesu zum Vater, die uns verblüfft. Sogar als Zwölfjähriger im Tempel in Jerusalem erklärt er seinen irdischen Eltern: »Ich muß in dem sein, was meinem Vater gehört« (Lk 2,49; Einheitsübersetzung). Achtzehn Jahre später, als er sein öffentliches Wirken beginnt, steigt Jesus aus den Wassern der Taufe empor und geradewegs in die himmlischen Worte hinein: »Dies ist mein geliebter Sohn, an dem ich Wohlgefallen habe« (Lk 3,22b). Und auf dem Berg der Verklärung kommt wieder die Stimme aus den Wolken, die sagt: »Dies ist mein geliebter Sohn; hört auf ihn!« (Mk 9,7) Jesus erfuhr die unmittelbare Nähe des Vaters nicht nur auf dem Höhepunkt der Verklärung, sondern auch in der Todesangst Gethsemanes: »Abba, mein Vater, alles ist dir möglich, nimm diesen Kelch von mir; doch nicht, was ich will, sondern was du willst!« (Mk 14,36)

Dies sind natürlich nur kurze Einblicke. Die Wirklichkeit dieser tiefsten Nähe durchdrang alles, was Jesus tat oder sagte. John Dalrymple beobachtet: »Das ganze Leben Jesu war ein verlängertes Abba-Erlebnis!«[3]

Die Beziehung zwischen Jesus und Gott, dem Vater, ist natürlich einzigartig, aber wir sind zu der gleichen intimen Beziehung mit Gott als Vater eingeladen, die Jesus kannte, als er auf der Erde lebte. Wir werden dazu ermutigt, in den Schoß des Vaters zu krabbeln und die Liebe und Fürsorge, die Heilung und Stärke zu erfahren. Wir können ganz frei und offen lachen oder weinen. Wir können umarmt und getröstet werden. Und wir können tief in unserem Herzen anbeten.

Ich hielt eine Reihe von Vorlesungen an einer bekannten theologischen Fakultät. Die Woche war voller guter Diskussionen. Im Laufe der Zeit erweckte Gott in einer Studentin ihre Gabe der Musik und gab ihr ein Lied – »Abbas Wiegenlied«. Sie gab mir ein handgeschriebenes Exemplar. Als ich die Worte las, wurde mein Herz warm. Ich rief sie sofort an und sagte ihr, daß ich davon überzeugt sei, Gott habe ihr nicht nur ein Lied ins Herz gegeben, sondern auch ein besonderes Wort für eine ganze Seminargemeinschaft. Könnte sie es sich vorstellen, das Lied am nächsten Tag in der Andacht zu singen? Es war die letzte Andacht in der Reihe. Sie stimmte dankbar zu.

Nach der gewöhnlichen Einleitung vor der Andacht sagte ich am folgenden Tag, daß Gott ein besonderes Wort für uns habe. Ich erklärte, daß dieses Lied – das am Tage vorher geschrieben worden war – ein Gebet sei, aber ein Gebet in umgekehrter Richtung. Es war Jesus, der über uns sang, und es würde helfen, wenn wir besonders aufmerksam zuhörten.

Meine Studentin ging ans Mikrofon. Ihre wunderschöne Sopranstimme war kristallklar, und sie nahm uns mit in die Anbetung. Die Worte, die sie sang, waren überwältigend einfach und daher genau das, was diese hochbegabte und angesehene Versammlung brauchte.

Die Männer und Frauen, die lange und harte Kämpfe mit den Argumenten von Barth, Niebuhr, Pannenberg und Tillich hinter sich hatten, nahmen die einfachen Worte der Liebe und der Nähe wie trockene Schwämme in sich auf. Eine heilige Stille herrschte im Gottesdienstraum und zeugte davon, daß unsere Herzen ganz nahe an das Herz Gottes gerückt waren. Wir verharrten ein paar Momente darin, und ich bin sicher, daß lange, nachdem meine Vorlesungen längst vergessen sind, dieses einfache Lied bleiben wird, denn an diesem Tag hatte Jesus uns ein Liebeslied gesungen.

Der Geist, der in uns betet

Was hat es mit diesem Gebet des Herzens auf sich? Es ist ganz einfach der Heilige Geist, der in uns betet. Die alten Schreiber sprachen von einem Gebet in drei Stufen: das Gebet der Lippen, des Verstandes und des Herzens.[4] Was wir auch immer von dieser Einteilung halten mögen – wir können alle darin übereinstimmen: Wenn wir zum Gebet des Herzens kommen, betreten wir einen Bereich, in dem der Heilige Geist der Initiator ist. Es ist der Heilige Geist, der dieses Gebet schafft, und der es erhält.

Bei dem Gebet des Herzens sind wir mit unserer Weisheit am Ende. Wir versuchen, Worte zu gebrauchen, aber die Worte versagen. Wir ringen damit, unserem Herzen Ausdruck zu verleihen, aber sind uns auch gleichzeitig bewußt, wie wenig diese Worte der Realität entsprechen. Hier springt der Heilige Geist »mit unaussprechlichen Seufzern« ein. Und wir empfangen einen kindlichen Geist, durch den wir rufen: »Abba! Vater!« (Röm 8,15-26)

In dem Gebet des Herzens erfahren wir »Freundschaft voller Ehrfurcht«, wie George Buttrick es ausdrückt. Wir werden von dem Heiligen Geist in die tiefste Gemeinschaft geführt, wo wir »wie ein stiller Teich voller Wasser sind, der die Sonne reflektiert«.

Gängige Ausdrucksweisen

Die Weisen, in denen das Gebet des Herzens Ausdruck findet, sind genauso unendlich und verschieden wie die Gedanken Gottes. Wir dürfen nie versuchen, dieses Wehen des Geistes in ein Schema pressen zu wollen. Vielleicht ist es dennoch hilfreich, einige der Wege des Geistes zu beschreiben, wie er häufig beim Gebet des Herzens wirkt.

Der häufigste Weg ist vielleicht, daß er dem einzelnen besondere, offenbarende Bilder und Worte eingibt. Man nennt diese *rhema*, das griechische Wort für »Wort«. Als Jesus sagte, daß wir nicht vom Brot allein leben, sondern von einem jeden Wort, das aus dem Munde Gottes kommt, da benutzte er das Wort *rhema* (Mt 4,4). Und wenn Paulus davon spricht, daß das Wort Gottes schärfer ist als jedes zweischneidige Schwert, dann benutzt er auch das Wort *rhema* (Eph 6,17).

Wenn Menschen die Bibel lesen, dann erfahren sie oft ein besonderes »Wort aus dem Wort«, in dem ein bestimmter Abschnitt neu in die individuelle Situation eines Menschen spricht. Manchmal frage ich mich, ob Gott bei solchen Erlebnissen durch unser Gehirn wirkt, um dem Bewußtsein wunderbare und neue Kombinationen von Ideen und Einsichten zu geben. Wie auch immer, dieses »Aktualisieren des Wortes« erinnert uns, daß Gott nahe und sehr an den besonderen Umständen unseres Lebens interessiert ist.

Ein besonderes Wort kommt auch häufig von anderen Menschen, wenn sie etwas sagen, wodurch Gott in unser Leben spricht.

Das Ergebnis dieser Erfahrungen ist, daß sie unsere Herzen immer näher zum Herzen Gottes ziehen.

Sprachengebet oder Zungenrede ist ein anderer Ausdruck des Gebets des Herzen. Diese Erfahrung gibt es häufig, sie ist nicht nur auf das 20. Jahrhundert beschränkt. Beinahe in allen Generationen von Christen haben Menschen diese Geistesgabe erfahren.

Es gibt viele Gründe für die Praxis der Zungenrede, aber der entscheidende ist das Eingehen unseres Geistes in den Geist Gottes, wobei der Geist durch uns betet. Ein Geist berührt den anderen. Während wir unserm Verstand keine Gewalt antun wollen, gehen wir doch über das Rationale hinaus. Wir betreten himmlische Gefilde durch eine Sprache des Himmels, die unsere schwachen, stotternden Zungen befähigt, das Unaussprechliche in Worte zu fassen.

Meine erste Erfahrung mit der »Gebetssprache«, wie einige es nennen, ist wohl die Erfahrung vieler. Es war vor vielen Jahren an einem ruhigen Ort während einer Freizeit. Ich war mit einem Freund zusammen, dem ich sehr vertraute, und ich hatte ihn gebeten, mich mehr über das Gebet des Herzens zu lehren. Er betete mit mir, wir setzten uns still hin und hörten auf Gott, und dann erklärte er. Mir wurde bald bewußt, daß mein Freund Worte der Anbetung und des Lobes vor sich hinmurmelte; es waren Silben, die für meinen Verstand keinen Sinn ergaben, die der Geist jedoch sehr wohl verstand.

Ich hörte erfurchtsvoll zu. Mein Freund versuchte nicht, mich dazu zu bringen, auf seine Art zu beten oder überhaupt irgend etwas zu tun. Ich bin ihm dafür von tiefstem Herzen dankbar, denn ich mied damals jegliche Manipulation wie die Pest.

Ich sprach keine hörbaren Worte, aber irgend etwas in meinem Geist war an diesem Nachmittag befreit worden, und an den folgenden Tagen kam die Gabe des Sprachengebets ganz natürlich zu mir, als gewöhnlicher Teil meines Gebetslebens.

Ein anderer Ausdruck des Gebets des Herzens ist das, was manchmal mit »im Geiste ruhen« bezeichnet wird. Es ist die Erfahrung, daß man durch die Kraft des Geistes auf eine solche Weise aufgenommen wird, daß man für eine Zeitlang das Bewußtsein verliert. Einige fallen in einen tranceähnlichen Zustand, andere liegen still auf dem Boden.

Meines Wissen scheint diese Erfahrung Vorteile zu bringen, wenn sie nicht erfunden ist – und es gibt eine ganze Reihe von Scharlatanen auf diesem Gebiet. Viele berichten von einer durchdringenden inneren Gemeinschaft und einer intensiveren Liebe zu Gott. Einige erleben tiefe, innere Heilung. Obwohl ich persönlich diese Erfahrung noch nicht gemacht habe, habe ich viele andere gesehen, bei denen es der Fall war. In jedem Fall scheinen sie in völligem Frieden zu sein, völlig ruhig. Es ist, als ob der Friede Gottes auf ihnen ruht. Offenbar geht das innere Gebet während dieser ganzen Zeit weiter; von Herz zu Herz, von Geist zu Geist.

»Heiliges Lachen« ist noch ein anderer Ausdruck des Gebets des Herzens. Die Freude des Geistes scheint einfach in einem Menschen aufzuwallen, bis sie in heiligem, ausgelassenem Lachen zum Ausdruck kommt. Manchmal wird es einem Menschen im persönlichen Gebet geschenkt, aber häufiger noch kommt es dann, wenn man in einer Gemeinschaft ist. So soll es auch sein, denn schließlich ist Lachen eine gemeinschaftliche Erfahrung. Für den Menschen, der damit nicht vertraut ist, sieht es aus, als wären diese Menschen betrunken, und das sind sie auch – mit dem Heiligen Geist. Diese Erfahrung kann gestoppt werden, denke ich, aber wer würde das wollen? Der Geist erfrischt die Seele und heilt das Herz. Oft wird der Mensch von Traurigkeit und Leiden, die ihn lange bedrückten, auf einmal geheilt.

Heiliges Lachen unterscheidet sich von dem guten, altmodischen Lachen, das von Herzen kommt, aber natürlich sind sie entfernte Verwandte. Das echte Lachen – nicht das billige Zeug, das wir auf Kosten anderer erleben – kommt immer von Gott. Es ist uns zur Heilung gegeben. Es ist uns zur Freude gegeben. Es ist uns zum Ganzsein gegeben. Man muß sich nicht davor fürchten. Wir wissen etwas über die Psychologie und die Physiologie von natürlichem Lachen. Die geistliche Dimension verstärkt und vertieft diese Wirkung noch.

Einige werden durch meine Beispiele verdutzt sein – Wort, Sprachengebet, Ruhen im Geist, heiliges Gelächter usw. Ist all das wirklich Ausdruck des Gebets? Normalerweise denken wir beim Gebet an etwas, daß wir tun – etwas, das wir anstoßen, an dem wir wenigstens aktiv beteiligt sind. Hier scheint es so, als würde mehr an uns gehandelt, als daß wir selbst handeln. Wie können wir es als Gebet bezeichnen, wenn wir über das Empfangen hinaus nichts dazutun?

Das ist eine gute Frage, und ich will mein Bestes tun, um sie zu beantworten. Zuerst einmal ist das Empfangen an sich keine schlechte Sache, wenn wir dabei in die Gemeinschaft mit dem allmächtigen Schöpfer des Universums kommen. Um ganz sicher zu gehen: unsere Teilnahme ist eher passiv, aber manchmal ist das alles, was wir ertragen können. Darüber hinaus nehmen wir wahrscheinlich viel mehr teil, als uns selber bewußt ist. Selbst wenn ein Mensch im Geiste ruht, dann geht eine tiefe, innere Gemeinschaft vor sich, die ihn vielleicht viel mehr fordert als nur die bloße Teilnahme zu anderen Zeiten. Wir beten vielleicht wahrhaftiger als jemals zuvor.

Ich will allerdings nicht den Eindruck erwecken, als fände das Gebet des Herzens nur auf ekstatischem Wege Ausdruck, denn es gibt noch viele andere Möglichkeiten. Oft ist es ein einfaches Erwärmen des Geistes zu den Dingen Gottes hin. Wir fühlen uns mehr in liebender Gemeinschaft mit Gott, wir sehnen uns mehr nach seiner Gegenwart und wollen seine Wege kennenlernen. Mit Gott als unserem Freund werden wir eher bereit, den Forderungen des Tages zu begegnen. Wir freuen uns auf das Treffen mit anderen, wir freuen uns auf die Arbeit mit andern und können die Zeit mit unseren Kindern und unserem Ehepartner kaum noch erwarten. Das ist der gewöhnliche Ausdruck des Gebets des Herzens.

Die Antwort der Liebe

Bei dem Gebet des Herzens gibt es auch für uns Arbeit zu tun, obwohl es wirklich nur eine unbewußte Reaktion auf die vorherige Berührung des Herzens durch den Geist ist. Aber unsere Antwort ist wichtig und wert, beachtet zu werden.

Obwohl ich Ihnen von Möglichkeiten erzähle, wie wir das Gebet des Herzens kennenlernen können, rede ich nicht von Methoden oder Techniken. Ich rede davon, eine geheime Geschichte mit dem Vater zu haben. Ich rede davon, eine familiäre Freundschaft mit Jesus zu entwickeln. Madame Guyon schreibt: »Lehre mich diese einfache Erfahrung, dieses Gebet des Herzens. Lehre mich keine Methoden, keine edlen Wege des Gebets. *Lehre mich das Gebet des Geistes Gottes*, nicht die Erfindung eines Menschen.«

Der erste Weg, um zu dem Gebet des Herzens zu finden, ist durch einfache Liebe. Liebe ist die Antwort des Herzens auf die überwältigende Güte Gottes. Also kommen Sie einfach in ungeschönter Ehrlichkeit zu ihm und reden Sie mit ihm. Vielleicht sind Sie so überrascht und voller Liebe in seiner Gegenwart, daß Ihnen die Worte fehlen. Das ist in Ordnung!

Vielleicht geben Sie Gott einen bestimmten Liebesnamen, den Sie immer leise vor sich hinflüstern können, so oft es nötig ist, um Sie in seine liebende Gegenwart zurückzubringen. Solch ein Liebesname könnte einfach »Abba, Vater« sein, oder Sie könnten Spurgeons Lieblingsnamen für Gott verwenden, den er aus dem Hohenlied der Liebe hat: »Mein Geliebter«.

Wenn Ihnen das seltsam vorkommt, dann nehmen Sie den Namen für Gott, der Ihnen vertraut ist. Wenn Sie dies fünfzig mal pro Stunde tun, dann haben Sie Gott gegenüber fünfzig wunderbare Taten der Liebe vollbracht.

Sprechen Sie Worte der Liebe und der Hingabe zum Vater. Vielleicht scheint Ihnen das zu Anfang seltsam und unnatürlich, denn Sie sind es nicht gewohnt, Gott so zu lieben. Nach einer gewissen Zeit werden Sie jedoch erkennen, daß die Sprache der Liebe genau richtig und natürlich für jene ist, die verliebt sind.

Wenn Sie beim Gebet einschlafen, ist das nicht schlimm. Sie können sich in der Gegenwart Gottes ausruhen. Außerdem ist der Platz neben dem Herzen Gottes ein guter und sicherer Platz, um zu schlafen. Der anonyme Schreiber des Buches *The Cloud of Unknowing* rät uns, Gott zu danken, wenn man unerwartet beim Gebet einschläft.

Das Gebet »Abba, ich gehöre dir« hat einen perfekten Rhythmus. Seine sieben Silben kann man einfach in einem Atemzug aussprechen. Sie werden zu anderen einfachen Gebeten führen.

Wir sind natürlich gehalten, Gott mit unserem ganzen Herzen, unserer Seele, unserem Verstand und mit unserer ganzen Stärke zu lieben. Vielleicht werden Sie es schwierig finden, Gott zu lieben. Jede Anstrengung wird Sie kalt und mit hartem Herzen zurücklassen. Sie werden von Gottes Gnade und Barmherzigkeit nicht bewegt. Seine Liebe und Fürsorge lassen Sie unberührt. Was sollen Sie tun?

Ich schlage Ihnen vor, daß Sie damit beginnen, Gott dazu einzuladen, ein kleines Feuer der Liebe in Ihnen zu entfachen. Bitten Sie ihn, einen Schmerz in Ihrem Herzen zu entwickeln. Wenn Sie dann für eine bestimmte Zeit außerhalb seiner Nähe sind, dann wird dieser Schmerz wieder in Ihnen beginnen, und Sie werden in seine liebende Gegenwart zurückgezogen.

Aber vielleicht ist diese Medizin immer noch nicht stark genug für Sie. Ist noch irgend etwas zu tun? Ja, tatsächlich! Ich empfehle Ihnen das Gebet von John Donne »Schlage mein Herz, dreieiniger Gott«. Das ist die erste Zeile in einem Lied, in dem Donne beschreibt, wie die Güte und Freundlichkeit Gottes es nicht geschafft haben, ihn zur Buße zu bringen. Er fleht Gott an, seinen starken Arm zu gebrauchen, um ihn herumzubekommen: »Beuge deine Kraft, um zu brechen, zu blasen und zu brennen, und mache mich neu.« Es ist ganz sicher ein starkes Gebet, aber eins, das unglaubliche Ergebnisse bringen kann.

Der wohltuende Regen des Vaters

Ich weiß, ich habe nur die Oberfläche des Gebets des Herzens berührt. Man könnte noch so viel weiter gehen, denn es gibt noch so viel mehr zu lernen. Aber ich weiß auch, daß Sie einen weit besseren Lehrer haben als mich, und er wird Sie in alle Wahrheit führen. Die Liebe des Vaters ist wie ein plötzlicher Regenschauer, der herunterkommt, wenn Sie es am wenigsten erwarten, und der Sie voller Staunen, Liebe und unaussprechlicher Worte zurückläßt. Wenn dies passiert, dann spannen Sie nicht Ihren Schirm auf, um sich davor zu schützen, sondern stehen Sie da und baden Sie im Regen des Vaters.

Abba, lieber Abba, du weißt, daß mir die Sprache der Liebe nicht so einfach kommt. Ich kann von Mut und Glauben und einer ganzer Reihe weiterer Dinge viel leichter reden als von der Liebe. In mancher Hinsicht ist es einfacher, meinen Leib hinzugeben, damit er verbrannt werde, als zu lieben.
Oh, Wein meines Herzens, berausche mich mit deiner Liebe.
Im Namen Jesu.
Amen.

13. Meditatives Gebet

Die Meditation ist die Zunge unserer Seele und die Sprache unseres Geistes.

Jeremy Taylor

Haben Sie schon einmal beobachtet, wie eine Kuh wiederkäut? Dieses anspruchslose Tier füllt seinen Magen mit Gras und anderen Dingen. Dann legt es sich ruhig hin und arbeitet sich beim Wiederkäuen noch einmal durch das, was es bereits aufgenommen hat. Dabei bewegt die Kuh ihr Maul ganz langsam. So kann sie ganz und gar das verarbeiten, was sie vorher gefressen hat, und es wird zu wunderbarer Milch.

Genauso ist es mit dem meditativen Gebet. Die Wahrheit, die wir meditieren, wandert vom Mund in den Verstand und hinunter ins Herz, wo sie, durch ruhiges Wiederholen – Wiederkäuen, wenn Sie so wollen – eine liebevolle Antwort produziert, die voller Glauben ist.

Der joggende Mönch

Lassen Sie mich die Geschichte von Jim Smith erzählen, einem meiner früheren Studenten. Er war hochintelligent und ging an die Ostküste Amerikas, um an einer erstklassigen Universität sein Studium fortzusetzen. Im zweiten Jahr kämpfte er jedoch darum, sein geistliches Leben zu erhalten, und so beschloß er, an Exerzitien teilzunehmen.

Er reiste zu einem Freizeithaus und wurde von einem Bruder begrüßt, der für diese Woche sein geistlicher Begleiter sein sollte. Jim war enttäuscht, denn unter der Kutte des Mönchs entdeckte er . . . Jogging-Schuhe von Adidas! Er hatte einen bärtigen Weisen erwartet, voll der Weisheit der Jahrhunderte. Statt dessen bekam er einen joggenden Mönch!

Der Bruder stellte John nur eine einzige Aufgabe: Er sollte die

155

Geschichte der Ankündigung der Geburt Jesu im ersten Kapitel des Lukasevangeliums meditieren. Das war's. Jim ging in sein Zimmer, öffnete die Bibel und murmelte: »Die Geburt Jesu – das habe ich doch schon tausendmal gelesen.« Während der ersten zwei Stunden nahm er die Abschnitte auseinander und untersuchte sie, wie es jeder gute Exeget tun würde. Und er fand einige interessante und nützliche Dinge heraus, die sich in kommenden Predigten verwenden lassen würden. Den Rest des Tages verbrachte er in sprachloser Stille.

Am nächsten Tag traf er sich mit dem Bruder, um sein geistliches Leben zu besprechen. Der Mönch fragte Jim, wie es ihm mit dem Textabschnitt gegangen sei. Jim erzählte ihm von seinen neuen Einsichten und hoffte, den Mönch damit beeindrucken zu können.

Aber sie beeindruckten den Mönch nicht.

»Was war dein Ziel, als du diesen Abschnitt gelesen hast?« fragte er.

»Mein Ziel? Die Bedeutung des Textes zu verstehen, nehme ich an.«

»Sonst noch etwas?«

Jim hielt inne. »Nein. Was ist da sonst noch?«

»Es gibt weit mehr herauszufinden, als nur das, was der Text sagt und was er bedeutet. Es gibt auch noch andere Fragen: Was hat der Text dir gesagt? Hat dich irgend etwas angesprochen? Und am wichtigsten: Hast du Gott beim Lesen erfahren?«

Der Bruder gab Jim denselben Text noch einmal und forderte ihn auf, ihn ebenso mit dem Herzen zu lesen wie mit dem Verstand. Jim versuchte den ganzen Tag, das zu tun, was ihm sein geistlicher Begleiter aufgetragen hatte, aber er versagte immer wieder. Gegen Abend kannte er den ganzen Abschnitt praktisch auswendig, aber er war immer noch leblos. Jim hatte das Gefühl, von all der Stille taub zu werden.

Am nächsten Tag trafen sie sich wieder. Verzweifelt berichtete Jim, daß er das, was ihm aufgetragen war, einfach nicht tun konnte. Da wurde die Weisheit hinter den Jogging-Schuhen offenbar: »Du strengst dich zu sehr an, Jim. Du versuchst, über Gott zu bestimmen. Geh zu diesem Abschnitt zurück und sei offen, das anzunehmen, was Gott für dich bereithält. Manipuliere Gott nicht, empfange nur.

Gemeinschaft mit ihm ist nichts, was du erreichen kannst. Es ist wie der Schlaf. Du kannst dich nicht selbst schlafend machen, aber du kannst Bedingungen schaffen, damit Schlaf kommen kann. Ich will nur, daß du die Bedingungen schaffst: Öffne deine Bibel, lies langsam, höre und überdenke es.«

Jim ging zu seinem Zimmer zurück und fing an, zu lesen. Nichts. Um die Mittagszeit schrie er laut an die Decke: »Ich gebe auf! Du gewinnst!« Es gab keine Antwort, ganz so, wie er es erwartet hatte. Er beugte sich über seinen Tisch und begann zu weinen.

Ein paar Minuten später fielen seine Augen wieder auf den Text. Die Worte waren ihm vertaut, aber sie waren irgendwie anders. Sein Herz und sein Verstand waren aufnahmebereit. Die ersten Worte der Antwort Marias wurden zu seinen Worten: ». . . mir geschehe . . . *mir* geschehe.« Diese Worte erklangen immer wieder in seinem Kopf. Dann sprach Gott. Es war, als ob ein Fenster plötzlich geöffnet worden wäre, und Gott wollte von Freund zu Freund reden. Darauf folgte ein Dialog über die Geschichte von Lukas, über Gott, über Maria, über Jim.

Der Heilige Geist ließ Jim Marias Gefühle empfinden, Marias Zweifel, Ängste, in ihre unglaubliche Antwort voller Glauben. Es war natürlich auch eine Reise in Jims Gefühle, Ängste und Zweifel, als der Geist in heilender Liebe und Zärtlichkeit Zerbrochenes in seiner Vergangenheit berührte.

Obwohl Jim es kaum glauben konnte, schienen die Worte des Engels an Maria auch ihm zu gelten: »Du hast Gnade bei Gott gefunden.« Und die perplexe Frage Marias war auch seine Frage: »Wie kann das sein?« Und doch war es so, und Jim weinte in den Armen des gnädigen und barmherzigen Gottes.

In diesem Abschnitt der Schrift hatte der Engel Maria über ihr zukünftiges Schicksal unterrichtet. Aber wie war es mit Jims Zukunft? Gott und Jim sprachen darüber, was sein könnte, was sein würde. Jim ging auf einen Gebets-Spaziergang mit Gott, er beobachtete, wie die Sonne sich hinter einer großen Eiche im Westen versteckte. Als die Sonne unter den Horizont gerutscht war, konnte er das Gebet Marias auch für sich selbst sprechen: »Mir geschehe, wie du gesagt hast.« Jim hatte gerade die Regie über sein Leben aufgegeben und hatte sie doch im selben Moment gefunden.[1]

An die Schrift gebunden

Jims Geschichte handelt von der grundlegendsten Form christlicher Meditation – die Meditation, die an die Heilige Schrift und an wichtige geistliche Schriften gebunden ist. In diesem Kapitel wollen wir unsere Aufmerksamkeit dem meditativen Gebet widmen.[2] Der Grund dafür ist einfach. Wir müssen unseren Verstand erst durch und mit der Heiligen Schrift trainieren, bevor wir mit wirklichem Ertrag in die Gegenwart und unmittelbare Gemeinschaft mit dem Heiligen treten können. Wir sollen dem treu Glaubenden nacheifern, der ganz am Anfang des Psalters beschrieben wird: »Er hat Lust am Gesetz des Herrn und sinnt über seinem Gesetz Tag und Nacht« (Ps 1,2). Immer wieder haben die Meister der Andacht die *meditatio scripturarum*, die Meditation der Schrift, als zentralen Punkt betrachtet, an dem sich alle anderen Formen der Meditation ausrichten und so in der richtigen Perspektive gehalten werden.

Beim meditativen Gebet hört die Bibel auf, eine Spruchsammlung zu sein; sie wird statt dessen zum »wunderbarsten Wort des Lebens« und führt uns zu *dem* Wort des Lebens. Es unterscheidet sich sogar vom Bibelstudium. Während das Bibelstudium sich mit der Exegese befaßt, dreht sich die Meditiation um die Verinnerlichung und Personalisierung des Abschnittes. Das geschriebene Wort wird zum lebendigen Wort, das an uns gerichtet ist. Dies ist nicht die Zeit für fachliche Studien oder Analysen, nicht einmal für das Sammeln von Materialien, um es mit anderen zu teilen. Wir sollen alle Tendenzen in Richtung Arroganz beiseite lassen und mit demütigem Herzen das Wort empfangen, das an uns gerichtet ist. Oft ist für mich das Niederknien in dieser Zeit besonders angebracht. Dietrich Bonhoeffer schreibt, genauso, wie man die Worte des Menschen nicht analysiere, der uns liebt, sondern sie so akzeptiere, wie sie uns gesagt werden, genauso sollten wir die Worte der Schrift akzeptieren und sie im Herzen bewegen, wie Maria es getan habe. Das sei Meditation.

Im von Bonhoeffer geleiteten Predigerseminar in Finkenwalde praktizierte jeder täglich eine halbe Stunde stille Meditation über ein Bibelwort.

Es ist wichtig für uns, der Versuchung zu widerstehen, viele Passagen nur flüchtig zu überfliegen. Unsere Eile spiegelt unsere innere Situation wider, und unsere innere Situation muß verändert werden. Bonhoeffer empfiehlt, eine ganze Woche lang bei demselben Text zu bleiben! Daher ist mein Vorschlag, daß wir eine einzige Handlung oder ein einziges Gleichnis, einige Verse oder ein einziges Wort nehmen und es zulassen, daß es in uns Wurzeln schlägt.

In der Meditation erleben wir das, was Sören Kierkegaard mit Gleichzeitigkeit der Schrift bezeichnet. Die Vergangenheit wiederholt sich nicht einfach, sondern kreuzt sich mit der Gegenwart. Der schottische Prediger Alexander Whyte sagte, daß die Bibel »für dich völlig autobiographisch« wird. In der Meditation über Gottes Wort können wir beispielsweise die Geschichte von Abraham und der Opferung Isaaks nicht völlig losgelöst lesen und dankbar sein, daß wir nicht in Abrahams Schuhen stecken. Denn wir stecken tatsächlich in seinen Schuhen! Wir ringen, genauso wie Abraham, um die Entscheidung, die eine Sache zu opfern, die wir am meisten lieben. Wie Abraham kommen wir an den Punkt, wo wir Gott unseren am meisten geschätzten Besitz übergeben. Und wie Abraham kommen wir von dem Berg zurück, und die Bedeutung der Worte »mein« und »dein« hat sich für uns für immer verändert.

Die Vorstellung heiligen

Die einfachste und grundlegendste Art, einen Bibeltext zu meditieren, ist die Vorstellungskraft. Alexander Whyte spricht bei diesem Thema von den »geistlichen Aufgaben und der großartigen Arbeit der christlichen Vorstellungskraft«. Vielleicht können einige wenige von uns Gott allein durch abstrakte Meditation erfahren, aber die meisten von uns werden stärker an ihre eigenen Sinne gebunden sein.

Das ist eine wunderbare Hilfe, wenn wir zum Bibeltext kommen. Wir sehnen uns danach, zu sehen, zu hören, die biblische Erzählung zu berühren. Auf diesem einfachen Weg beginnen wir, in die Geschichte einzudringen und sie uns zu eigen zu machen. Wir bewegen uns von einem entfernten Aussichtspunkt hin zur aktiven Teilnahme.

Wir dürfen diese einfachere, demütige Straße zur Gegenwart Gottes nicht verachten. Jesus selbst lehrte uns diesen Weg und sprach durch seine Gleichnisse dauernd unsere Vorstellungskraft an. Viele der Meister der Andacht ermutigen uns ebenfalls dazu. Teresa von Avila sagt: »Da ich die Reflexion nicht durch meinen Verstand bewerkstelligen konnte, ging ich dazu über, Christus in mir darzustellen. Ich glaube, meine Seele hat viel dadurch gewonnen, denn ich fing an, Gebete zu sprechen, ohne zu wissen, was ich eigentlich tat.« Viele von uns können sich damit identifizieren, denn auch wir haben vielleicht einen verstandesgemäßen Weg gesucht und entdeckt, daß er zu mechanisch, zu distanziert ist.

Wenn man die Vorstellungskraft nutzt, dann kommen auch die Gefühle zum Zuge, so daß wir mit dem Verstand und mit dem Herzen zu Gott kommen. Es ist lebenswichtig, die Bibel intellektuell zu verstehen, aber wenn wir sie nicht fühlen, dann haben wir sie nicht völlig begriffen.

Einige erheben Einwände dagegen, die Einbildungskraft zu nutzen, weil sie fürchten, daß sie nicht verläßlich ist und von dem Bösen mißbraucht werden könnte. Das ist richtig, da die Vorstellungskraft, wie alle anderen Möglichkeiten des Menschen auch, vom Sündenfall betroffen ist. Aber genauso wie wir glauben, daß Gott unseren Verstand nutzen (obwohl er auch Teil des Sündenfalls ist) und ihn heiligen kann, so glauben wir auch, daß er in der Lage ist, die Vorstellungskraft zu heiligen und sie für seine guten Zwecke zu nutzen. Natürlich kann die Vorstellungskraft vom Satan entstellt werden, aber das kann auch mit all unseren anderen Fähigkeiten geschehen. Gott hat uns mit der Vorstellungskraft geschaffen, und weil er Herr der Schöpfung ist, kann er sie erlösen und für die Arbeit im Reich Gottes nutzen.

Eine andere Sorge beim Gebrauch der Vorstellungskraft ist die Angst vor menschlicher Manipulation oder sogar Selbstverführung. Immerhin haben einige Menschen eine lebhafte Phantasie und können uns alle möglichen Bilder von Dingen vorgaukeln, die wir gern hätten. Warnt uns nicht auch die Bibel vor leeren Vorstellungen des Bösen (Röm 1,21)?

Die Sorge ist berechtigt. All dies könnte nichts anderes sein als menschliche Anstrengung. Darum ist es so wichtig für uns, bei diesen Dingen in die völlige Abhängigkeit von Gott zu geraten. Wir wollen Gottes Gedanken nachdenken, uns an seiner Gegenwart freuen, uns nach seiner Wahrheit und seinen Wegen sehnen. Je mehr wir nach seinen Wegen leben, desto mehr nutzt Gott unsere Vorstellungskraft für seine guten Zwecke. Zu glauben, daß Gott unsere Vorstellungskraft heiligen und nutzen kann, bedeutet einfach, den christlichen Gedanken der Inkarnation ernst zu nehmen. Gott bringt sich so sehr in diese Welt ein, wird so sehr Fleisch, daß er die Bilder benutzt, die wir kennen und verstehen, um uns die unsichtbare Welt zu zeigen, von der wir so wenig wissen und die für uns so schwer verständlich ist.

Die Erfahrung der Schrift leben

In der christlichen Meditation streben wir danach, die Erfahrungen der Schrift zu leben. Alexander Whyte sagt:
»Du öffnest das Neue Testament ... und durch deine Vorstellungskraft bist du einer der Jünger Jesu, du sitzt zu seinen Füßen ... einmal bist du der Zöllner, ein anders Mal der verlorene Sohn ... und dann bist du Maria Magdalena und dann wieder Petrus.«[3]
Um die Erfahrung der Schrift zu leben, ermutigt uns Ignatius von Loyola, all unsere Sinne zu nutzen. Wir riechen das Meer. Wir hören, wie die Wellen an den Strand rollen. Wir sehen die Menschenmenge. Wir spüren die Sonne auf unserem Kopf und das Hungergefühl in der Magengegend. Wir schmecken die salzige Luft. Wir berühren den Saum seines Gewands.

Nehmen wir einmal an, wir wollen die phantastische Aussage Jesu meditieren: »Meinen Frieden gebe ich euch« (Joh 14,27). Unsere Aufgabe ist es nicht so sehr, den Abschnitt zu meditieren, als uns in die Lage hineinzuversetzen, in die diese Aussage spricht. Wir denken über die Aussage nach, daß er uns jetzt mit seinem Frieden füllen will. Das Herz, der Verstand und der Geist sind aufnahmebereit für diesen hineinströmenden Frieden. Wir spüren, daß alle Spuren der Angst gestillt und überwunden sind durch »einen Geist der Kraft und der Liebe und der Besonnenheit« (1Tim 1,7). Anstatt den Frieden zu untersuchen, werden wir in seinen Frieden eingehüllt und aufgenommen.

Die wunderbare Sache bei solchen Erfahrungen ist, daß das Ich oft vergessen wird. Wir sorgen uns nicht länger darum, wie wir uns selbst mehr Frieden bereiten können, denn wir lauschen auf die Mitteilung des Friedens in unseren Herzen. Wir denken uns nicht mehr eifrig Wege aus, um friedfertig zu handeln, denn die Taten des Friedens kommen spontan aus unserem Inneren.

Viele Abschnitte der Bibel bilden einen Prüfstein für das meditative Gebet: »Sei still und wisse, daß ich Gott bin«; »bleibe in meiner Liebe«; »ich bin der gute Hirte«; »freuet euch in dem Herrn allewege«. In jedem Fall streben wir danach, Gott in unserer Nähe zu entdecken, und wir sehnen uns danach, seine Gegenwart zu erfahren.

Denken Sie daran: beim meditativen Gebet spricht Gott immer unseren Willen an. Christus tritt uns entgegen und bittet uns, zu wählen. Wenn wir seine Stimme gehört haben, dann sollen wir auch seinem Wort gehorchen. Es ist der Ruf zur Umkehr, zur Veränderung, zum Gehorsam, der die christliche Meditation am deutlichsten von den östlichen und säkularen Meditationen unterscheidet. Beim meditativen Gebet gibt es keinen Identitätsverlust, kein Verschmelzen mit einem kosmischen Bewußtsein, keine schicke Astral-Reise. Wir sind zu einem lebensändernden Gehorsam gerufen, weil wir den lebendigen Gott Abrahams, Isaaks und Jakobs kennengelernt haben. Christus ist wirklich unter uns gegenwärtig, um uns zu heilen, zu vergeben, zu verändern und zu bevollmächtigen.

Es gibt eine Bezeichnung für das, was ich gerade beschrieben habe: *lectio divina* (göttliche Lesung). Dies ist eine Art des Lesens, bei der der Verstand in das Herz hinabsteigt und beide in die Liebe und Güte Gottes hineingezogen werden. Henri Nouwen hat einmal auf ein schönes Bild in seiner Wohnung gedeutet und gesagt: »Das ist *lectio divina*.« Es stellt eine Frau dar, die eine offene Bibel in ihrem Schoß hält, aber ihre Augen sind gen Himmel gerichtet. Verstehen Sie, was gemeint ist? Wir tun mehr, als nur die Worte zu lesen; wir suchen das Wort, das den Worten ausgesetzt ist, um es mit Karl Barth zu sagen. Wir hören mit dem Herzen auf das Heilige in uns. Dieses Lesen im Gebet, wie wir es vielleicht nennen können, erbaut uns und stärkt uns.

Der Brunnen, aus dem wir schöpfen

Obwohl wir die Bibel immer als erste und reinste Quelle für die *lectio divina* festhalten wollen, können wir auch von den großen geistlichen Schriften zehren, die Christen über die Jahrhunderte hinweg genährt haben.

Ich meine damit solche Schriften, die aus den langen Wüstenerfahrungen und aus großen Erfahrungen beim Bekennen erwachsen sind. Es ist das Schreiben, das aus jenen fließt, die auf dem Berg Sinai leben und doch immer noch Frauen und Männer auf der Stufe ansprechen, auf der sie leben.

Die Brunnen, die uns nähren, sind riesig und tief. Man kann vielleicht mit den Schriften Gregors von Nyssa beginnen, z.B. *Das Leben des Moses.* Dieses Buch zeigt uns, wie wir ein aufrechtes Leben führen können. Denn für Gregor – und für uns, die seinem Weg folgen – wird die Tugend nicht so sehr entdeckt, indem man sie bewahrt, sondern indem man kämpft, indem man das Rennen läuft. Wir finden die Tugend in der Reinheit unserer Einstellungen. Das Ziel ist, ein Freund Gottes zu werden: »Wir sehen das Fallen aus der Freundschaft mit Gott als einzig schlimme Sache an, und wir betrachten die Entwicklung zum Freund Gottes als die einzige Sache, die wert ist, geachtet und herbeigesehnt zu werden. Dies . . . ist die Perfektion des Lebens.« Ist das nicht ein Ziel, das es wert ist, ihm unser ganzes Leben zu widmen?

Oder man nehme die *Bekenntnisse* von Augustin. Es ist schon ein Abenteuer an sich, Augustin auf seinem gewundenen und schmerzhaften Weg in das Erwachsenwerden zu folgen, mit all den vielen Umwegen und Sackgassen. Man kann sehen, wie Ungehorsam, gesellschaftliches Böses und Verdorbenheit ihren Teil zu dem Drunter und Drüber seines Lebens beitragen – das gilt auch für unser Leben. Er schreibt: »Wer kann diese verworrendste und undurchdringlichste Verknotung auflösen? Es ist widerlich; ich kann nicht daran denken, ich kann es nicht ansehen.«[4]

Studieren Sie einmal seine intellektuellen Wanderschaften von Cicero bis zu den Manichäern, von Plato bis hin zum Apostel Paulus. Bemerken Sie den ständigen Einfluß auf Augustin durch herausragende Beispiele der Tugend: Seine Mutter Monica, ein verstorbener Freund seiner Jugend, Victorinus, Antonius, Ambrosius. Erfreuen Sie sich an dem gnadenreichen Weg, auf dem Gott ihn schließlich von dem »Sog des Bösen« befreit, wie er es nennt – Stolz, Ehrgeiz, Sinnlichkeit, Faulheit, Verschwendungssucht, Wetteifer, Angst, Rache.

Nach den Unruhen und Kämpfen des Augustin wendet man sich vielleicht zu der fröhlichen Einfachheit der *Die Blümlein des hl. Franziskus*. Begleiten Sie Franz in seiner Anbetung Gottes, des Schöpfers aller Dinge, indem Sie den Sonnengesang beten, mit seinem Lob der Schwester Sonne und des Bruders Mond, des Bruders Wind und der Schwester Wasser. Genießen Sie die wunderbaren Geschichten von Bruder Bernard und Schwester Claire, von Bruder Masseo und Bruder Juniper, meiner Lieblingsfigur. Bewundern Sie die Weisheit und den Menschenverstand von Bruder Giles. Jemandem, der aufgrund seines Verhaltens der Verzweiflung nahe war, sagte er: »Du tust recht daran, über deine Sünden zu trauern. Aber ich rate dir, in Maßen zu trauern. Denn du mußt immer daran glauben, daß Gottes Macht der Vergebung größer ist als deine Macht zu sündigen.« Was wir auch immer von der Geschichtlichkeit dieser Sätze halten mögen – wir werden bessere Menschen sein, wenn wir von diesen Mönchen gelernt haben, die sich selbst »Jongleure Gottes« nannten, und die demütig losgingen, um anderen zu dienen, erfüllt mit der Liebe Gottes.

Da wir gerade von der Liebe Gottes sprechen, wenden wir uns als nächstes der *Offenbarung göttlicher Liebe* von Juliana von Norwich zu. Dieses Buch beschreibt ihre Überlegungen zu sechzehn Visionen, die ihr am 8. Mai 1373 gegeben wurden. Es enthält die vielleicht schönste Liebessprache der ganzen religiösen Literatur. »Unser Liebhaber«, so schreibt sie, »sehnt sich danach, daß unsere Seele sich mit all ihrer Macht an ihn hängen möge und daß wir ganz stark an seiner Güte festhalten.« Wir, die wir heutzutage so leicht einer leidenschaftslosen Religion anhängen, müssen diese Worte voller Leidenschaft und Drang hören: »Er wickelt uns in seine Liebe ein und hält uns. Er wickelt uns in Liebe ein und läßt uns nie wieder fort.«

Sie sollten natürlich auch das ungeschlagene Meisterwerk der geistlichen Literatur während des letzten Jahrtausends nicht verpassen: Thomas à Kempis' *Nachfolge Christi*. Durch dieses einfache Buch wurden Christen auf der ganzen Welt immens bereichert. Das Buch steckt voller tiefgründiger Sprüche, mit denen man mehrere Tage lang mit echtem Gewinn leben kann. Ich will nur einige zufällig ausgewählte Beispiele geben: »Der Mensch, der großen Frieden im Herzen hat, achtet nicht auf Lob oder Tadel«; »es ist ein größeres Werk, unseren Schwächen zu widerstehen, als bei körperlicher Arbeit zu schwitzen«; »man soll nicht zu schnell jedem guten Gefühl folgen, und auch nicht jedes schlechte Gefühl zu schnell meiden«; »die alte Schlange wird dich verführen und umgarnen, aber sie wird durch das Gebet weggeschickt, und wenn du in der Zwischenzeit etwas Nützliches tun willst, dann wappne dich für ihren Hauptangriff.«[5]

Ein Autor, der Ihren Horizont im Blick auf die geschlagene und gebrochene Menschheit erweitern wird, ist John Woolman. Obwohl sein *Journal* im achtzehnten Jahrhundert geschrieben wurde, bringt es Dinge auf den Punkt, mit denen wir heute noch ringen: Rassismus, Konsumdenken, Militarismus. Nachdem wir Woolman gelesen haben, werden wir nie wieder die Liebe Gottes von der Liebe zum Nachbarn trennen können, denn er betrachtet sie zu Recht als ein Gebot und nicht zwei. Woolman war Vorkämpfer einer Untergrundbewegung gegen die Sklaverei, die dazu führte, daß die Praxis der Sklavenhaltung unter den Quäkern beinahe 150 Jahre vor dem amerikanischen Bürgerkrieg abgeschafft wurde. Am verblüffendsten ist jedoch, wie er Mitgefühl und Mut, Zartheit und Härte miteinander verbindet. Das *Journal* von Woolman ist es wert, mit viel Geduld und im Gebet gelesen zu werden.

Einer der besten Wege, das geistliche Leben zu bereichern, ist es, die Geschichten der Heiligen durch die Jahrhunderte hinweg zu lesen. Durch ihre Geschichten können wir lernen, wie große Christen mit Gott gingen, und wie wir ihnen folgen können. Es gibt so viele Bücher, zu denen wir uns wenden können. Ich widerstehe der Versuchung, endlos diese wunderbaren Schriften aufzuzählen, die unser Herz erfreuen, teilweise weil ich dieser Versuchung an anderer Stelle nachgegeben habe[6], teilweise weil man leicht ertrinken kann, anstatt zu schwimmen, wenn man in das Meer der Möglichkeiten geworfen wird. Es ist viel besser, einige wenige geistliche Quellen zu finden und sich von ihnen zu nähren, bis sie aufgebraucht sind.

Eine der wahrlich lohnenden Erfahrungen beim Lesen der geistlichen Meister für uns selbst besteht darin, zu entdecken, wie leicht und natürlich sie aus der genauen Beschreibung ins leidenschaftlichste Gebet übergehen, ohne gekünstelt zu wirken. Ich glaube, sie haben es so gemacht, weil sie das Gebet und die Arbeit als Einheit verstanden. Pascal erklärt, daß er seine *Pensées* auf den Knien schrieb. Sören Kierkegaard sprach von seiner Berufung als Schriftsteller:

>»Ich habe buchstäblich mit Gott gelebt, wie man mit einem Vater lebt. Ich stehe frühmorgens auf und danke Gott. Dann beginne ich zu arbeiten. Zu einer bestimmtern Zeit am Abend höre ich auf und danke Gott wieder. Dann schlafe ich. So lebe ich.«

Es ist nicht verwunderlich, daß Benedikt die *lectio divina* zu einer festen Regel für sein tägliches Leben machte! Solch betendes Lesen wird uns von Gott gegeben, um unser Leben zu stärken und uns zu bevollmächtigen. Wenn wir lesen, dann tun wir gut daran, den Rat von Thomas à Kempis zu befolgen: »Suche die Wahrheit in heiligen Schriften, nicht die Beredsamkeit. Jede heilige Schrift sollte in dem Geist gelesen werden, in dem sie auch entstanden ist . . . Laß es nicht zu, daß die Autorität des Schreibers oder des Gelehrten dich beeinflußt, egal ob großartig oder gering; aber laß die reine Wahrheit dich zum Lesen verführen.«

Gottes Liebesstrahlen

Beim meditativen Gebet spricht Gott uns persönlich an. Es gibt nichts, was wir dazu tun könnten. Selbst der Wunsch nach der Erfahrung der lebendigen Stimme Gottes ist göttliches Handeln an unserem Herzen, denn sonst wir fliehen automatisch vor den Himmelsboten. Thomas Merton schreibt: »Jeder, der denkt, er könne einfach beginnen zu meditieren, ohne vorher um den Wunsch gebetet zu haben und um die Gnade, es zu tun, der wird bald aufgeben. Aber der Wunsch zu meditieren, und die Gnade, damit anzufangen, sollte als festes Versprechen für spätere Gnadengaben verstanden werden.«

Der Wunsch ist Ihnen ins Herz gelegt worden. Ich bin davon überzeugt, denn anders hätten Sie diese Worte gar nicht lesen können. Weitere Gnadengaben werden kommen, wie sie benötigt werden. Möge Gott Ihnen und mir die Fähigkeit schenken, von Herzen die Worte des Psalmisten nachzusprechen: »Wie habe ich dein Gesetz so lieb! Täglich sinne ich ihm nach. . . . Dein Wort in meinem Munde – süßer als Honig.« (Ps 119,97.103)

Herr, ich sehne mich danach, deine beunruhigenden Worte zu meditieren »Ich bin gekommen, ein Feuer anzuzünden auf Erden« (Lk 12,49). Was bedeutet das? Was heißt das für mich?

Gibt es Dinge in mir, die ausgebrannt werden müssen . . . Stolz . . . Angst . . . Wut? Verzehre sie, jedes einzelne.

Gibt es Dinge auf dieser Welt, die zerstört werden sollen – religiöse Systeme, die wir vor dir verstecken; künstliche Grenzen, die wir ziehen, um uns voneinander zu trennen: schwarz von weiß, Männer von Frauen, Eltern von Kindern; die schrecklichen Ungerechtigkeiten, die den Schwachen und Hilflosen angetan werden; die unaussprechliche Gewalt, die Frauen und ungeborenen Kindern angetan wird?

Vergib uns, o Herr. In Jesu Namen.

Amen.

14. Kontemplatives Gebet

Oh, mein himmlischer Meister, lehre mich diese stumme Sprache, die so viel auszudrücken vermag. Jean Nicholas Grou

Das kontemplative Gebet taucht uns in die Stille Gottes. Wie dringend brauchen wir in unserer modernen Welt diese Taufe ohne Worte! Wir sind wie alte Schuhe geworden – ausgelatscht, mit Ausnahme der Zunge, wie Clemens von Alexandrien es einst ausdrückte. Wir leben in einer Welt der vielen Worte, mit ausgefeilten High-Tech-Kommunikationssystemen. Wir können uns davon nur abgrenzen, indem wir mehr »kommunizieren« und weniger sagen.

Isaak von Ninive, ein syrischer Mönch, beobachtete einmal: »Jene, die ihre Freude an einer Unzahl von Worten haben, sind innen leer, obwohl sie wunderbare Worte sagen.« Wir stehen heute unter diesem Tadel.

Das kontemplative Gebet ist eine Möglichkeit, uns von der Sucht nach Worten zu befreien. Fortschritt in der Nähe zu Gott bedeutet Fortschritt in Richtung Stille. »Meine Seele ist stille zu Gott, der mir hilft«, erklärt der Psalmist (Ps 62,1). Der Wüstenvater Ammonas, ein Schüler von Antonius, schreibt:

> »Ich habe dir die Macht der Stille gezeigt, wie sie vollkommen heilen kann und Gott gefällt . . . Wisse, daß die Weisen durch die Stille wuchsen; aufgrund der Stille ruhte die Macht Gottes in ihnen, durch die Stille wurden sie mit den Geheimnissen Gottes vertraut gemacht.«[1]

In dieser schöpferischen Stille sind wir zum kontemplativen Gebet gerufen.

Warnung zur Vorsicht

Zu Anfang muß ich eine Warnung weitergeben, so wie die warnenden Hinweise auf den Beipackzetteln der Medikamente. Das kontemplative Gebet ist nichs für Neulinge. Das ist anders als bei anderen Arten des Gebets. Sonst werden alle willkommen geheißen, egal welche Erfahrung oder Eignung sie mitbringen. Sie können frei in die Anbetung, Meditation, Fürbitte und eine Reihe anderer Zugänge zum Gebet einsteigen. Aber Kontemplation ist anders. Obwohl wir alle gleich wert sind in den Augen Gottes, sind wir doch nicht alle in gleichem Maße bereit und fähig, auf »Gottes Sprache in ihrer wunderbaren, schrecklichen, zarten, liebevollen, alles umfassenden Stille«[2] zu hören.

Einem Säugling gibt man Milch anstatt eines Steaks, denn das Steak würde dem Kind nicht bekommen. Ein Lehrling darf noch nicht die Arbeiten eines Gesellen ausführen, denn für solche Aufgaben ist er noch nicht bereit, und wenn er sie doch tun sollte, dann könnte das für ihn gefährlich werden.

Genauso ist es im geistlichen Leben. Wir müssen sozusagen unser Einmaleins lernen, bevor wir uns in höherer Mathematik versuchen können. Das ist einfach eine Tatsache des geistlichen Lebens, und es wäre falsch von mir, es Ihnen zu verschweigen.

C.S. Lewis erzählt seinem Freund Malcolm, wie früh er in seiner christlichen Erfahrung wortloses Gebet versuchte, dabei aber nur wenig Erfolge zu verzeichnen hatte:

»Ich denke immer noch, daß das Gebet ohne Worte das beste ist – vorausgesetzt, man schafft es tatsächlich. Jetzt erkenne ich, daß ich tatsächlich auf eine größere geistige und geistliche Stärke baute, als ich sie wirklich besaß, als ich versuchte, es zu meinem täglich Brot zu machen. Um ohne Worte erfolgreich beten zu können, muß man ›voll in Form‹ sein.«[3]

Lewis hat recht. Das kontemplative Gebet ist für jene, die ihre geistlichen Muskeln trainiert haben. Wer im Bereich der geistlichen Leitung arbeitet, sucht immer nach Zeichen eines reifen Glaubens, bevor er einzelne zum kontemplativen Gebet ermutigt. Einige dieser Zeichen sind fortwährender Hunger nach Nähe zu Gott, die Fähigkeit, anderen unter großen persönlichen Kosten zu vergeben, ein lebendiges Gefühl dafür, daß Gott allein die Sehnsüchte des menschlichen Herzens stillen kann, eine tiefe Befriedigung durch Gebet, eine realistische Einschätzung der eigenen Stärken und Schwächen, eine Freiheit, über geistliche Erfolge nicht prahlen zu müssen, und eine nachweisliche Fähigkeit, den Forderungen des Lebens geduldig und weise zu begegnen.

Es bedeutet nicht, daß wir in all diesen Bereichen schon fertig sein sollen. Natürlich braucht ein deutlicher Fortschritt seine Zeit. Man kann sich einige Fragen stellen, um einzuschätzen, wie bereit man wirklich ist: »Habe ich immer weniger Angst davor, von Gott erkannt und von ihm zum Eigentum genommen zu werden?« »Entwickelt sich das Gebet in mir als willkommene Übung?« »Wird es für mich einfacher, konstruktive Kritik anzunehmen?« »Lerne ich, über persönliche Angriffe hinwegzusehen und jenen offen zu vergeben, die mir Unrecht getan haben?« Wenn Sie sich nach diesem kleinen Test noch nicht bereit fühlen für die unmittelbare Gemeinschaft mit Gott, dann fühlen Sie sich völlig frei, dieses Kapitel zu überschlagen. Machen Sie sich keine Sorgen, denn die Zeit wird kommen, wenn in Ihnen das Verlangen und die Bereitschaft gewachsen sind, um »den Grundstoff des Universums im Original« zu lesen.

Ich möchte Ihnen auch ein Wort der Vorsicht sagen. In der stillen Kontemplation treten wir tief in die geistliche Wirklichkeit ein, und es gibt Dinge wie übernatürliche Leitung, die keine göttliche Leitung ist. Obwohl uns die Bibel nicht viel Information über die Beschaffenheit der geistigen Welt gibt, wissen wir doch genug, um zu erkennen, daß es verschiedene Stufen geistiger Wesen gibt, und einige von ihnen befinden sich ganz bestimmt nicht in der Zusammenarbeit mit Gott und stimmen mit seinen Wegen nicht überein!

Ich sage Ihnen diese Dinge nicht, um Ihnen Angst zu machen, sondern um Sie in Kenntnis zu setzen. Sie müssen wissen, daß »euer Widersacher, der Teufel, umhergeht wie ein brüllender Löwe und sucht, wen er verschlinge« (1Petr 5,8). Sie müssen auch wissen, daß »der, der in euch ist, größer ist als der, der in der Welt ist« (1Joh 4,4).

In einem späteren Kapitel werden wir uns in allen Einzelheiten mit dem geistlichen Kampf beschäftigen, den wir zu kämpfen haben. Aber jetzt möchte ich Sie ermutigen, ein Gebet zum Schutz zu lernen und zu üben. Luther betete: »Beschütze uns, Herr, mit deinem rechten Arm. Rett uns vor der Sünde scheußlich Schaden.« Ich persönlich schaffe mir eine Zeit der Kontemplation, indem ich dieses einfache Gebet spreche: »Durch die Macht des allmächtigen Gottes umgebe ich mich mit dem Licht Christi, ich bedecke mich mit dem Blut Christi, und ich versiegle mich mit dem Kreuz Christi. Alle dunklen und bösen Geister müssen nun weichen. Kein Einfluß darf

170

in meine Nähe kommen, es sei denn, er ist von dem Licht Christi ge-
filtert worden, in dessen Namen ich bete. Amen.« Dies sind natürlich nur Vorschläge – Sie sind frei, das zu beten, was Ihnen am meisten zusagt.

Eine liebevolle Aufmerksamkeit für Gott

Was ist es, was Richard Baxter als »Erfahrung der himmlischen
Kontemplation, die die Seele verzückt« beschreibt? Thérèse de Lisieux nennt es »Träume des Himmels«. Nicolaus von Kues bezeichnet
es als »den Schein Gottes«. Madame Guyon sagt dazu »das Gebet
der Wirklichkeit«.

In seiner grundlegendsten Funktion ist das kontemplative Gebet
eine liebevolle Aufmerksamkeit für Gott. Wir erwarten den, der uns
liebt, der uns nahe ist und der uns zu sich hinzieht. Beim kontemplativen Gebet gerät die Sprache in den Hintergrund und das Gefühl
kommt in den Vordergrund. Richard Rolle saß eines Tages im Gottesdienstraum, als »ich plötzlich in mir ein unerwartetes und ange-
nehmes Feuer spürte«. Bernhard von Clairvaux, diese große religiöse und politische Gestalt des zwölften Jahrhunderts, beschreibt seine Erfahrung mit der Gegenwart Christi wie folgt:

»Ich habe gespürt, daß er gegenwärtig war; ich erinnerte mich
später daran, daß er mit mir gewesen war; manchmal hatte ich sogar
eine Vorahnung, daß er da sein würde, aber ich habe nie sein Kommen oder Gehen gespürt.« Und John Wesley schreibt nach dem berühmten Treffen in Aldersgate: »Ich spürte, daß mein Herz auf
merkwürdige Weise warm geworden war. Ich spürte, daß ich allein
auf Christus vertraute, daß er mich retten würde; und eine Sicher-
heit wurde mir gegeben, daß alle meine Sünden weggenommen waren und er mich von dem Gesetz der Sünde und des Todes gerettet
hatte.«

Achten Sie auf die gefühlsbetonte Ausdrucksweise. Diese Art von
Gebet ist offensichtlich mehr eine Erfahrung des Herzens als des
Kopfes. Aber die Betonung der Gefühle stört uns. Wir sind unser
ganzes Leben lang dazu erzogen worden, unseren Gefühlen zu mißtrauen, und die bloße Vorstellung, daß wir durch unsere Gefühle et-

was über die Wahrheit und Wirklichkeit erfahren könnten, scheint uns lächerlich.

Wir dürfen jedoch nicht zu voreilig urteilen. Zuerst einmal gibt es viele Zeugen, die uns dazu ermutigen, Gefühle zuzulassen, und sie haben einen guten Ruf. Zweitens haben wir es mit etwas weit Tieferem zu tun als mit bloßen Emotionen. Wenn sie die Sprache des Gefühls benutzen, dann meinen die Kontemplativen damit einen tief erfahrenen Sinn für Gott – eine Art inneres Gehör, wenn Sie so wollen. Sie versuchen einfach, dem Befehl Jahwes zu gehorchen: »Neigt eure Ohren her und kommt her zu mir! Höret, so werdet ihr leben!« (Jes 55,3)

Außerdem können unsere Gefühle ebenso umfassend von Gott geprägt und geheiligt werden wie unser Verstand oder unsere Vorstellungskraft. Denken Sie daran: Kontemplatives Gebet ist für Veteranen im Glaubensleben. Das sind keine Menschen, die sich von jedem Windstoß der Lehre umwehen lassen – oder von jedem Windstoß der Gefühle. Es sind Menschen, die die Welt, das Fleisch und den Teufel vor langer Zeit verlassen haben. Es sind Menschen, die durch extensive Erfahrung den Unterschied zwischen der kurzweiligen Freude über ein momentanes, geistliches Hoch und einer festen Überzeugung kennen, die vom Geist kommt. Es sind Menschen, die durch wiederholte Versuche und Fehler gelernt haben, die Stimme Christi von den Stimmen menschlicher Manipulatoren zu unterscheiden.

Einheit mit Gott

Was ist das Ziel des kontemplativen Gebets? Auf diese Frage antworten unsere geistlichen Väter alle gleich: Einheit mit Gott. Juliana von Norwich erklärt: »Der einzige Grund, warum wir beten, ist, um mit der Vision und Kontemplation dessen vereint zu werden, zu dem wir beten.« Bonaventura, der erste große franziskanische Theologe, sagt, daß unser letztes Ziel die »Einheit mit Gott« ist, sie ist eine reine Beziehung, in der wir »nichts« sehen. Und Madame Guyon schreibt:

»Wir kommen nun zur höchsten Stufe der christlichen Erfahrung:

Göttliche Einheit. Sie kann nicht allein durch unsere eigene Erfahrung herbeigeführt werden. Meditation wird keine göttliche Einheit bringen; auch Liebe, Gottesdienst, Andacht, Opfer können es nicht tun. Es bedarf eines *Handelns Gottes*, damit die Einheit Wirklichkeit wird.«[4]

Die Sprache erinnert uns an die großen Einheits-Sätze Jesu beim letzten Abendmahl: »Bleibt in mir und ich in euch«; »Ich bin der Weinstock, ihr seid die Reben«; »Das sage ich euch, damit meine Freude in euch bleibe, und eure Freude vollkommen werde«; »Ich bitte dich, . . . damit sie alle eins seien. Wie du, Vater, in mir bist und ich in dir, so sollen auch sie in uns sein, damit die Welt glaube, daß du mich gesandt hast« (Joh 15,4.5.11; 17,21).

Die Einheit mit Gott bedeutet nicht den Verlust der Individualität. Die Einheit ist weit davon entfernt, unsere Identität zu fordern, sondern sie bringt das vollkommene Menschsein mit sich. Wir werden so, wie Gott uns gemacht hat. Kontemplative sprechen manchmal über ihre Einheit mit Gott, indem sie einen Vergleich mit Feuer und Holz heranziehen: Das glühende Holz ist so eins mit dem Feuer, daß es Feuer *ist*, aber zur gleichen Zeit bleibt es doch Holz. Andere gebrauchen den Vergleich mit einem weißglühenden Eisen im Feuer. Unsere Persönlichkeiten werden in Gottes glühendem Ofen der Liebe verändert, aber nicht zerstört.

Zwei wichtige Vorbereitungen

Wie erreichen wir dieses Ziel der Einheit mit Gott? Obwohl Einheit ganz und gar die Arbeit Gottes in unseren Herzen ist, gibt es wichtige Vorbereitungen von unserer Seite aus: die Liebe zu Gott und die Reinheit des Herzens.

Das kontemplative Gebet beginnt mit der Liebe zu Gott. Sie ist der Motor, der die ganze Sache in Bewegung setzt. Einfach gesagt: Wir nehmen seine Liebe für uns an und lieben ihn wieder. Thomas Merton schreibt:

»Die Nachricht von der Hoffnung, die das kontemplative Gebet dir bringt, ist nicht die, daß du dir durch den Dschungel der Sprache und der Probleme, die Gott umgeben, deinen Weg schlagen mußt. Denn Gott . . . liebt dich, ist in dir gegenwärtig, lebt und wohnt in dir, ruft und rettet dich und gibt dir ein Verständnis und ein Licht, das man sonst nirgendwo in Büchern oder Predigten finden kann.«[5]

Walter Hilton schreibt daher: Kontemplation ist »lodernde Liebe mit geistlicher Hingabe«.

Diese Liebe führt uns zur Reinheit des Herzens. Wenn wir immerfort die stürmische Erfahrung göttlicher Liebe machen, dann ist es ganz natürlich, wie der Geliebte sein zu wollen. Der Psalmist erklärt: »Wer darf auf des Herrn Berg gehen, und wer darf stehen an seiner heiligen Stätte? Wer unschuldige Hände hat und reinen Herzens ist, wer nicht bedacht ist auf Lug und Trug, und nicht falsche Eide schwört« (Ps 24,3-4). Und Jesus unterstreicht dies noch: »Selig sind, die reines Herzens sind, denn sie werden Gott schauen« (Mt 5,8).

Unreinheit ist fatal für die Einheit mit Gott. Die Reinen und die Unreinen können niemals vereint werden. Denn damit zwei Dinge zu einem werden, müssen sie ähnlich beschaffen sein. Zum Beispiel kann die Unreinheit von Schmutz nicht mit der Reinheit von Gold vermischt werden. Man muß das Feuer benutzen, um den Schmutz wegzubrennen und das reine Gold zu bekommen. So ist es auch mit uns. »Darum schickt Gott Feuer auf die Erde«, schreibt Madame Guyon, »um all das zu verbrennen, was in dir unrein ist.« Nichts kann der Macht des Feuers widerstehen. Es verzehrt *alles.* Seine Weisheit brennt all die Unreinheiten in einem Menschen fort zu einem Zweck: *um ihn bereit zu machen für die göttliche Vereinigung.*

In vorherigen Kapiteln haben wir einige der unterschiedlichen Wege beschrieben, die zur Reinheit des Herzens führen – einschließlich solcher Dinge wie die Jünger, die das Leben Christi imitieren und »die dunkle Nacht der Seele« erfahren. Ich bin mir sicher, daß man noch mehr hinzufügen könnte, aber Sören Kierkegaard hat dieses Thema mit einem Satz auf den Punkt gebracht: »Reinheit des Herzens heißt, ein und dasselbe zu wollen.«

Und so tun wir es: wir werden eins. Wir legen alle anderen Verpflichtungen ab. Wir werden Gott allein verantwortlich. Wir sehen nur das, was der Vater sieht, sagen nur das, was der Vater sagt, tun nur das, was der Vater tut. Wir wollen das, was gut ist. Das ist Gott. Das ist die Reinheit des Herzens.

Sammlung lernen

Es gibt drei grundlegende Schritte für das kontemplative Gebet. Die erste Stufe wird normalerweise *Sammlung* genannt. Sie meint eine Sammlung unser selbst, bis wir vereint oder ganz geworden sind. Basil Pennington benutzt den Begriff *zentrierendes Gebet.* Sue Mon Kidd nennt es das *Gebet der Gegenwart,* und die alten Quäker sagten dazu *sich in der Mitte niederlassen.* Sie meinten alle dasselbe. Der Gedanke ist, alle anderen Ablenkungen loszulassen, bis wir wirklich dort gegenwärtig sind, wo wir uns befinden.

Beginnen Sie damit, sich bequem hinzusetzen und dann langsam und bewußt alle Spannungen und Ängste wegfallen zu lassen. Werden Sie sich der Gegenwart Gottes im Raum bewußt. Vielleicht wollen Sie sich in Gedanken vorstellen, daß er Ihnen im Stuhl gegenübersitzt, denn er ist tatsächlich und wirklich da.[6] Wenn Frustrationen oder Ablenkungen entstehen, dann heben Sie sie einfach in die Arme des Vaters und lassen Sie ihn dafür sorgen. Das heißt nicht, daß wir unsere inneren Spannungen unterdrücken wollen, sondern wir wollen sie loslassen. Unterdrückung bedeutet, daß etwas niedergepreßt und kontrolliert wird, aber bei der Sammlung geben wir weg, lassen etwas los. Es ist mehr als ein neutrales psychologisches Entspannen. Es ist eine aktive Aufgabe, eine »Selbstaufgabe in die göttliche Vorsehung«, um die Sprache von Jean-Pierre de Cassade zu gebrauchen.

Eben weil der Herr in uns gegenwärtig ist, können wir uns ausruhen und alles loslassen. Denn in seiner Gegenwart ist nichts wichtiger, als bei ihm zu sein. Wir lassen es zu, daß innere Ablenkungen und Frustrationen vor ihm dahinschmelzen wie Schnee in der Sonne. Wir lassen es zu, daß er die Stürme, die in uns wüten, stillt, indem er sagt: »Friede. Seid ruhig.« Wir lassen es zu, daß seine große Stille unser lautes Herz beruhigt.

Ich muß Sie warnen, denn auf die Mitte gerichtet zu sein, ist nicht einfach und kommt nicht so schnell. Die meisten von uns leben ein solch geteiltes und aufgesplittertes Leben, daß uns Sammlung fremd vorkommt. In dem Moment, wo wir versuchen, wirklich auf die Mitte eingestellt zu sein, wird uns schmerzhaft bewußt, wie abgelenkt wir sind. Romano Guardini schreibt: Wenn wir versuchten, mit uns selbst Kompromisse einzugehen, dann verdoppelte sich die Unruhe – ähnlich wie die Art, in der uns nachts, wenn wir versuchen wollten, zu schlafen, Sorgen oder Wünsche mit einer Heftigkeit bedrängten, die sie am Tage nicht besessen hätten.«

Wir dürfen uns davon nicht entmutigen lassen. Wir müssen darauf gefaßt sein, unsere ganze Zeit der Kontemplation dieser Sammlung zu widmen, ohne jeglichen Gedanken an Ergebnisse oder Belohnung. Auf diese Art »verschwenden« wir bewußt unsere Zeit wie ein großzügiges Liebesopfer an den Vater. Gott wird dann das, was wie eine dumme Verschwendung aussieht, nehmen und es weiter nutzen, um uns tiefer in seine liebevolle Gegenwart zu führen. Aufmerksam kommentiert Guardini: Wenn wir zu Anfang nicht mehr erreichten als nur das Verständnis dessen, wie sehr uns die innere Einheit fehlt, dann sei etwas erreicht, denn auf irgendeine Weise seien wir mit dem Zentrum in Kontakt gekommen, und dieses Zentrum kenne keine Ablenkung.

Das Gebet der Stille

Während wir uns mehr und mehr an die vereinigende Gnade der Sammlung gewöhnen, machen wir den zweiten Schritt in Richtung kontemplatives Gebet, das Teresa von Avila mit »Gebet der Stille« bezeichnet. Durch die Sammlung haben wir alle Hindernisse des Herzens, alle Ablenkungen des Verstandes und alle Unschlüssigkeit des Willens abgelegt. Die göttliche Gnade der Liebe und der Anbetung überfluten uns wie Ozeanwellen. Während dies passiert, erfahren wir eine innere Aufmerksamkeit für göttliche Bewegungen. Im Zentrum unseres Seins sind wir still. Die Erfahrung ist tiefer als bloße Stille oder das Fehlen von Worten. Es ist eine Stille, aber es ist eine hörende Stille. Wir fühlen uns lebendiger und aktiver, als wenn unsere Gedanken mit den Themen »viel« und »wenig« beschäftigt sind. Etwas tief in uns ist geweckt und hat uns aufmerksam gemacht. Unser Geist geht auf Zehenspitzen – leise und äußerst gespannt.

Es gibt einen inneren, beständigen Blick des Herzens, der manchmal das »Achten« auf den Herrn genannt wird. Wir aalen uns in der

Wärme seiner Gegenwart. Wir spüren seine Nähe und seine Liebe. James Borst sagt: »Er ist näher an meinem wahren Selbst, als ich es bin. Er liebt mich mehr, als ich mich selber liebe. Er ist ›Abba‹, Vater, für mich. *Ich bin*, weil er ist.«

Auf dem Berg der Verklärung kam das Wort Gottes aus einer alles überschattenden Wolke und sprach: »Dies ist mein lieber Sohn, an dem ich Wohlgefallen habe; den sollt ihr hören!« (Mt 17,5) Und so hören wir genau hin. Wir hören mit unserem Verstand, unserem Geist, unseren Knochen und Muskeln und mit unseren Sehnen. Wir lauschen mit unserem ganzen Dasein. François Fénelon sagt:

»Sei still und höre auf Gott. Laß dein Herz so vorbereitet sein, daß sein Geist die Tugenden in dich einprägen kann, die ihm gefallen. Laß alles in dir auf ihn hören. Die Stille aller äußerlichen und irdischen Zuneigung und die Stille der menschlichen Gedanken in uns sind wichtig, wenn wir seine Stimme hören wollen.«

Das Hören schließt tatsächlich ein Innehalten aller »äußerlichen und irdischen Zuneigung« ein. Johannes vom Kreuz benutzt den Satz: »Mein Haus ist jetzt ganz still.« Mit diesem einen Satz hilft er uns, zu verstehen, daß wir alle körperlichen, emotionalen und psychologischen Sinne stillhalten sollen.

Während wir auf den Herrn warten, wird uns aus Gnade ein lehrreicher Geist gegeben. Ich sage »aus Gnade«, weil jedes Wort Gottes, das uns zur Hilfe geschickt ist, unser Herz ohne diesen lehrbaren Geist nur verhärten würde. Wir werden jeglicher Anleitung widerstehen, es sei denn, wir sind gelehrig. Aber wenn wir wirklich willig und gehorsam sind, dann ist die Lehre des Herrn Leben und Licht. Das Ziel ist natürlich, diese Übung des hörenden Gebets zu unserer alltäglichen Erfahrung werden zu lassen. Das gelingt uns nicht sofort. Nach und nach werden wir immer mehr eine innere Aufmerksamkeit auf das göttliche Geflüster in all den Bewegungen des Lebens vernehmen – wenn wir unsere Rechnungen schreiben, staubsaugen, den Nachbarn besuchen oder eine Sitzung in der Firma haben.

Geistliche Ekstase

Der letzte Schritt beim kontemplativen Gebet ist die geistliche Ekstase. Die Ekstase unterscheidet sich sehr von den anderen beiden Schritten, die ich Ihnen vorgestellt habe, denn sie ist kein Schritt, den wir unternehmen, sondern ein Handeln Gottes an uns. Unsere Verantwortung ist es dabei, eine beständige Offenheit und Aufnahmebereitschaft für den Geist zu haben, der auf uns ruht. Darüber hinaus ist die Ekstase Gottes Sache und nicht unsere.

Ohne Zweifel erinnern Sie sich an die Erfahrung des Apostels Paulus, der in den dritten Himmel aufgefahren war, wo er Dinge hörte, die er mit niemandem teilen durfte (2Kor 12,1-5). Augustin und seine Mutter Monica verweilten einmal in der Stadt Ostia am Tiber, in der Nähe von Rom.

Sie lehnten sich aus einem Fenster, das einen gepflegten Garten überblickte, und sprachen über die Güte des Lebens im Reich Gottes. Augustin schreibt:

»Durstig öffneten wir unseres Herzens Mund den hoch daherströmenden Wassern deiner Quelle, der Quelle des Lebens, die bei dir ist, auf daß wir von ihr getränkt, soweit uns vergönnt, das hohe Ziel mit sinnenden Gedanken erreichen mögen. Wir durchwanderten von Stufe zu Stufe die ganze Körperwelt und auch den Himmel, von dem Sonne, Mond und Sterne auf die Erde niederscheinen. Bald in stillem Sinnen, bald Worte wechselnd und deine Werke bewundernd, stiegen wir weiter empor und kamen in das Reich unserer Seelen. Auch dieses durchschritten wir und gelangten endlich zu dem Lande unerschöpflicher Fülle, wo du *Israel* auf der grünen Aue der Wahrheit ewig weidest.«

Nachdem er diese ungewöhnliche Erfahrung geistlicher Ekstase beschrieben hat, notiert Augustin: »Wir atmeten tief auf und ließen dort ›die Erstlingsgabe unseres Geistes‹ zurück. Dann kehrten wir zurück zum tönenden Laut unserer Sprache, wo die Worte Anfang und Ende haben.«[7]

Die Erfahrung des Augustin ist ungewöhnlich, aber nicht einzigartig. Theodore Brakel, ein holländischer Pietist aus dem siebzehnten Jahrhundert, hat ähnliches erlebt:

»Ich wurde . . . in einen solchen Zustand der Freude versetzt, und meine Gedanken wurden so sehr nach oben gerichtet, daß ich mich mit Gott eins fühlte, ihn mit meinen Augen und mit meiner Seele sehen konnte. Ich fühlte, ich wurde in das Wesen Gottes transportiert, und zugleich war ich so voller Freude, Frieden und Süße, daß ich es nicht beschreiben kann. Mit meinem Geist war ich für zwei oder drei Tage völlig im Himmel.«[8]

Ekstase ist ein potenziertes kontemplatives Gebet. Selbst die anerkannten Autoritäten im kontemplativen Leben sehen es als seltene Erfahrung an und nicht als normales »Diätprogramm«. Und vielleicht ist es ein wenig mehr, als Sie oder ich gedacht hätten, und das ist in Ordnung, denn dies ist nicht wirklich etwas, das wir tun, sondern etwas, das Gott gibt – und zwar erst dann, wenn er es weiß, daß wir soweit sind. Außerdem könnte es sein, daß all dieses Gerede von Kontemplation für Sie entmutigend ist. Vielleicht haben Sie das Gefühl, kilometerweit von solchen Erfahrungen entfernt zu sein. Anstatt zu versuchen, die Höhe der geistlichen Ekstase neu zu bemessen, sollten Sie einfach hoffen, daß Sie die nächste Woche schaffen.

Wenn das in irgendeiner Hinsicht Ihre Gefühle beschreibt, dann brauchen Sie sich nicht entmutigt zu fühlen. Oft hinken wir alle unseren Zielen weit hinterher. Oft scheinen unsere Versuche des kontemplativen Gebets nie über unsere Frustration der ungewaschenen Teller im Waschbecken oder über die Chemieprüfung morgen hinauszukommen.

Aber die wenigen Erfahrungen, die wir gemacht haben, ermutigen uns, denn wir haben in das liebende Herz Gottes geschaut. Es ist voller Gnade und Barmherzigkeit; es heißt uns willkommen am Abendmahlstisch des Geistes.

Noch eine Ermutigung zum Thema kontemplatives Gebet. Es ist am wertvollsten, wenn wir uns beim Sonnenuntergang des Lebens befinden und unsere rationalen Fähigkeiten uns zu verlassen scheinen. Es kommt vielleicht eine Zeit, in der wir nicht länger fähig sind, Worte zu formen, aber – und das ist die Herrlichkeit – wir werden immer noch in der Lage sein zu beten, und zwar ohne Worte zu beten. Am Ende unseres Lebens, wie auch am Anfang, finden wir uns in den Worten Gerhard Tersteegens wieder: »Wir sehen auf Gott, der immer gegenwärtig ist, und lassen ihn auf uns herabsehen.«

Mein Herr und mein Gott, zuhören fällt mir schwer. Ich meine nicht richtig schwer, denn ich verstehe, daß dies eine Sache des Nehmens ist und nicht des Versuchens. Was ich meine, ist, daß ich so auf Aktion hin orientiert bin, auf Ergebnisse, daß für mich Tun einfacher ist als Sein. Ich brauche deine Hilfe, wenn ich still sein und zuhören soll. Ich möchte es versuchen. Ich möchte lernen, wie man tief in das Licht deiner Gegenwart sinkt, bis es mir in dieser Haltung bequem ist.
Hilf mir, damit ich es jetzt versuchen kann.
Danke.
Amen.

TEIL III

Die Bewegung nach außen:
Den Dienst tun, den wir nötig haben

Veränderung und Nähe fordern den Dienst am anderen. Wir werden nicht nur um unsertwillen in Gottes Ofen gereinigt, sondern auch um der anderen willen. Wir werden nicht nur um unsertwillen in Gottes Liebe aufgenommen, um zu wissen, was echte Annahme ist, sondern damit wir die Liebe Gottes weitergeben können.

Die Welt windet sich in den Schmerzen ihrer Arroganz und Selbstgenügsamkeit. Wir können uns davon unterscheiden – wenn wir wollen.

Früher versuchten wir, unsere geistliche Armut als Basis für unseren Dienst an anderen zu nutzen, und wir versagten. Jetzt wissen wir, daß der Dienst an anderen aus dem geistlichen Überfluß kommen muß.

Bernhard von Clairvaux schreibt:

»Wenn du weise bist, dann zeigst du dich als Wasserspeicher und nicht als Kanal. Denn ein Kanal leitet das Wasser im gleichen Moment weiter, in dem er es erhält; ein Speicher jedoch wartet, bis er aufgefüllt ist, bevor er überfließt. So gibt er sein überflüssiges Wasser an andere weiter, ohne selbst Schaden zu nehmen. Wir haben heute in der Kirche viele Kanäle und zu wenige Speicher.«

Wir haben uns entschieden, Wasserspeicher zu sein.

15. Alltägliches Gebet

Vergiß nicht, daß der Wert und die Anziehungskraft des Lebens nicht so sehr darin liegen, geheime Dinge zu tun . . ., sondern die gewöhnlichen Dinge zu tun, in dem Bewußtsein ihres ungeheuren Wertes.

Teilhard de Chardin

Viele von uns leben in einer Art innerer Apartheid. Wir trennen eine kleine Ecke frommer Aktivitäten ab und können dann dem Rest unseres Lebens keine geistliche Bedeutung abgewinnen. Wir haben uns so an diese Lebensweise gewöhnt, daß wir den Widerspruch darin gar nicht mehr wahrnehmen. Der Skandal der Christenheit heutzutage ist die Irrlehre, man könne Spiritualität für einen Groschen erwerben.

Wir überwinden diese moderne Irrlehre, indem wir das Alltägliche beten und dabei drei Schritte gehen: Erstens machen wir unsere alltäglichen Lebenserfahrungen zum Gebetsanliegen; zweitens nehmen wir Gott in den alltäglichen Lebensumständen wahr, und drittens beten wir in unseren alltäglichen Erlebnissen.

Das Heiligtum des Gewöhnlichen

Ich möchte Ihnen vom Tod meiner Mutter erzählen. Ich war damals ein Teenager und sie in den mittleren Jahren – jedenfalls dachten wir das. Aber ihr Tod kam nicht plötzlich oder dramatisch. Zuerst wußte niemand, was los war – Mama hatte Schwierigkeiten beim Gehen. Nach einer gewissen Zeit wurde festgestellt, daß sie Multiple Sklerose hatte. Allerdings war sich niemand so richtig sicher. Es wurde langsam immer schlimmer mit ihr. Manchmal entdeckte ich, daß sie um 5.00 Uhr morgens wach war und versuchte staubzusaugen. Sie mühte sich ab, um eine kleine Ecke des Teppichs zu saugen, und fiel dann erschöpft auf das Sofa. Nach einer kurzen Pause stand sie auf und saugte ein anderes Stück.

Als sich ihr Zustand verschlechterte, übernahmen wir drei Jungen die täglichen Aufgaben. Das war nicht so schlimm, denn Mama machte uns immer Mut, und sie beschwerte sich nie. Als sie bettlägerig wurde, stellten wir in unserem Wohnzimmer ein Krankenhausbett auf. Ich hatte mich zu der Zeit bekehrt, und eins meiner ersten Gebete war das um Heilung für sie. Aber es sollte nicht sein.

Bald ging ich an eine Universität, die Tausende von Kilometern entfernt war. Mama war inzwischen im Krankenhaus. In diesem ersten Jahr fuhr ich dreimal schnell nach Hause, denn die Ärzte riefen an, um zu sagen, daß ihr Ende nahe sei. Aber jedesmal handelte sie ein wenig, und statt zu sterben, kehrte sie in ein weniger dramatisches Alltagsleben zurück. Schließlich trafen mein ältester Bruder und ich die harte Entscheidung, daß ich nicht benachrichtigt werden sollte, bevor Mama gestorben war.

In den Semesterferien kam ich wieder nach Hause. Hatte sie es irgendwie gewußt? Ich war der letzte, der sie besuchte. Monatelang wußten wir nicht, ob sie jemanden von uns erkennen konnte, wenn wir sie besuchten, da jegliche Sprache und Bewegung verstummt war. Aber bei diesem letzten Besuch drückte sie meine Hand. Dafür bin ich dankbar.

Aber ich war nicht da, als sie in die Ewigkeit ging. Sie war so lange so nahe dran gewesen, daß der Gedanke an eine Nachtwache einfach nicht vernünftig war. Es war 2.00 Uhr morgens, und sie war völlig allein . . . mit Ausnahme der Engel und Gottes vielleicht. Sie hörte einfach auf zu atmen. Das sagten die Ärzte. Ihr Fortgehen war so leise, so wenig aufregend, daß sie es erst später entdeckten.

Vielleicht sollte es so sein. Vieles an meiner Mutter war ereignislos und normal. Es gab kein spektakuläres Drama, keine Anzeige in der Zeitung, kein Abenteuer. Sie lebte ein alltägliches Leben und starb einen alltäglichen Tod.

Aber sie hat beides sehr gut gemacht. Sie liebte meinen Vater sehr, und sie liebte uns Kinder sehr. Mit Güte ging sie durch den grauen Alltag. Sie akzeptierte ihre langsam immer schlimmer werdende Situation mit tiefem Glauben. Sie nahm den Tod an, wie sie das Leben und ihre Unfähigkeit angenommen hatte: mit Geduld und Mut. Meine Mutter wußte, was die Heiligkeit des Alltäglichen war.

Die Heiligkeit geschaffener Dinge

Die Bibel erwähnt knapp und nüchtern, daß »Gott den Himmel und die Erde schuf«; und kurz danach heißt es von dieser geschaffenen Realität: ». . . und siehe, es war sehr gut« (1Mo 1,1.31). Dann, als die Zeit gekommen war, betonte Gott den irdischen Charakter seines Handelns ähnlich nüchtern dadurch, daß er die Geburt in einem Stall als Ort seiner endgültigen Offenbarung bestimmte. Wie sehr sich die Hirten über das doppelte Zeichen gewundert haben müssen, an dem sie den Messias erkannten – in Decken gehüllt und in einer Krippe. Wie wenig eindrucksvoll! Wie alltäglich!

Aber denken Sie daran: Die Schöpfung und die Fleischwerdung des großen Gottes des Universums verknüpfte das Geistliche und das Natürliche miteinander; es verband das Heilige und das Säkulare, es heiligte das Normale und das Gewöhnliche. Wie erstaunlich! Wie wunderbar!

Die Entdeckung Gottes liegt im Alltäglichen und Gewöhnlichen, nicht im Spektakulären und Heldenhaften. Wenn wir Gott nicht in der Routine von Haus und Hof entdecken, dann werden wir ihn überhaupt nicht entdecken. Unser Glaube soll wie eine Symphonie sein, in der alle Aktivitäten – Arbeit und Spiel, Familie und Gottesdienst, Sex und Schlaf – zu heiligen Gewohnheiten des Ewigen werden. Thomas Merton fordert uns auf, eine »unaussprechliche Ehrfurcht vor der Heiligkeit geschöpflicher Dinge« zu haben.

Gebet in Aktion

Wir müssen uns daran erinnern, daß Jesus die meiste Zeit seines irdischen Lebens ein gewöhnlicher Arbeiter war. Aber er wartete nicht bis zu seiner Taufe im Jordan, um Gott zu erleben. Weit gefehlt! Jesus lebte die Wirklichkeit Gottes in der Tischlerei, bevor er öffentlich über sie sprach.

Viele sehen heute ihren Beruf als ein Hindernis für das Gebet. »Wenn ich nur ein bißchen Zeit hätte ohne die Ablenkung der Arbeit, dann könnte ich beten« – das wird häufig gesagt. Aber das Gebet ist nicht eine weitere Pflicht, die zu einem bereits überfüllten

Terminplan dazukommt. Beim Gebet des Alltäglichen ist uns unser Beruf kein Hindernis, sondern ein Vorteil.

Warum ist das so? Lernen wir das Geheimnis des Betens, während wir arbeiten? Natürlich ist das wichtig, aber es nicht der Grund, warum unsere Arbeit solch ein Vorteil für das Gebet ist. Unsere Arbeit ist ein Vorteil, weil unsere Arbeit *zum Gebet wird*. Es ist Gebet in Aktion. Der Künstler, der Schriftsteller, die Ärztin, der Klempner, die Sekretärin, der Anwalt, die Hausfrau, der Bauer, der Lehrer – sie alle beten, indem sie ihre Arbeit Gott darbringen.

»Ob ihr nun eßt oder trinkt oder was ihr auch tut, das tut alles zu Gottes Ehre« (1 Kor 10,31). Ich habe diesen Text besser verstehen gelernt, als ich als Teenager einen Sommer bei den Eskimos in Alaska verbringen durfte. Die christlichen Eskimos, die ich dort traf, hatten einen tiefen Sinn für die Ganzheit des Lebens, ohne Bruch zwischen dem Gebet und ihrer Arbeit.

Ich war zu einem Abenteuer dorthin gekommen, um »das erste Gymnasium nördlich des Polarkreises« zu bauen, aber die Arbeit selbst war überhaupt kein Abenteuer. Es war harte, knochenharte Arbeit. Einmal versuchte ich, einen Graben für ein Abwassersystem auszuheben – das ist in der gefrorenen Tundra keine leichte Sache. Ein Eskimo, dessen Gesicht und Hände von der Härte vieler Winter ganz ledrig aussahen, kam vorbei und beobachtete mich eine Weile. Schließlich sagte er einfach und mit Tiefgang: »Du gräbst einen Graben zur Herrlichkeit Gottes.« Er sagte das, um mich zu ermutigen, das weiß ich. Und ich habe seine Worte niemals vergessen. Von dem Eskimofreund abgesehen hat sich nie jemand darum geschert, ob ich einen Graben gut oder schlecht grub. Nach einer gewissen Zeit würde er sowieso überdeckt und dann vergessen sein. Aber aufgrund der Worte meines Freundes grub ich mit all meiner Kraft, denn jede Schaufel voller Erde war ein Gebet zu Gott. Obwohl ich es damals noch nicht wußte, versuchte ich auf kleine und unbeholfene Art das zu tun, was die großen Künstler des Mittelalters auch taten: Sie bearbeiteten und gestalteten die Rückseite eines Kunstwerkes, obwohl sie wußten, daß nur Gott es sehen würde.

Anthony Bloom schreibt: »Ein Gebet macht nur dann Sinn, wenn es auch gelebt wird. Nur wenn es gelebt wird, nur wenn Leben und Gebet völlig miteinander verwoben sind, wird das Gebet zu einem wunderbaren Loblied, das du Gott in den Momenten darbringst, wenn du mit ihm Zeit verbringst.«

Die Arbeit unserer Hände und unseres Verstandes ist praktiziertes Gebet, eine Liebesgabe an den lebendigen Gott. In dem vielleicht besten Satz des Films *Die Stunde des Siegers* erzählt der Leichtathlet Eric Liddell seiner Schwester: »Jenny, wenn ich laufe, dann spüre ich seine Freude.« Das ist die Wirklichkeit, die alle Berufe durchdringen muß – ob wir nun ein Buch schreiben oder eine Toilette putzen.

Mit dem Putzen von Toiletten haben viele ein Problem. Es ist nicht schwer zu begreifen, daß Michelangelo oder T. S. Eliot den Herrn mit ihrer Arbeit verherrlichten, denn sie hatten kreative Berufe. Aber was ist mit langweiligen, unwichtigen, dreckigen Jobs? Wie können sie Gebet sein?

Wir müssen hier an die Ordnung des Reiches Gottes denken. Es sind genau die »Drecksarbeiten« – die Arbeit, die wir verabscheuen – wo wir Gott am ehesten finden. Wir brauchen kein gutes Gefühl zu haben, um Gott mit unserer Arbeit zu verherrlichen. Jede gute Arbeit macht dem Vater Freude. Selbst die Jobs, die bedeutungslos und unverständlich sind, werden in der Ordnung des Reiches Gottes hoch angesehen. Gott legt Wert auf das Gewöhnliche. Wenn Sie für die Herrlichkeit Gottes eine unendliche Zahl von Muttern auf eine unendliche Zahl von Schrauben drehen, dann steigt Ihre Arbeit als wohlriechender Duft zum Thron Gottes auf. Er hat Freude an Ihrer Arbeit. *(auch Schrauben auf Panzern?)*

»Glorifizieren Sie die Arbeit nicht ein wenig zu sehr?« fragen Sie vielleicht. Ich glaube nicht. Die Arbeit kam vor dem Sündenfall, und der Fluch des Sündenfalls war nicht der, daß Arbeit getan werden mußte, sondern daß sie »im Schweiße deines Angesichts« getan werden sollte, d.h. das Ergebnis entspricht niemals der dafür geleisteten Arbeit. Eins der deutlichsten Zeichen der Gnade Gottes für uns ist, wenn die Ergebnisse weit über dem Einsatz liegen, den wir investiert haben. Wir verherrlichen Gott mit unserer Arbeit, denn wir ähneln dem Schöpfer am meisten, wenn wir kreativ handeln, d.h. wenn wir arbeiten.

»Aber was ist mit denen, die keine Arbeit haben, den Unbeschäftigten und den Rentnern? Wie können sie im Alltäglichen beten?« fragen Sie jetzt vielleicht. Wir können alle arbeiten – ob wir nun angestellt sind oder nicht. Vergütung ist nicht der entscheidende Faktor, der den Wert einer Arbeit im Reich Gottes mißt. Wenn unsere Fähigkeiten und Gelegenheiten nicht mehr zulassen, als daß wir Zweige aufheben, dann sollen wir das mit all unserer Kraft zur Verherrlichung Gottes und zum Wohlergehen unseres Nachbarn tun.

Sie denken jetzt vielleicht: »Kann ein Mensch ein volles, befriedigendes Leben führen, das Gott Freude bereitet, ohne zu arbeiten?« Ich weiß es nicht. Natürlich ist bei Gott alles möglich, aber ich bin sicher, so etwas wäre eine Ausnahme und nicht die Regel. Arbeit ist ein Ausdruck dafür, daß wir Ebenbilder Gottes sind. Deshalb bin ich persönlich davon überzeugt, daß ein Teil der Glückseligkeit im Himmel freudige, kreative und produktive Arbeit sein wird.

Das handelnde Gebet

Wir beten auch das Gebet des Alltäglichen, wenn wir das tun, was Jean-Nicholas Grou »das handelnde Gebet« nennt. »Jede Handlung, die wir vor Gott tun, weil sie seinem Willen entspricht, und die so ist, wie Gott es will, ist ein besseres Gebet, als alle Worte zusammen es sein könnten.«

Jede Handlung unseres täglichen Lebens, in der wir uns für andere anstrengen, ist ein Gebet – jedesmal, wenn wir an uns knausern und sparen, um den Kindern etwas Besonderes zu ermöglichen, jedesmal, wenn wir an einem verregneten Morgen unser Auto mit anderen teilen und extra früh losfahren, damit auch die anderen rechtzeitig zur Arbeit kommen; jedesmal, wenn wir die Korrespondenz mit unseren Freunden aufrecht erhalten und doch noch einen letzten Telefonanruf annehmen, obwohl wir abends todmüde sind. All dies und noch viel mehr sind gelebte Gebete. Ignatius von Loyola schreibt: »Alles, was uns in die Richtung Gottes weist, ist Gebet.«

Und wir beten das Alltägliche, wenn wir Gott in den normalen Erfahrungen des Lebens sehen. Können wir eine Bedeutung aus den Kreidestrichen der Kinder an der Wand erkennen? Ist das vielleicht der Finger Gottes, der auf den Wänden unseres Herzens schreibt?

Das Warten gehört zum normalen Gebet. Wir entdecken Gott in unserem Warten: wir warten an der Kasse, wir warten auf das Klingeln des Telefons, auf den Schul- oder Universitätsabschluß, auf die Promotion, auf die Rente, auf das Sterben. Das Warten selbst wird zum Gebet, wenn wir unser Warten an Gott abgeben. Im Warten kommen wir mit den Rhythmen des Lebens in Berührung – Ruhe und Aktion, Hören und Entscheiden. Das sind die Rhythmen Gottes. Es geschieht alltäglich und überall, daß wir Geduld, Annahme und Zufriedenheit lernen. Das Kriterium Benedikts, um einem Besucher ein Verweilen im Kloster zu gestatten, lautete: Wenn er ». . . mit dem Leben so zufrieden ist, wie er es vorfindet, und keine außerordentlichen Ansprüche stellt . . ., sondern einfach mit dem zufrieden ist, was er findet.«

Ich fühle mich von dieser »Zufriedenheit ohne außergewöhnliche Ansprüche« angezogen, denn das ist die Art, wie ich gern leben würde. In einer Welt, in der *Gewinn durch Einschüchterung anderer* an der Tagesordnung ist, fühle ich mich zu Menschen hingezogen, die von dieser Tyrannei des übertriebenen Selbstbewußtseins frei sind. Ich fühle mich zu jenen hingezogenen, die einfach fähig sind, Menschen dort zu begegnen, wo sie sind, ohne sie zu kontrollieren, zu managen oder sie zu etwas bewegen zu wollen. Ich bin gerne unter ihnen, denn sie bringen das Beste aus mir heraus, ohne mich zu manipulieren.

Ein anderer Weg, um das Alltägliche zu beten, ist das Gebet während der normalen Erfahrungen des Lebens. Wir nehmen eine Zeitung und flüstern ein Gebet für die Politiker in der Welt, die vor einer großen Entscheidung stehen. Wir unterhalten uns mit Freunden in der Schule oder beim Einkaufen, und ihre Worte veranlassen uns, ein Gebet für sie zu sprechen, entweder hörbar oder still, wie es die Umstände zulassen. Wir joggen durch die Nachbarschaft und segnen die Familien, die dort leben. Wir arbeiten im Garten und danken dem Gott des Himmels für die Sonne und den Regen und all die guten Dinge. Das ist der Stoff, aus dem gewöhnliche Gebete durch normale Erfahrungen gemacht sind.

Heiligkeit entsteht im Alltag

Gebete, die aus dem Zusammenleben in der Familie wachsen, sind vielleicht unter den alltäglichen Gebeten die häufigsten. Edward Hays beschreibt in seinem Buch *Prayers for the Domestic Church* viele Gebete, die von der ganzen Familie gebetet werden können, egal ob groß oder klein. Darin ist alles enthalten – vom »Segensgebet für das Auto« über das »Gebet um Schutz in Zeiten von Sturm und Gefahr« bis hin zu dem »Gebet für einen Alleinerziehenden«. Wenn wir in der Familie beten, dann lernen wir, daß die Heiligkeit im Alltag entsteht.

Früher war der Herd mit seinem offenen Feuer die Mitte des Hauses.

Heute kann dies der Familientisch sein, wo Mahlzeiten gefeiert werden und wo wir große und kleine Ereignisse unseres Lebens erzählen können – ein Raum auch für gemeinsames Gebet und das Erzählen von Glaubenserfahrungen.

Wir können auch eine »Einsiedelei« in unserem Haus einrichten. Eine Einsiedelei ist ein Haus, das besonders für Stille und Alleinsein reserviert ist. Im alten Rußland hatte jedes Dorf seine Einsiedelei oder *pustinija*. Uns fehlen heute solche religiösen Heiligtümer in der Gemeinschaft, was um so mehr dafür spricht, es im eigenen Haus zu haben. Es könnte ein Flur, ein Arbeitszimmer oder ein Zimmer auf dem Dachboden sein. Es kann jeder ruhige Platz im Haus sein, der für den Rest der Familie tabu ist, wenn er als Einsiedelei benutzt wird.

Alleinerziehende brauchen oft andere Gemeinschaftsstrukturen, damit diese Dinge funktionieren. Manchmal hilft es, wenn sich unterschiedliche Haushalte für einige Mahlzeiten und Aktivitäten zusammenfinden. Auf diese Weise können Alleinerziehende, Paare ohne Kinder und Familien mit Kindern alle durch die Gegenwart des anderen bereichert werden.

Einige Familien sind durch die Erfahrung gemeinsamer Zeiten des Bibellesens und des Gebets gestärkt und belebt worden. Andere haben eine solche Praxis als äußerst schwierig empfunden, aber sie haben ein Schuldgefühl, wenn sie es nicht tun. Die Schuldgefühle sind jedoch unbegründet, denn diese Dinge repräsentieren zum großen Teil eine Veränderung unserer kulturellen Muster anstatt fehlender Frömmigkeit in der Familie. Als es vorwiegend Bauernhöfe und große Familien gab, traf man sich oft zu Mahlzeiten und Abendveranstaltungen, und da hatte gemeinsam geübte Frömmigkeit einen guten Platz. Für die meisten von uns sind diese Zeiten jedoch vorbei. Wir leben in städtischer Umgebung und gehören kleinen Familien an. Wir essen oft nicht zu Hause und müssen uns damit zufriedengeben, daß wir abends jeder unterschiedliche Engagements haben.

Was sollen wir tun? Die Antwort: das, was wir können! Versuchen Sie sich in »segnenden Gebeten«, wenn die Kinder aus dem Haus rennen, und in »Dankeschön«-Gebeten, wenn sie wieder zurückkommen. Bis die Kinder die Pubertät erreichen, ist es besonders angebracht, mit ihnen abends zu beten. Man kann das tun, wenn sie zu Bett gehen, und noch einmal, nachdem sie eingeschlafen sind. Wir können um Heilung für alle emotionalen Verletzungen des Tages beten, und wir fügen immer Gebete um Schutz für die lange Nacht und den kommenden Tag hinzu.

Ein alter Brauch, der bis in die frühe Christenheit zurückverfolgt werden kann, war der, daß die Kinder den Vater an jedem Abend um ein Segensgebet baten, bevor sie zu Bett gingen. Für uns ist die patriarchalische Struktur, die sich dabei zeigt, vielleicht nur schwer zu akzeptieren, aber Eltern und Großeltern können die Kleinen segnen. Lassen Sie sie auf Ihren Schoß krabbeln, lesen Sie ihnen eine Geschichte vor und geben Sie jedem von ihnen einen gut durchdachten Segen. Gelegentlich können Sie Ihr Kind auch in den Schlaf wiegen, während Sie ihm den Segen zusingen.

Im Teenageralter ist Veränderung angesagt. Normalerweise wollen Teenager die Eltern nicht im Zimmer haben, sie wollen nicht berührt werden, und sie mögen keine Familiengebete! Dann können Sie für sie in Ihrem Herzen beten. Und Sie werden entdecken, daß sich der Inhalt Ihres Gebetes verändern wird. Mehr und mehr werden Sie Gebete des Loslassens sprechen, weil die Kinder die emotionale Nabelschnur abschneiden wollen und Sie dabei helfen müssen.

Oft sind es Zeiten der Spannung für Jugendliche, in denen sie darum kämpfen, zu sich selbst zu finden. Vielleicht lehnen sie den

Glauben der Eltern ab, um ihn später als ihren eigenen wieder anzunehmen. In unserem Fall gingen unsere beiden Jungen während dieser Jahre zu einer anderen Gemeinde als wir, um den emotionalen Freiraum für eigene Glaubenserfahrungen zu haben.

Wenn Sie Teenager haben, dann möchte ich Sie ermutigen. Ich weiß, diese Jahre sind oft so turbulent, als ob ein Schlauchboot einen reißenden Fluß hinabführe. Und ich weiß, daß es so aussieht, als ob die Stromschnellen das Boot direkt auf einen tiefen Wasserfall zutreiben würden. Aber zwischendurch gibt es gar keinen Wasserfall in diesem Fluß, und das Wasser ist ruhig und still hinter den reißenden Abschnitten. Wie auch immer: Wir beten für unsere Kinder, wenn sie durch die Stromschnellen fahren, und wir beten für das, was nach den Stromschnellen kommt. Wenn wir dies tun, dann beten wir das Gewöhnliche.

Die alltäglichen Wagnisse des Lebens

Wir alle nehmen teil an dem, was Elton Trueblood »die alltäglichen Wagnisse des Lebens« nennt – Geburt, Heirat, Arbeit, Tod. Jesus hat in seinem Leben und in seiner Verkündigung diesen normalen Erfahrungen des Lebens eine geistliche Bedeutung gegeben. Bei seiner eigenen Geburt wurden das Gewöhnliche und das Heilige für immer vereint. Er freute sich bei der Hochzeit eines Paares in Galiläa und steuerte bei der Feier Wein bei. Er kam den Fischern, Zöllnern und anderen unternehmungslustigen Typen nahe. Und er besiegte den Tod, ohne mit der Wimper zu zucken, so daß wir dem Tod nun hoffnungsvoll begegnen können.

Weil dies eine felsenfeste Grundlage ist, wissen wir, daß alle Arbeit heilige Arbeit ist und alle Orte heilige Orte. Deshalb erheben wir unsere Stimmen in fröhlichen Liedern und bekennen: »Dies ist heiliger Boden. Wir stehen auf heiligem Boden; denn der Herr ist gegenwärtig. Und wo er ist, ist es heilig. Dies sind heilige Hände – er hat uns heilige Hände gegeben. Er arbeitet durch diese Hände, und deshalb sind die Hände heilig.«[1]

Allmächtiger, heiligster, höchster Gott, danke für deine Aufmerksam-
keit in kleinen Dingen.
Danke, daß du auch das Unwichtige wertschätzt.
Danke, daß du an den Lilien des Feldes und an den Vögeln des Himmels
Interesse hast.
Danke, daß du dich um mich kümmerst.
In Jesu Namen.
Amen.

16. Bittendes Gebet

Ob es uns gefällt oder nicht, die Bitte ist die Regel im Reich Gottes.
C. H. Spurgeon

Wissen Sie, warum der mächtige Gott des Universums sich entschlossen hat, Gebete zu beantworten? Weil seine Kinder ihn fragen. Gott freut sich, wenn wir ihn bitten. Er freut sich, wenn wir fragen. Sein Herz wird durch unsere Bitte erwärmt.

Unser tägliches Brot

Wenn wir für uns selbst bitten, dann nennt man es Bittgebet, wenn wir für andere eintreten, dann nennen wir es Fürbitte.

Wir dürfen diesen Aspekt unseres Gebetslebens niemals leugnen oder herabwürdigen. Einige haben zum Beispiel vorgeschlagen, daß die weniger Reifen im Glauben weiter bei Gott um Hilfe flehen sollen, während die wahren Meister des geistlichen Lebens über das einfache Bitten hinauswachsen und Gott nur noch anbeten, ohne Flehen und Bitten zu äußern. Nach dieser Theorie stellt unsere Bitte eine plumpere und naivere Form des Gebets dar, während Anbetung und Kontemplation ein erleuchteter und verstandesmäßig hochwertiger Weg sind, weil er frei von egozentrischen Forderungen ist.

Das ist eine falsche Haltung. Bittendes Gebet steht in unserem Leben an erster Stelle, weil wir von Gott abhängig sind. Es ist etwas, über das wir niemals hinauskommen, und wir würden es auch gar nicht wollen. Die hebräischen und griechischen Worte, die für das Wort »Gebet« gebraucht werden, bedeuten »bitten« oder »eine Bitte aussprechen«. Die Bibel selbst ist voll von bittenden Gebeten und empfiehlt sie uns ohne Vorbehalte.

Als die Jünger um Anweisung fürs Gebet baten, da gab Jesus ihnen das größte Gebet, das je gesprochen wurde – wir nennen es heute das Vaterunser, und es ist in erster Linie eine Bitte. Er fordert die Jünger auf: »Bittet, so wird euch gegeben; suchet, so werdet ihr finden; klopfet an, so wird euch aufgetan. Denn wer da bittet, der empfängt, und wer da sucht, der findet; und wer da anklopft, dem wird aufgetan.« (Mt 7,7-8)

Ich weiß, daß viele unserer Bitten unreif und selbstsüchtig wirken. In mancher Hinsicht wäre es unproblematischer, bei der Anbetung, dem Gottesdienst und der Kontemplation zu bleiben. Diese Dinge haben ein erhabenes, stattliches und nobles Flair. Und das Christentum wäre in intellektueller Hinsicht eine viel einfachere Religion, wenn es uns auf »erhabener Ebene« halten würde. Dann müßten wir uns nicht dauernd mit unbeantworteten Gebeten herumärgern, und jenen, die sich einen Gott nach ihren Vorstellungen bauen, wäre diese Peinlichkeit genommen. Vielleicht schätzen wir die weniger einfachen Bereiche der Anbetung und der Kontemplation, aber P.T. Forsyth sagt zu Recht: »Bitten, die nicht rein sind, können nur durch Bitten wieder rein werden.« Außerdem zieht Jesus uns immer wieder in die grundlegende Beziehung von Vater/ Mutter und Kind, in der es um Bitten und Empfangen geht. Hans Urs von Balthasar schreibt: »Deshalb ist es verkehrt, wenn man die Pole *contemplatio – oratio* einander schlechthin überordnet, als sei das mündliche Gebet mehr für Anfänger, das betrachtende mehr für Fortgeschrittene bestimmt und geeignet, da doch beide einander bedingen und immer neu voraussetzen, jedes also unmittelbar in das andere überzugehen hat.«[1]

Die Bitte ist keine niedrigere Form des Gebets. Es ist unsere *Hauptnahrung.* In kindlichem Glauben bringen wir unsere täglichen Nöte und Wünsche dem himmlischen Vater dar. Niemand von uns würde seinem Sohn einen Stein geben, wenn er um Brot bittet. Und niemand würde ihm eine Schlange geben, wenn er um einen Fisch bittet. Nein, selbst wir, die erfüllt sind mit unseren selbstsüchtigen Plänen, respektieren die grundlegendsten Regeln einer Eltern-Kind-Beziehung. Um so mehr Gott, der uns liebevoll respektiert und uns gerne gibt, wenn wir ihn bitten (Mt 7,9-11).

Zwei bekannte Probleme

Wenn wir uns auf diese grundlegende Eltern-Kind-Beziehung konzentrieren, wird ein Licht auf die zwei häufigsten Probleme beim bittenden Gebet geworfen. Zuerst ist da die verständliche Frage, warum wir Gott um Dinge bitten sollten, wenn er unsere Nöte sowieso schon kennt. Die Antwort ist einfach: Gott will gern gebeten werden. Wir möchten auch von unseren Kindern um Dinge gebeten werden, obwohl wir ihre Bedürfnisse schon kennen, denn das Fragen vertieft und stärkt die Beziehung. P.T. Forsyth schreibt: »Die Liebe liebt es, zu hören, was sie sowieso schon weiß . . . sie will um das gebeten werden, was sie gibt.« Außerdem bin ich nicht so sicher, daß Gott bereits alles über unsere Bitten weiß. Es scheint, als ob Gott sich dazu entschlossen hat, es von der Dynamik der Beziehung abhängig zu machen, worum wir im Endeffekt bitten werden. Die Tatsache, daß Gott allwissend ist, schließt nicht aus, daß er uns eine Entscheidung auch einmal vorenthalten kann, wenn sie von dem Geben und Nehmen der Beziehung abhängt. In einem späteren Kapitel werde ich noch mehr dazu sagen. Jetzt möchte ich Ihnen jedoch Mut machen, denn Gott wünscht sich einen echten Dialog mit uns. Wenn wir ihm sagen, was uns auf dem Herzen liegt, dann erzählen wir ihm von Dingen, die ihn zutiefst interessieren.

Ein zweites Problem mit dem bittenden Gebet stammt von jenen, die sanften Herzens sind. Es ist die Nachgiebigkeit des Geistes, der sagt: »Ich sollte Gott nicht mit diesen unwichtigen Dingen des Lebens belästigen. Es gibt Dinge in der Welt, die eine weit größere Bedeutung haben als meine kleinen Nöte.«

Aber hier müssen wir das Vaterherz Gottes sehen. In bestimmter Hinsicht ist ihm nichts wichtiger als die Angst, die wir angesichts unserer bevorstehenden Operation haben, oder die Sorge mit unserem unvernünftigen Kind oder die Verzweiflung, die sich angesichts unserer sich abmühenden und immer älter werdenden Eltern anbahnt. Das sind wichtige Themen für ihn, denn sie sind uns unendlich wichtig. Es ist falsche Demut, zurückzustehen und unsere tiefsten Nöte mit niemandem zu teilen. Wir verletzten sein Herz durch unsere Zurückhaltung. So wie wir uns danach sehnen, daß unsere

Kinder mit uns die kleinsten Kleinigkeiten ihres Schulalltags besprechen, so sehnt sich Gott danach, die kleinsten Dinge unseres Lebens von uns zu hören. Es erfreut ihn, wenn wir mit ihm sprechen.

Das unbeantwortete Gebet

Wir kommen nun zu einem der schwersten Probleme beim bittenden Gebet, und das ist das unbeantwortete Gebet. Wir dürfen dies
nicht zu schnell mit frommen Sprüchen abtun. Wenn wir ehrlich
sind und nicht nur unsere Unsicherheit verbergen wollen, dann
müssen wir unsere Verwirrung wegen unerfüllter Bitten zugeben.
C.S. Lewis schreibt: »Jeder Krieg, jede Hungersnot, jede Seuche,
jedes Sterbebett ist das Monument einer Bitte, die nicht erfüllt
wurde.«

Das Problem wird noch gravierender, wenn wir die üppigen Ver-
sprechungen betrachten, die uns das Neue Testament dazu macht,
besonders durch die Worte Jesu. Man nehme zum Beispiel seine erstaunliche Aussage in Markus 11,24: »Ich sage euch, alles, was ihr
bittet in eurem Gebet, glaubt nur, daß ihr's empfangt, so wird's euch
zuteilwerden.« Die wunderbare Aussage dieses Versprechens wird
durch die Erfahrungen unseres Lebens in Frage gestellt. Was können
wir zu diesem Problem sagen?

Das erste, was wir eingestehen müssen, ist die Tatsache, daß es
sich hier um ein wirkliches Problem handelt und nicht um ein einge-
bildetes. Alle Lösungen, die ich oder andere vorschlagen können,
sind immer nur Teil des Ganzen und können das Problem nicht be-
heben. Ich weiß nicht, warum die Bitte eines zum Tode geweihten
Kranken oder die eines Obdachlosen nicht erhört wird. Wir stehen
vor einem der Geheimnisse Gottes, und uns bleibt das Wissen um
diese Dinge versagt. Erst in der zukünftigen Welt werden wir völlig
verstehen, und auch wir werden völlig verstanden werden (1Kor
13,12).

Aus dem Blickwinkel des Reiches Gottes bekommen wir die erste
Lösung zu dem Problem des unbeantworteten Gebets – jedenfalls
soweit wir diese Perspektive nachvollziehen können. P.T. Forsyth beobachtet scharfsinnig »Wir werden eines Tages in den Himmel kom-

men und voller Dank erkennen, daß dann, wenn Gott sich weigerte, unser Gebet zu erhören, wir wirklich die beste Antwort auf unser Gebet erhielten.« Oft bitten wir in unserer Kurzsichtigkeit um Dinge, die für uns nicht am besten sind. Manchmal wäre die Erfüllung unseres Gebets auch schädlich für einen anderen Menschen, es würde vielleicht die Nicht-Erfüllung ihres Gebets bedeuten oder beides zusammen. Dann gibt es Zeiten, in denen unsere Gebete einfach widersprüchlich sind, solche »Gib mir schnell Geduld, Herr«-Gebete. Und manchmal würden unsere Gebete uns auch zu schaffen machen, wenn sie erfüllt würden. Wir sind vielleicht noch nicht bereit für das, worum wir gebeten haben.

In solchen Fällen und vielen anderen, die ähnlich sind, ist es Gottes Gnade und Barmherzigkeit, unsere Gebete nicht zu erfüllen. Gott hält seine Gaben zu unseren Gunsten zurück. Wir können mit dem vielleicht nicht umgehen, was passieren könnte, wenn unsere Gebete erfüllt würden. Deshalb müssen wir Gott danken, daß viele unserer Gebete nicht erhört werden. C.S. Lewis schreibt: »Wenn Gott mir all die dummen Gebete erfüllt hätte, die ich in meinem Leben gebetet habe, wo wäre ich dann jetzt?«

Etwas anderes, was man im Gedächtnis behalten muß, ist die einfache Tatsache, daß viele unserer Gebete in Wirklichkeit beantwortet werden, aber uns der Blick fehlt, dies zu erkennen. Gott versteht den tieferen Wunsch in unseren Gebeten, reagiert auf diesen tieferen Wunsch und beantwortet auf seinem Weg und zu seiner Zeit das jeweilige Gebetsanliegen. Wir bitten vielleicht um einen größeren Glauben, um andere heilen zu können. Aber Gott, der die menschlichen Nöte weit besser versteht als wir, gibt uns größere Liebe, so daß wir mit den anderen weinen können. Teil unseres Bittgebets muß immer die Bitte um eine wachsende Unterscheidungsfähigkeit sein, damit wir die Dinge so sehen lernen, wie Gott sie sieht.

Wir müssen auch bekennen, wie wenig wir von den Wegen und dem Zeitverständnis Gottes wissen. Wie die Jünger wünschen wir uns vielleicht manchmal, daß Feuer auf die Feinde Gottes vom Himmel regnet. (Natürlich stellt sich oft heraus, daß es auch unsere Feinde sind, und das paßt uns gerade recht.) Aber Jesus macht deutlich, daß Feuer vom Himmel nun mal nicht Gottes Art ist (Lk 9,54). Zuweilen paßt unsere ungeduldige Besorgnis einfach nicht zur langmütigen Barmherzigkeit Gottes.

Und wir müssen auch daran denken, daß wir keine desinteressierten Teilnehmer sind, wenn sich das Gebet um uns und unsere Nöte dreht. Es ist weit einfacher, für Dinge zu beten, die uns persönlich nicht betreffen, als für unseren eigenen infizierten Zeh zu beten. Das darf uns nie davon abhalten, für unsere eigenen Bedürfnisse zu beten, denn wir sind dazu aufgefordert; aber wir sollten auch daran denken, daß wir zu großem Selbstbetrug fähig sind.

Ich möchte noch etwas über das unbeantwortete Gebet sagen, aber ich zögere, es überhaupt auszusprechen, weil ich Angst habe, mißverstanden zu werden. Es ist die Tatsache, daß Sünde unser Gebet behindert. Wenn ich dies sage, dann bedeutet das nicht, daß ich der irrigen Meinung anhinge, Gott erhöre nie das Gebet eines Sünders. Wäre das der Fall, dann wären wir alle in echten Schwierigkeiten! Ich meine damit auch nicht, daß wir erst eine besondere Stufe der Heiligkeit erreichen müßten, bevor der Allmächtige unsere Bitten erhören kann. Im Gegenteil: Gott ist sehr großzügig darin, seine Barmherzigkeit allen möglichen Menschen zu geben, ohne Ansehen ihrer Heiligkeit. Meine eigene Geschichte ist Beweis für diese Tatsache.

Nein, ich meine etwas anderes, wenn ich sage, daß Sünde unsere Gebete behindert. Ich meine, daß unsere Sünde uns von Gott trennt; sie zerstört die intime Nähe zu ihm und lähmt unsere geistliche Empfindsamkeit. Wir werden kurzsichtig und entwickeln einen Hörfehler, wenn Sie so wollen. Das Ergebnis ist die Unfähigkeit, das Herz Gottes deutlich zu erkennen, und eine Fürbitte, die falsch ansetzt. Wir erbitten das Falsche und wollen es für unsere Leidenschaften mißbrauchen, wie Jakobus uns erinnert (Jak 4,3). Darum werden unsere Gebete behindert.

Gott sagt mir zum Beispiel, daß ich mich meinem Nachbarn gegenüber liebevoll verhalten, ihn womöglich zum Abendessen einladen soll. Ich entscheide mich dagegen, denn ich habe mich über ihn geärgert, weil Laub von seinem Baum in meinen Garten gefallen ist! Gott erinnert mich mehr als einmal an meine Abneigung gegen meinen Nachbarn. Ich tue nichts. Nach einer gewissen Zeit höre ich nicht mehr, wie Gott mit mir über meinen Nachbarn spricht, und ich denke bei mir: »Gut, damit bin ich also davongekommen.« Nein, das stimmt nicht. Ich bin nur taub und blind geworden. Ich hoffe, wir lernen die geistliche Taub- und Blindheit fürchten.

Ich weiß, daß diese wenigen Bemerkungen das Dilemma nicht lösen, das beim Thema »unbeantwortetes Gebet« entsteht. Oft stehe auch ich fassunglos vor Gebeten, die scheinbar von Gott ignoriert werden. Vielleicht ermutigt es uns, daß wir einen Herrn haben, der in der Dunkelheit Gethsemanes die Last des unbeantworteten Gebets trug und in dem Moment seiner größten Not unsere irritierte Frage teilte: »Warum?«

Das Vaterunser

In reiner Macht und Majestät kommt dem Vaterunsers kein anderes Gebet gleich (Mt 6,9-13). Das Vaterunser ist ein absolutes Gebet. Die dort genannten Anliegen schließen die ganze Welt ein, vom Kommen des Reiches Gottes bis hin zum täglichen Brot. Großes und Kleines, Geistliches und Materielles, Inneres und Äußeres – nichts ist außerhalb des Geltungsbereiches dieses Gebets.

In jeder vorstellbaren Lage wird es gebetet. Es steigt ebenso von den Altären der großen Kathedralen auf, wie von den schäbigen Schuppen an unbekannten Orten. Es wird von Kindern und Königen zugleich gebetet. Es wird zu Hochzeiten wie bei Beerdigungen gebetet. Die Armen und Reichen, die Schlauen und Unwissenden, die Einfachen und Weisen, alle beten dieses Gebet. Als ich es heute morgen in einer kleinen Gruppe gebetet habe, stimmte ich damit in das Gebet von Millionen anderer Menschen auf der ganzen Welt mit ein, die jeden Tag auf diese Weise beten.

Das Vaterunser ist im wesentlichen ein Bittgebet. Lob kommt am Anfang und am Ende vor, aber die Bitte zieht sich durch den ganzen Hauptteil des Gebets. Von den sieben vollkommen formulierten Bitten beziehen sich drei auf den persönlichen Bereich. Diese drei Einheiten können mit drei Worten zusammengefaßt werden: geben, vergeben und erretten. Zusammen wird daraus ein Muster für bittendes Gebet, mit dem sich alle Verben unseres persönlichen Flehens konjugieren lassen.

Geben

Wenn wir das Vaterunser nicht so gut kennen würden, dann würde uns die Bitte um das tägliche Brot verwundern. Wenn es von irgend jemand anderem als Jesus gesprochen worden wäre, dann hätten wir es als Eindringen des Materialismus in den behüteten Bereich des Gebets betrachtet. Aber hier trifft es uns mitten ins Gesicht: »Unser tägliches Brot gib uns heute.«

Wenn wir das einen Moment lang überdenken, dann wird uns bewußt, daß das Gebet in völligem Einklang mit dem Lebensmuster Jesu steht, denn er beschäftigte sich mit den einfachen Dingen des Lebens. Er besorgte Wein für die, die feierten, Nahrung für die, die hungrig waren, und Ruhe für die, die müde waren (Joh 2,1-12; 6,1-14; Mk 6,31). Er machte Umwege, um die »kleinen Leute« zu finden: die Armen, Kranken, Schwachen. Es paßt alles zusammen, wenn er uns einlädt, für unser tägliches Brot zu beten.

Als Jesus dies tat, veränderte er die einfachen Dinge des täglichen Lebens. Stellen Sie sich vor, wie unsere Gebetserfahrung aussehen würde, wenn er es uns verboten hätte, um die kleinen Dinge zu bitten. Was wäre, wenn wir nur über die schweren, wichtigen und tiefen Dinge reden dürften? Wir wären wie Waisen im großen Universum, kalt und furchtbar allein. Aber das Gegenteil ist richtig: Er heißt uns mit unseren Tausenden von Kleinigkeiten willkommen, denn jede einzelne ist für ihn wichtig.

Wir beten um unser tägliches Brot, indem wir Gott diese Kleinigkeiten bringen, die die Last des Tages ausmachen. Finden Sie vielleicht keine Tagesmutter, die Ihre Kinder betreut, während Sie bei der Arbeit sind? Dann beten Sie doch um eine Tagesmutter. Brauchen Sie ein wenig Raum, um Dinge zu durchdenken? Dann beten Sie doch für tägliche Ruhe und Stille. Brauchen Sie vielleicht einen warmen Pullover oder Handschuhe, weil es draußen bitterkalt ist? Dann bitten Sie doch täglich um Kleidung. Ringen Sie zu Hause oder am Arbeitsplatz um eine Beziehung? Dann bitten Sie doch um Geduld und Weisheit und Mitgefühl – und zwar täglich oder stündlich. So betet man für das tägliche Brot.

Vergeben

Ich wundere mich immer wieder, daß das »Gib mir . . .« vor dem »Vergib uns . . .« kommt, und nicht umgekehrt. Weil Gott uns gnädig gibt, erkennen wir die enorme Schuld, die wir verursacht haben, und so rufen wir laut: »Vergib uns unsere Schuld.«

Die Schuld ist tatsächlich riesig. Es sind nicht nur die Dinge, die wir tun, obwohl die allein schon genug wären. Es sind auch die Dinge, die wir ungetan lassen. Wir begehen Tatsünden und Unterlassungssünden. Der Berg der Anfechtung wird für uns zu hoch – sein Gewicht droht, das Leben aus uns herauszudrücken.

Gerade dann, wenn wir nach Luft schnappen, lädt Jesus uns ein, zu beten: »Vergib uns unsere Schuld.« Er lehrt uns diesen Weg, denn er weiß sehr gut, wie gern Gott vergibt. Es ist eins der Dinge, nach denen er sich sehnt, und die er schnell erfüllt. Im Zentrum dieser Welt liegt der Wunsch Gottes, zu geben und zu vergeben.

Aber bei dieser Bitte geraten wir in eine schwierige Lage. Wir haben gelernt, so zu beten: »Vergib uns unsere Schuld, wie auch wir vergeben unseren Schuldigern.« Das ist ein Bitte mit Bedingung. Uns wird so vergeben, wie wir anderen vergeben. Und um das Problem noch zu verschlimmern, ist das die einzige Bitte, die Jesus erläuterte: »Denn wenn ihr den Menschen ihre Verfehlungen vergebt, so wird euch euer himmlischer Vater auch vergeben. Wenn ihr aber den Menschen nicht vergebt, so wird euch euer Vater eure Verfehlungen auch nicht vergeben« (Mt 6,14-15). Warum ist das so? Gott mißgönnt uns seine Vergebung nicht, und wir müssen auch nicht erst unseren guten Willen demonstrieren und beweisen, wie gut wir zuerst anderen vergeben können. Nein, ganz und gar nicht. Es ist ganz einfach: Es gehört zur Schöpfungsordnung, daß wir zuerst geben müssen, bevor wir empfangen können. Ich kann zum Beispiel nicht Liebe empfangen, wenn ich keine Liebe weitergebe. Menschen bieten mir vielleicht ihre Liebe an, aber wenn Abneigung und Rachsucht mein Herz erfüllen, dann perlen ihre Angebote von mir ab wie die Wassertropfen vom Gefieder einer Ente. Wenn meine Fäuste geballt sind und ich meine Arme fest verschränkt habe, dann kann ich gar nichts halten. Aber wenn ich einmal Liebe ausschenke, dann gehöre ich auch zu denen, die Liebe bekommen können. Wenn ich einmal meine Hände geöffnet habe, dann kann ich empfangen. Augustin sagt: »Gott gibt dort, wo er offene Hände findet.«

So ist das mit der Vergebung. Solange der einzige Ruf, der unter uns erklingt, der Ruf nach Rache ist, kann es keine Versöhnung geben. Wenn unsere Herzen so eng sind und nur sehen, wie andere uns angegriffen und verletzt haben, können wir nicht sehen, wie wir Gott verletzt haben. Solange sehen wir auch keine Notwendigkeit, die Vergebung zu suchen. Wenn wir in unserem Herzen immer nur errechnen, wie sehr dieser oder jener unsere Rechte verletzt hat, dann werden wir natürlich nicht in der Lage sein, dieses Gebet zu sprechen.

In menschlichen Angelegenheiten gibt es einen Teufelskreis der Vergeltung. Du vergreifst dich an meinem Ochsen, ich vergreife mich an deinem. Du schadest mir, und ich schade dir. Das Vergeben ist deshalb so wichtig, weil es den Teufelskreis der Vergeltung bricht. Wir werden verletzt, aber anstatt den anderen wiederum zu verletzen, vergeben wir. (Wir können dies nur aufgrund der Vergebungstat von Golgatha tun, die ein für alle Mal den Kreislauf der Vergeltung unterbrochen hat.) Wenn wir das tun, d.h. wenn wir vergeben, dann löst das eine ganze Flut von vergebender Gnade aus dem Himmel und unter Menschen aus.

Wenn Vergebung so wichtig ist, dann müssen wir uns wirklich fragen: was ist Vergebung? Es gibt darüber heute eine große Verwirrung, und daher müssen wir erst begreifen, was Vergebung nicht ist.

Vergebung bedeutet nicht, daß die Schmerzen aufhören. Die Wunden sind tief, und vielleicht werden wir lange daran leiden. Nur weil wir emotionales Leid erfahren, bedeutet es nicht, daß wir bei der Vergebung versagt haben.

Vergebung bedeutet auch nicht, daß wir vergessen werden. Das würde unseren geistigen Kapazitäten Gewalt antun. Helmut Thielicke, der die dunkelsten Tage des Dritten Reichs durchlitt, sagt, daß man ». . . die Worte ›vergeben‹ und ›vergessen‹ niemals im gleichen Atemzug nennen sollte«. Nein, wir werden uns erinnern, aber durch die Vergebung benutzen wir unser Gedächtnis nicht länger als Werkzeug gegen andere.

Vergebung heißt nicht, daß man vorgibt, die Verletzung hätte in Wirklichkeit gar nicht weh getan. Es hat etwas ausgemacht, und es gibt keinen Grund, warum wir etwas anderes vorgeben sollten. Die Verletzung ist Wirklichkeit, aber wenn wir vergeben, dann bestimmt die Verletzung nicht länger unser Verhalten.

Vergebung heißt nicht, so zu tun, als ob die Dinge genauso wären wie vor der Verletzung. Wir müssen uns der Tatsache stellen, daß die Dinge nie wieder so sein werden wie vorher. Durch die Gnade Gottes kann es tausendmal besser werden, aber es wird nie wieder so sein wie vorher.

Was ist die Vergebung dann? Sie ist ein Gnadenwunder, durch das die Verletzung uns nicht länger trennt. Wenn ein Ehemann seine Frau ignoriert und seinen Beruf und alles andere für wichtiger hält, dann hat er gegen sie gesündigt. Die Verletzung ist real und der Schmerz ist echt. Vertrauen ist gebrochen worden. Wir sagen zu Recht, daß etwas zwischen sie gekommen ist. Die Frau wird diese Verletzung des Respekts niemals vergessen. Selbst im hohen Alter spürt sie noch ein eiskaltes Schaudern bei dem Gedanken an diese Nichtbeachtung.

Aber Vergebung bedeutet, daß diese echte und schreckliche Verletzung uns nicht länger trennt. Vergebung bedeutet, daß wir die Verletzung nicht länger benutzen, um einen Keil zwischen uns zu treiben, um uns gegenseitig zu verletzen. Vergebung bedeutet, daß die Macht der Liebe, die uns zusammenhält, größer ist als die Macht des Vergehens, das uns trennt. Das ist Vergebung. Bei der Vergebung lassen wir die, die uns verletzt haben, frei. Wir setzen sie frei, damit sie die Gnade Gottes annehmen können. Wir laden die, die uns verletzt haben, in den Kreis der Gemeinschaft ein.

Ein letztes und direktes Wort im Blick auf Bitten: Gott hat sich verpflichtet, zu vergeben, wenn wir vergeben. Vielleicht haben Sie die Schuld tief in sich gespürt, als Sie gegen Gott vorgegangen sind. Vielleicht sind Sie unruhig und sind sich Ihrer Vergebung vor Gott nicht sicher. Sie sehnen sich nach einer Gewißheit, die Ihnen Frieden geben soll. Hier ist die Gewißheit, die Ihnen von höchster Stelle gegeben wird: Jesus Christus, der ewige Sohn, garantiert Ihnen Ihren Freispruch: »Denn wenn ihr den Menschen ihre Verfehlungen vergebt, so wird euch euer himmlischer Vater auch vergeben« (Mt 6,14).

Erlösen

Diese dritte Bitte ist vielleicht die wichtigste von allen. Sie hat eine negative Seite (führe uns nicht in Versuchung) und eine positive (sondern erlöse uns von dem Bösen).

Der erste Teil der Bitte stört viele Menschen. Wie kann Gott uns versuchen oder in die Versuchung führen? Das griechische Wort selbst bedeutet »Versuchung« oder »versuchliche Umstände«. Gott führt uns nur dann in Versuchung, wenn etwas in unserem Herzen ist, das offenbar werden muß. Judas war zum Beispiel ein Mann, der Schwierigkeiten mit Geld hatte; das ist genau der Grund, warum ihn Jesus zum Schatzmeister der Jüngertruppe machte. Nach einer gewissen Zeit kam das ans Licht, was im Herzen von Judas war.

Daher bedeutet das Gebet »führe uns nicht in Versuchung«: »Herr, möge nichts in mir sein, das dich zwingt, mich auf die Probe zu stellen, damit offenbar wird, was in meinem Herzen ist.« Wir wollen ohne versteckte Sünde Fortschritte machen und uns umgestalten lassen, damit Gott nicht gezwungen ist, uns auf die Probe zu stellen.

Wir dürfen dabei nicht an die Versuchungen der Kindheit denken, die Martin Luther »Puppensünden« nannte. Nein, es sind die Sünden der Erwachsenen, mit denen wir uns befassen müssen. Wie Jesus in der Wüste werden wir mit Macht, Einfluß und der Gelegenheit, anderen zu helfen, versucht. Wieviel Gutes könnten wir tun, wenn wir nur diese eine Sache besäßen, denken wir vielleicht. Diese Wünsche in unserem Herzen sind der Same der Zerstörung. Im Vaterunser bitten wir Gott, diese Samen aus unserem Herzen zu entfernen, damit er uns nie auf die Probe stellen muß.

Nun zu der Bitte »erlöse uns von dem Bösen«. Wie sehr wir es uns auch anders wünschen würden: Der ursprüngliche Text sagt eindeutig, daß Jesus uns drängt, nicht für die Erlösung vom Bösen im allgemeinen Sinn zu bitten, sondern für die Erlösung von dem einen Bösen, dem Satan. Ich weiß, das scheint nicht gut in unser modernes Verständnis von der Wirklichkeit zu passen, aber trotzdem ist es da.

Helmut Thielicke predigte unmittelbar nach der Besetzung seiner Heimatstadt Stuttgart durch die Alliierten gegen Ende des Zweiten Weltkrieges über diesen Text. Er kommentierte das moderne »echt vergeistlichte Konzept des Bösen« wie folgt:

»Liebe Zuhörer! Wir sind in unserer Zeit viel zu sehr mit dämonischen Mächten in Berührung gekommen, wir haben viel zu deutlich gespürt und gesehen, wie Menschen und ganze Bewegungen verführt und gesteuert wurden von geheimnisvollen, abgründigen Mächten – dorthin, wohin sie selber nicht wollten; wir haben allzu oft beobachtet, wie ein fremder Geist in manche Menschen fahren und sie (die vorher vielleicht ganz nett und vernünftig waren) bis in die Substanz hinein verwandeln konnte, wie er sie zu Grausamkeiten, Machträuschen und Wahnsinnsausbrüchen zu bringen vermochte, deren sie vorher niemals fähig zu sein schienen; wir sahen außerdem, wie sich von Jahr zu Jahr mehr eine Atmosphäre der Vergiftung um unseren Erdball legte, wie wirklich etwas spürbar wurde von den bösen Geistern in der Luft und wie eine unsichtbare Hand einen unsichtbaren Taumelkelch von Volk zu Volk reichte und die Nationen bis in die Tiefe verwirrte . . .«[2]

Haben wir in den Jahrzehnten seitdem nicht genug Schreckliches und Verrücktes gesehen, um ohne Verlegenheit den Satz Martin Luthers zitieren zu können: »Der Fürst dieser Welt, wie saur er sich stellt«? Und vielleicht erinnern Sie sich, wie Luther fortfährt: »Tut er uns doch nicht; das macht, er ist gericht: ein Wörtlein kann ihn fällen.« Das ist das Ergebnis des Gebets um Erlösung.

Professor Herbert Farmer aus Cambridge erinnert uns: »Wenn das Gebet das Herz der Religion ist, dann ist die Bitte das Herz des Gebets.«

Ohne das Bittgebet haben wir unser Gebetsleben auf unlautere Weise gestutzt. Ich erinnere uns alle noch einmal daran, wie sehr Gott sich an unserer Bitte freut und nach einem Grund sucht, um geben zu können.

Lieber Vater, ich möchte dich nicht wie den Weihnachtsmann behandeln, aber ich muß dich einfach um Dinge bitten. Gib mir heute bitte etwas zu essen. Ich bitte dich nicht für morgen, sondern für heute. Bitte vergib mir meine unzähligen Angriffe auf deine Güte, die ich heute, in dieser Stunde, begangen habe. Ich bin mir der meisten noch nicht einmal bewußt. Ich lebe zu unaufmerksam. Das allein ist schon eine Sünde. Es tut mir leid. Bitte erhöhe meine Aufmerksamkeit.

Und in meiner Unwissenheit habe ich vielleicht um Dinge gebeten, die zerstörerisch sind. Bitte gib sie mir nicht – führe mich nicht in Versuchung. Bitte schütze mich vor dem Bösen.

Im Namen Jesu.

Amen.

17. Die Fürbitte

Die Fürbitte ist das Läuterungsbad, in das der einzelne und die Gemeinschaft täglich hinein müssen.

Dietrich Bonhoeffer

Wenn wir die Menschen wirklich lieben, dann wünschen wir ihnen weit mehr als das, was wir ihnen in unserer beschränkten Macht geben können, und das wird uns ins Gebet führen. Die Fürbitte ist eine Art, den anderen zu lieben.

Wenn wir vom Bittgebet zur Fürbitte gelangen, dann verschieben wir den Schwerpunkt von unseren Nöten hin zu den Nöten anderer. Das Fürbittengebet ist selbstloses Gebet; es ist sogar ein Gebet, das sich selber gibt. In der dauernden Arbeit im Reich Gottes ist vielleicht nichts wichtiger als die Fürbitte. Die Menschen brauchen heute unbedingt die Hilfe, die wir ihnen geben können. Ehen zerbrechen. Kinder werden mißhandelt. Einzelne Menschen leben in stiller Verzweiflung, ohne Ziel oder Zukunft. Und wir können Abhilfe schaffen – wenn wir lernen, in ihrem Namen zu beten.

Fürbitte ist eine priesterliche Aufgabe, und eine der herausforderndsten Lehren im Neuen Testament ist die vom Priestertum aller Gläubigen. Als Priester, die von Gott berufen und eingesetzt sind, haben wir die Ehre, im Namen anderer vor den Allerhöchsten zu treten. Wir haben dabei keine Wahl; es ist eine heilige Pflicht – und ein kostbares Privileg – all jener, die das Joch Christi auf sich nehmen.

Ein wunderbares Vorbild

Mose war einer der großen Beter für andere. Ein besonderes Ereignis in seinem Leben gibt uns ein wunderbares Beispiel, dem wir in unserem fortwährenden Dienst der Fürbitte folgen können. Bei dieser Gelegenheit hatten die Amalekiter mit den Israeliten einen Kampf angefangen (2Mo 17,8-13). Die militärische Strategie von Mose war seltsam und eindrücklich. Er befahl Josua, die Armee in das Tal zu führen, wo die Schlacht stattfinden sollte. Mose selbst stieg zusammen mit seinen beiden Stellvertretern Aaron und Hur auf einen Berg, von dem aus man das Schlachtfeld überblicken konnte. Während Josua den militärischen Kampf eröffnete, kämpfte Mose den geistlichen Kampf, indem er über dem Konflikt die Hände zum Gebet erhob. Scheinbar hatte Mose die schwerere Aufgabe, denn er war derjenige, der müde wurde. Aaron und Hur mußten für ihn einspringen und seine Arme stützen, bis die Sonne unterging.

In den militärischen Berichten jener Tage war Josua der Feldherr, der an diesem Tag den Sieg errang. Er war der Mann an der Front, mitten im Kampf. Aber Sie und ich kennen den Ausgang der Geschichte. Hinter den Kulissen wurde der Kampf der Fürbitte von Mose, Aaron und Hur gewonnen. Die Rolle jedes einzelnen war unbedingt notwendig für den Sieg. Josua wurde gebraucht, um den Angriff zu leiten. Mose wurde gebraucht, um im Namen der Kinder Israels Fürbitte zu leisten. Aaron und Hur waren nötig, um Mose zu helfen, als er müde wurde.

Was Mose, Aaron und Hur an jenem Tag leisteten, ist die Arbeit, die auch wir aufnehmen sollen. Wir sind nicht alle gebeten worden, leitende Mitarbeiter in der Gemeinde zu sein, aber wir alle sollen für andere Fürbitte leisten. Und P.T. Forsyth erinnert uns: »Je tiefer wir in das Tal der Entscheidung kommen, desto höher müssen wir aufsteigen ... zum Berg des Gebets, und wir müssen die Hände jener stützen, deren Hauptanliegen es ist, mit Gott zu siegen.«

Der, der Fürbitte tut ...

Wir sind bei diesem Dienst der Fürbitte nicht allein. Unsere kleinen Fürbittengebete werden von dem himmlischen Fürbittensprecher unterstützt und verstärkt. Paulus versichert uns: »Christus Jesus ist hier, der gestorben ist, ja vielmehr, der auch auferweckt ist, der zur Rechten Gottes ist und uns vertritt« (Röm 8,34). Und als ob er die Wahrheit dieser Tatsache bestätigen wollte, schreibt der Autor des Hebräerbriefes, daß Jesus ein ewiger Priester nach der Ordnung

Melchisedeks ist, denn »er lebt für immer und bittet für sie« (Hebr 7,25).

Beim letzten Abendmahl machte Jesus seinen Jüngern unmißverständlich klar, daß sein Auffahren zum Vater sie in eine völlig neue Dimension des Gebets stellen werde. Er erklärte seiner erstaunten Truppe, daß er zum Vater gehen werde, um ein Haus für sie zu bereiten. Sie würden fähig sein, größere Werke zu tun als er, weil er zum Vater gehe. Und sie würden nicht allein und verwaist zurückbleiben, sondern der Geist der Wahrheit werde kommen und sie leiten. Außerdem sollten sie bei ihm bleiben wie die Reben am Weinstock. Er sagte, er werde alles tun, was sie in seinem Namen erbäten. Er sagte noch vieles mehr (Joh 13-17).

Warum änderte sich die Situation so drastisch, als Jesus zum Vater ging? Warum veränderte es damals ihr Gebet so drastisch – und unser Gebet heute? Weil Jesus seinen himmlischen Dienst als Fürsprecher vor dem Thron Gottes begann, und als Konsequenz können wir mit einer völlig neuen Autorität für andere beten.

Unser Dienst der Fürbitte ist nur deshalb möglich, weil Gott einen beständigen Dienst der Fürbitte tut. Es ist wunderbar zu wissen, daß wir durch Glauben allein gerettet werden und es nichts gibt, was wir tun könnten, um uns vor Gott gerecht zu machen. Ebenso beten wir allein durch Glauben – Jesus, unser ewiger Fürsprecher, ist verantwortlich für unser Gebetsleben. Von uns aus haben wir keinen Zutritt zum himmlischen Hof. Es wäre, als ob Ameisen mit Menschen reden wollten. Wir brauchen einen Übersetzer, einen Mittler. Das ist Jesus für uns als heiliger Fürsprecher – »Denn es ist *ein* Gott und *ein* Mittler zwischen Gott und den Menschen, nämlich der Mensch Jesus Christus« (1Tim 2,5). Er öffnet uns die Tür und verschafft uns Eintritt in den Himmel. Mehr noch: Er reinigt und begradigt unsere mickrigen, fehlgeleiteten Fürbitten, und er macht sie annehmbar vor dem heiligen Gott. Und schließlich: Seine Gebete erhalten unsere Sehnsucht nach Gebet; sie drängen uns vorwärts und geben uns die Hoffnung, standfest zu sein. Der Anblick Jesu als himmlischer Fürsprecher gibt uns die Kraft, in seinem Namen zu beten.

Im Namen Jesu

Jetzt, wo das Thema des Betens im Namen Jesu aufgeworfen wurde, möchte ich ein paar Dinge dazu sagen. In den Evangelien und anderswo werden wir wiederholt dazu aufgefordert, so zu beten. Und uns werden wunderbare Ergebnisse versprochen, wenn wir es tun. »Bisher habt ihr um nichts gebeten in meinem Namen. Bittet, so werdet ihr nehmen, daß eure Freude vollkommen sei«, sagt Jesus (Joh 16,24).

Ich weiß, daß diese Haltung einigen intolerant und hinterwäldlerisch vorkommen muß. Vielleicht fragen Sie sich: »Ist es nicht möglich, ein bißchen weniger engstirnig zu sein und alle ernsthaften Gebete zu akzeptieren, in wessen Namen und Autorität sie auch immer gesprochen werden?« Zuerst einmal ist es nicht meine oder Ihre Aufgabe, das Gebet eines Menschen anzunehmen oder abzulehnen. Gott sei Dank ist das etwas, was in Gottes Hand liegt. Ich vermute, daß Gott weit mehr Gebete annimmt, als selbst die Menschen mit dem größten Weitblick es tun würden (manchmal sind wir in unserem Weitblick furchtbar engstirnig). Wir sind jedoch als Menschen des Weges gebeten worden, aufgrund der Autorität zu beten, die uns Jesus Christus gegeben hat. Er nahm für sich in Anspruch, die einzigartige Offenbarung Gottes zu sein. Und so tun wir es.

Sofort sehen wir uns der praktischen Frage gegenüber, wie wir im Namen Jesu beten. Jeder denkende Mensch weiß, daß dies weit mehr bedeutet, als einfach eine sture Formel hinzusagen, um an das Ende unserer Gebete zu kommen. Aber was genau bedeutet es?

Wenigstens zwei Dinge. Über das erste haben wir bereits gesprochen. Im Namen Jesu zu beten heißt, in völliger Gewißheit des großen Dienstes zu beten, den Christus bereits getan hat – durch sein Leben, seinen Tod, durch die Auferstehung und durch seine immerwährende Regentschaft zur rechten Hand Gottes, des Vaters. Donald Bloesch schreibt:

> »Im Namen Jesu zu beten bedeutet, in dem Bewußtsein zu beten, daß unsere Gebete losgelöst von dem rettenden Opfer . . . keinen Wert und keine Wirkung haben. Es bedeutet, das Blut Christi als Quelle der Macht für das Gebetsleben anzurufen. Es bedeutet, unsere völlige Hilflosigkeit anzuerkennen, wenn wir ohne seinen

Mittlerdienst, ohne sein Eingreifen sind. In Namen Jesu zu beten bedeutet, daß unsere Gebete das Gericht Gottes nicht bestehen können, es sei denn, sie werden durch den Sohn, den einzigen Retter und Erlöser, dargebracht.«[1]

Das ist die objektive und »rechtliche« Seite des Betens im Namen Jesu. Aber es gibt auch eine subjektive, empirische Seite. Im Namen Jesu zu beten bedeutet, daß wir im Einklang mit der Art und dem Wesen Christi beten. Es bedeutet, daß wir die Fürbitte tun, die er tun würde, wäre er noch unter uns im Fleisch. Wir sind seine Botschafter, von ihm ausgesandt. Er hat uns seinen Namen gegeben, um in seiner vollen Autorität zu handeln. Deshalb muß der Inhalt und der Charakter unseres Gebets mit seinem Wesen im Einklang stehen.

Als Simon der Zauberer um die Macht bat, Menschen die Hände aufzulegen, damit sie den Geist empfangen konnten, wollte er die Macht Gottes für eigene Zwecke nutzen (Apg 8,14-24). Er betete nicht im Namen Jesu; und Petrus, der dies erkannte, wies ihn dafür zurecht. Die sieben Söhne des jüdischen Hohepriesters Skevas hatten gesehen, wie Paulus im Namen Jesu Dämonen austrieb. Dann versuchten sie es selbst und sagten: »Ich befehle euch im Namen Jesu, den Paulus verkündet.« Aber der böse Geist entgegnete ihnen: »Jesus kenne ich, und Paulus auch, aber wer bist du?« Obwohl sie die richtige Formel benutzten, beteten sie nicht aus der Kraft Jesu, und deshalb versagten sie. In einer beinahe komischen Randbemerkung berichtet Lukas daraufhin, daß der böse Geist sich auf diese sieben Pseudo-Exorzisten stürzte und sie überwältigte, und sie rannten »nackt und verwundet« aus dem Haus (Apg 19,11-16).

Wie beten wir also im Namen Jesu, d.h. in Übereinstimmung mit ihm? Jesus hat selbst gesagt: »Wenn ihr in mir bleibt und meine Worte in euch bleiben, werdet ihr bitten, was ihr wollt, und es wird euch widerfahren« (Joh 15,7). Dieses »bleibt in mir« ist eine absolute Bedingung für effektive Fürbitte. Es ist der Schlüssel für das Gebet im Namen Jesu. Wir lernen, wie eine Rebe zu werden, die ihr Leben aus dem Weinstock bezieht. »Bleibt in mir und ich in euch. Wie die Rebe keine Frucht bringen kann aus sich selbst, wenn sie nicht am Weinstock bleibt, so auch ihr nicht, wenn ihr nicht in mir bleibt« (Joh 15,4). Nichts ist wichtiger für ein Gebetsleben als das Verlangen, wie eine Rebe zu werden.

Wenn wir so leben, dann entdecken wir, was Thomas à Kempis eine »vertraute Freundschaft mit Jesus« nennt. Wir gewöhnen uns an sein Gesicht. Wir können die Stimme des wahren Hirten von den Stimmen religiöser Schwindler genauso unterscheiden wie ein Juwelier, der nach vielen Jahren der Übung den Diamanten von der Glasimitation zu unterscheiden weiß. Wenn wir mit dem echten Artikel lange genug vertraut sind, dann wird das Billige und Wertlose offensichtlich.

Wenn wir uns lange genug an den Weg Christi gewöhnt haben, dann können wir das Evangelium riechen. Wir fragen und tun das, was er fragen und tun würde – jedenfalls so gut es geht. Sie mögen sich jetzt fragen: Wie können wir denn *wissen*, was Jesus fragen und tun würde? Nun, wie weiß denn ein Ehepaar, das viele Jahre glücklich miteinander verheiratet ist, was der andere denkt, wünscht und fühlt? Wir erkennen, wie wir erkannt werden. So betet man im Namen Jesu.

Beharrlichkeit macht sich bezahlt

Wenn wir anfangen, für andere zu beten, dann lassen wir uns allzu leicht von den viel zu spärlichen Erfolgen entmutigen, die nur langsam und unregelmäßig eintrudeln. Das kommt daher, weil wir an eine Schnittstelle von menschlicher Eigenverantwortung und dem Einfluß Gottes geraten. Gott zwingt uns nie, und so bleibt uns durch den Einfluß Gottes hindurch immer noch ein Ausweg. Niemand wird je zu einem roboterähnlichen Gehorsam gezwungen.

Dieser Aspekt des Charakters Gottes, seine Höflichkeit, Freundlichkeit und Geduld, ist für uns nur schwer anzunehmen, weil wir so völlig anders sind. Einige Menschen frustrieren uns so sehr, daß wir manchmal wünschten, wir könnten ihre Köpfe aufschrauben und an ein paar Knöpfen drehen. Das mag unsere Art sein, aber es ist nicht Gottes Art. Seine Wege sind höher als unsere Wege. Seine Wege sind wie Regen und Schnee, die sanft auf die Erde fallen und auf dem Boden zerschmelzen, um ihm Wasser zu geben. Wenn die Zeit reif ist, kommt neues Leben hervor. Keine Manipulation, keine Kontrolle; perfekte Freiheit. Das ist Gottes Weg (Jes 55,8-11).

Dieser Prozeß ist für uns nur schwer zu akzeptieren, und wir können dadurch leicht entmutigt werden. Ich glaube, Jesus hat das verstanden, deshalb hat er uns mehr als einmal gesagt, was es mit der unbedingt notwendigen Beharrlichkeit auf sich hat. Und er hat dazu in Gleichnissen geredet. Er nennt sogar einen Grund, warum er diese Gleichnisse erzählt: wir sollen »allezeit beten und nicht nachlassen« (Lk 18,1).

Diese Gleichnisse haben für mich eine besondere Bedeutung, denn ich verliere leicht den Mut. Vielleicht verstehen Sie, was ich meine. Wir beten ein- oder zweimal, und wenn sich nichts zu bewegen scheint, dann gehen wir zu anderen Dingen über oder versinken in Selbstmitleid, oder wir geben das Beten sogar ganz auf. Unsere Erwartung, daß alles »jetzt« und »sofort« geschehen muß, ist ein wenig so, als würden wir das Licht anknipsen, und wenn das Licht nicht sofort angeht, behaupten wir: »Naja, ich habe ja sowieso nicht an die Elektrizität geglaubt!«

Aber Jesus gibt uns einen ganz anderen Ausgangspunkt, um das Gebet zu betrachten. Er sagt, mit dem Gebet ist es wie mit der hilflosen Witwe, die sich weigert, ihre Hilflosigkeit anzunehmen. Statt dessen steht sie gegen die Ungerechtigkeit auf, und ihre Beharrlichkeit siegt (Lk 18,1-8). Oder so, als wollten wir unseren Nachbarn dazu überreden, Lebensmittel für einen Fremden herauszurücken – egal wie umständlich diese Aktion für den Nachbarn auch sein möge. Schließlich wäre sonst die ganze Stadt blamiert, wenn einem Fremden die Gastfreundschaft verweigert würde (Lk 11,5-13). In beiden Fällen ist der zentrale Punkt der Geschichte derselbe: die Beharrlichkeit. Wir fragen weiter, wir suchen weiter, wir klopfen weiter an.

Es gibt einen frommen Begriff für das, was ich eben beschrieben habe: Flehen. Flehen bedeutet, ernsthaft, intensiv und beharrlich zu bitten. Es ist das Bewußtsein, daß uns diese Sache mit dem Gebet wirklich ernst ist. Wir machen weiter und geben nicht auf. Johannes Calvin schreibt: »Wir müssen dasselbe flehentliche Gebet nicht nur einmal oder zweimal wiederholen, sondern sooft wie nötig, hundertmal und tausendmal. Beim Warten auf die Hilfe Gottes dürfen wir niemals ermüden.«

Wir müssen diese wichtige Lehre hören, denn wir leben in einer Generation, die Verbindlichkeit scheut. Eine der alten Kardinaltugenden war Standhaftigkeit – aber wo finden wir heute noch solch mutiges Standvermögen? Wir müssen zugeben, daß es um uns herum selten ist, wo wir auch hinsehen. Jesus hält es jedoch für unbedingt notwendig, damit unsere Fürbitte Erfolg hat.

Haben Sie und ich diese geduldige Entschlossenheit in unserem Gebet für andere? Wie leicht versagen wir! Nach dem levitischen Gesetzeskodex mußte das Feuer auf dem Altar immer brennen; es durfte niemals erlöschen (3Mo 6,13). Während Gott Widerstandskraft und Struktur in unser geistliches Leben bringt, müssen wir heute lernen, die ewige Flamme des Gebets auf dem Altar der Hingabe immer brennen zu lassen.

Fürbitte in der Gemeinschaft

Fürbitte bringt jeder einzelne vor Gott, aber es ist auch ein Gemeinschaftsgeschehen. Jesus verspricht, mit seiner ganzen Macht gegenwärtig zu sein, wenn sich die Gemeinschaft der Gläubigen in seinem Namen zusammenfindet (Mt 18,20). Ist genügend Glauben, Hoffnung und Liebe in einer Gemeinschaft, dann vervielfacht sich der Segen, denn gemeinschaftliches Gebet ist möglich.

Mit Bezug auf den Propheten Jesaja sagt Jesus: »Mein Haus soll ein Bethaus sein« (Jes 56,7; Lk 19,46). Ich wäre begeistert, wenn unsere Gemeinden zu Bethäusern würden. Ich weiß, Ihnen geht es genauso. Allzu oft sind es statt dessen Orte für alles und jedes – mit Ausnahme des Gebets. Ich bin traurig darüber, und ich glaube, Gott auch. Es stimmt: Wir müssen unsere Vorstandssitzungen, Mitarbeiterkreise, Bibelstunden, Selbsthilfegruppen und Gottesdienste haben, aber wenn das Feuer in der Mitte nicht hell lodert, dann sind diese Dinge nur wie Asche in unserer Hand.

Wir brauchen »unbedingtes Einverständnis« und »sichtbare Einheit«, damit wir bei diesem Gebet Fortschritte machen. Es ist keine einfache Kombination, aber wenn es geschieht, dann ist die Bezeichnung »außerordentliches Gebet« eine kleine Untertreibung.

Vor kurzem hörte einer meiner Studenten von meinen Nachforschungen zum Thema »Gebet«. Er heißt Jung-Oh Suh und ist ein koreanischer Pastor, der gerade ein Sabbatjahr einlegt. Er brachte mir einige Zeitungsausschnitte (alle wunderbar aus dem Koreanischen übersetzt), die die Geschichte der presbyterianischen Gemeinde Myong-Song im südöstlichen Teil Seouls beschrieben. Die koreanischen Gemeinden sind für ihre frühen Gebetszeiten bekannt, und doch ist diese Geschichte ungewöhnlich. Es ist eine Gruppe, die vor zehn Jahren mit ca. vierzig Leuten begann, und die heute jeden Morgen drei Gebetszeiten mit insgesamt 12 000 Menschen hat – um 4.00 Uhr, 5.00 Uhr und um 6.00 Uhr. Jung-Oh erklärte mir, daß sie um 4.00 Uhr ihre Türen schließen müssen, um mit dem ersten Gottesdienst beginnen zu können; wenn einige also ein wenig später kommen, dann müssen sie bis zum nächsten Treffen um 5.00 Uhr warten. Und er fügte hinzu: »Das ist ein Problem in meinem Land, denn es wird im Winter sehr kalt. Also bringt jeder eine kleine Kanne Tee oder Kaffee mit, um warm zu bleiben, während sie auf den nächsten Gottesdienst warten.« Das ist organisiertes und gemeinschaftliches Fürbittengebet.

Während wir uns dem 21. Jahrhundert nähern, gibt es Anzeichen dafür, daß die größte Gebetsbewegung seit vielen Jahrzehnten begonnen hat. In viel kleinerem und dennoch bedeutendem Rahmen wiederholt sich die Geschichte der presbyterianischen Gemeinde Myong-Song an vielen Orten. Eine mir bekannte Gemeinde hat in der Woche vierzig Gebetstreffen, woran insgesamt eintausend Menschen teilnehmen. Ich kenne Gemeinden, in denen wöchentlich zwischen 15% und 24% der Mitglieder an organisiertem, gemeinschaftlichem Fürbittengebet teilnehmen. Ich habe mich mit Leitern der Gebetsarbeit getroffen, und keiner von ihnen hat je etwas Ähnliches gesehen wie das, was jetzt gerade geschieht. Es ist noch zu früh, um zu sagen, wie bedeutsam dieses neue Gebetserwachen sein wird, aber die Zeichen sind ermutigend.

Es ist Gottes Wunsch, einzelne und Familien zum rettenden Glauben zu führen. Und es ist sein Wunsch, daß Menschen von Abhängigkeiten wie Drogen, Sex, Geld oder Statusdenken wegkommen. Gott möchte Menschen von Rassismus, Sexismus, Nationalismus und Konsumdenken erlösen. Er sehnt sich danach, ganze Städte zu »ernten«, ganze Gemeinden zum Glauben zu führen. Das organisierte, gemeinschaftliche Fürbittengebet ist ein entscheidendes Mittel zur Erfüllung dieser Sehnsüchte Gottes.

Zum Wohle anderer

Wenn Sie zu einer Gemeinschaft gehören, in der gemeinschaftliches Gebet ernsthaft praktiziert wird, dann hoffe ich, Sie freuen sich an dieser gnädigen Gabe Gottes. Viele haben kein solches Glück. Viele von uns sind an Orten, wo christliche Leiter in dieser Hinsicht ihre Aufgabe nicht wahrnehmen, aber das soll uns nicht am Dienst der Fürbitte hindern. Wir sind vor Gott dafür verantwortlich, für jene zu beten, die er in unser Umfeld führt. Mit Samuel sagen wir: »Es sei ferne von mir, mich an dem Herrn dadurch zu versündigen, daß ich davon abließe, für euch zu beten« (1Sam 12,23). Wir beten einzeln und in kleinen Gruppen zu zweit oder zu dritt. Vielleicht sind dafür einige kleine Anweisungen hilfreich.

Es gibt so viele Wege für den Dienst der Fürbitte, wie es Menschen gibt. Einige haben gern eine Liste von den Menschen, für die sie regelmäßig beten wollen. Ich besuchte einmal eine Frau, die ans Bett gefesselt war. Sie zeigte mir ihr »Familienalbum« mit etwa zweihundert Fotografien von Missionaren und anderen, die sie tagtäglich im Gebet vor den himmlischen Thron brachte. Sie erklärte mir, wie sie sich jede Woche durch dieses Album arbeitete, indem sie die Seiten aufschlug und über den Bildern betete. Ich war damals ein Teenager, aber obwohl ich so jung war, wußte ich, daß der Platz neben ihrem Bett, wo ich stand, heiliger Boden war.

Ein anderer Weg stammt von dem großen Prediger und Beter George Buttrick. Er empfiehlt, daß wir mit dem Gebet für unsere Feinde beginnen: »Die erste Fürbitte ist: ›Segne den und den, den ich dummerweise als Feind betrachte. Segne den und den, dem ich Unrecht getan habe. Behalte sie in deiner Gnade. Verbanne meine Bitterkeit.‹« Dann ermutigt er uns, für die Verantwortungsträger in »Regierung, Medizin, Bildung, Kunst und Religion zu beten; für die Armen in der Welt, unsere Freunde bei der Arbeit oder auch sonst, und für unsere Lieben«. Der weise Rat Buttricks besteht darin, daß wir über unsere provinziellen kleinen Anliegen hinwegsehen lernen und direkt in die gebrochene und notleidende Welt blicken.

Mein eigener Weg sieht so aus: Nach dem Gebet für meine unmittelbare Familie warte ich still, bis mir einzelne Menschen oder Situationen spontan ins Gedächtnis kommen. Ich bringe sie dann

Gott dar und horche, ob mich ein besonderer Gedanke beim Inhalt des Gebets leitet. Dann spreche ich in vollstem Vertrauen das aus, was mir am angemessensten erscheint, denn ich weiß, daß Gott hört und antwortet. Nach der gesprochenen Fürbitte verharre ich manchmal eine Weile und lade den Geist ein, in mir »mit unaussprechlichen Seufzern« zu beten. Ich bleibe bei einem bestimmten Menschen oder einem Ereignis, bis ich das Gefühl habe, von dieser Angelegenheit befreit zu sein. Während dieser Zeit schreibe ich vielleicht kurze Notizen in ein kleines Gebetsjournal, je nachdem, wie der Geist es mir eingibt. Diese Notizen sind oft sehr hilfreich, denn nach einer gewissen Zeit entwickelt sich manchmal eine Richtung, die den Schlüssel zum Verständnis für die Not eines Menschen bereithält. Dies deutet dann die Richtung zukünftiger Fürbitte an.

Wenn es möglich und angebracht ist, kann man den Menschen direkt fragen, zu dem wir uns zum Gebet hingezogen fühlen. Das war die normale, wenn auch nicht die einzige Art Jesu. Eine einfache Frage wie »Wofür kann ich beten?« kann manchmal sehr erhellend sein. Denken Sie daran: Gebet ist eine Art, den anderen zu lieben, deshalb gehören Höflichkeit, Wohlwollen und Respekt immer dazu.

Ein Rat zur Vorsicht: Niemand von uns kann die Last des Gebets für jeden und alles tragen. Wir Menschen sind Geschöpfe, und es ist ein Akt der Demut, unsere Grenzen zu erkennen. Oft kommen Menschen mit einem oberflächlichen »Bete für mich« zu uns, und sie haben keine Ahnung, worum sie uns eigentlich bitten. In solchen Fällen müssen wir die Sache unter Beobachtung nehmen und warten, bis wir Zeichen von höherer Stelle bekommen. Gott wird es uns klarmachen, wer und was unsere Gebetsanliegen sein sollen, und die anderen Situationen überlassen wir ihm.

Ihre Situation ist vielleicht genau die andere. Vielleicht sind Sie weit davon entfernt, zuviel tun zu wollen, und Sie können sich nur schwer für das Fürbittengebet begeistern. Das Verlangen ist einfach nicht da. Was tun?

Es kann viele Gründe für solch einen Mangel geben, aber ich schlage vor, daß Sie damit beginnen, um mehr Liebe für andere zu beten. Wenn Gott Ihre Fähigkeit zur Liebe wachsen läßt, werden Sie ganz natürlich anfangen, zum Wohle Ihrer Nachbarn, Freunde und selbst der Feinde zu arbeiten. Indem Sie dies tun, werden Sie bald

217

ans Ende Ihrer Möglichkeiten stoßen. Sie werden wünschen, daß Sie Dinge erfahren und erhalten, die Sie ihnen nicht geben können. Dies wird Sie ins Gebet führen. Augustin schreibt: »Das Gebet bedeutet, für das Wohl der anderen vor Gott einzutreten.« Durch das Fürbittengebet stellt Gott jedem von uns eine persönliche, handgeschriebene Einladung aus, sich ganz auf die Arbeit für das Wohl der anderen einzulassen. In den folgenden Kapiteln werden wir unsere Aufmerksamkeit einigen besonderen Formen der Fürbitte zuwenden. Ich hoffe, daß jede einzelne uns hilft, diese göttliche Einladung anzunehmen, damit wir so frei weitergeben können, wie wir erhalten haben.

Barmherziger Heiliger Geist, so viel in meinem Leben scheint sich um meine Interessen und mein Wohlergehen zu drehen. Ich möchte nur einmal einen einzigen Tag leben, an dem alles, was ich tue, auch noch jemand anderem als mir zugute kommt. Vielleicht ist das Gebet für andere ein Anfang. Hilf mir, das zu tun, ohne mich nach Lob oder Belohnung zu sehnen.
Im Namen Jesu.
Amen.

18. Das Heilungsgebet

Viele große und wunderbare Dinge wurden in dieser Zeit von den himmlischen Mächten erreicht; denn der Herr streckt seinen allmächtigen Arm aus und behauptet seine Macht – zum Erstaunen vieler. Durch die Heilung, die davon ausgeht, werden viele von großen Gebrechen geheilt.

George Fox

Das Heilungsgebet ist Teil des normalen christlichen Lebens. Es sollte weder über jeden anderen Gemeinschafts- oder Glaubensdienst erhöht noch unterschätzt werden. Es ist einfach ein normaler Teil des Reiches Gottes.

Das sollte uns nicht überraschen. Gott sorgt sich ebenso sehr um den Leib, wie er sich um die Seele sorgt, ebenso um das Gefühl wie um den Geist. Die Vergebung in Jesus ist total und beeinflußt jeden Aspekt des Menschseins – Leib, Seele, Wille, Gedanken, Gefühle und Geist.

Unendliche Vielfalt

Gott gebraucht voller Freude viele Mittel, um seinem Volk Gesundheit und Wohlergehen zu schenken. Wir sind froh über die Ärzte, die Freunde Gottes, die mit Geschick und Geduld unserem Körper helfen, gegen Krankheiten und Infektionen zu kämpfen. Wir freuen uns an jedem Fortschritt der modernen Psychiatrie und Psychologie, wenn bessere Wege für die Heilung gefunden werden. Wir freuen uns auch an der wachsenden Zahl von Menschen, die um die heilende Macht Christi beten.

Darüber hinaus können wir für jede Zusammenarbeit in den vielen Gebieten der Heilung dankbar sein. Schließlich ist die Unterscheidung von Priester, Psychologe und Arzt erst jüngeren Datums.

Vorher waren der Arzt des Leibes, der Arzt der Gedanken und der Arzt der Seele ein und dieselbe Person. Die alten Hebräer sahen die Menschen als Einheit, und für sie wäre es undenkbar gewesen, dem Leib zu dienen, ohne auch gleichzeitig dem Geist zu dienen und umgekehrt. Die fünf Bücher Mose enthalten genaue Anweisungen dafür, zum Priester zu gehen, wann immer eine Krankheit vermutet wurde (3Mo 13ff). Jesus nutzte bekannte medizinische Techniken des ersten Jahrhunderts für seinen Dienst (Mk 7,33; Joh 9,6 usw.). Selbst in den »primitiven« Kulturen unserer Tage ist der Arzt und Priester dieselbe Person. Wir freuen uns also über das Verschwinden der häretischen Tendenzen, das menschliche Wesen auseinandernehmen und aufteilen zu wollen.

Es mag Zeiten geben, in denen Gott uns bittet, uns nur auf das Heilungsgebet zu verlassen, aber das ist eine Ausnahme, nicht die Regel. Die Weigerung, medizinische Mittel zu nutzen, um die Heilung voranzutreiben, mag eine Glaubenstat sein – aber öfter noch ist es eine Tat des (un)geistlichen Stolzes.

Es ist natürlich genauso möglich, sich in der anderen Richtung zu irren. Viele verlassen sich allein auf medizinische Mittel und wenden sich nur dem Gebet zu, wenn alle medizinischen Möglichkeiten versagt haben. Das verrät die materialistische Grundlage unseres Denkens. Normalerweise sollte die Hilfe des Gebets und die der Medizin zur gleichen Zeit und mit gleichem Ernst angestrebt werden, denn beide sind Gaben Gottes.

Kleine Anfänge

Mein ursprüngliches Interesse am Heilungsgebet galt der Heilung der Gefühle, nicht der körperlichen Heilung. Damals arbeitete ich in einem Familienberatungszentrum, und ich war mir sehr wohl meiner offenbaren Unfähigkeit bewußt, die heilende Macht Christi zu bringen, damit sie auf die psychischen und geistigen Krankheiten einwirkte. Der einzige Erfolg, den ich dabei hatte, ließ sich hervorragend durch menschliche Techniken psychologischer Beeinflussung erklären. Obwohl ich es nie für notwendig ansah, diese professionellen Werkzeuge abzulehnen, glaubte ich, daß das heilende Gebet das Gute, das man schaffte, noch um ein Vielfaches verbessern könnte.

Meine erste Erfahrung machte ich mit einem Mann, der seit achtundzwanzig Jahren in Angst und Bitterkeit lebte. Er wachte nachts schreiend und schweißgebadet auf. Er lebte in konstanter Depression; seine Frau sagte, daß er seit vielen Jahren nicht mehr gelacht habe. Er erzählte mir den Grund für diese tiefe Traurigkeit, die nun schon seit vielen Jahren über ihm hing. Während des Zweiten Weltkrieges führte er in Italien einen Trupp mit 32 Soldaten. Sie wurden von feindlichen Schützen eingeschlossen. Mit tiefer Trauer in seinen Augen erzählte der Mann, wie er verzweifelt dafür gebetet hatte, daß Gott sie aus dieser unglücklichen Lage befreien möge. Es sollte nicht sein. Er mußte seine Männer immer zu zweit hinausschicken und zusehen, wie sie fielen. In den frühen Morgenstunden des folgenden Tages konnte er mit sechs seiner Männer fliehen – vier von ihnen waren schwer verwundet. Er selbst hatte nur eine Fleischwunde. Er erzählte mir, daß ihn diese Erfahrung zum Atheisten gemacht hatte. Sein Herz war voller Wut, Bitterkeit und Schuld.

Ich sagte: »Wissen Sie nicht, daß Jesus Christus, der Sohn Gottes, der in Ewigkeit lebt, in diese alte und schmerzliche Erinnerung dringen und sie heilen kann, so daß Sie von ihr nicht länger bestimmt werden?« Er wußte nicht, daß das möglich ist. Ich fragte ihn, ob es ihm etwas ausmachte, wenn ich für ihn betete – auch wenn er Atheist sei. Er nickte zustimmend. Während ich neben ihm saß und meine Hand auf seiner Schulter lag, lud ich den Herrn Jesus ein, achtundzwanzig Jahre mit ihm zurückzugehen und diesen Tag mit ihm noch einmal zu erleben. »Bitte, Herr«, betete ich, »ziehe den Schmerz, den Haß und die Trauer heraus und mach ihn frei.« Fast als Nachsatz betete ich noch um einen friedlichen Schlaf als ein Zeichen für diese Heilung, denn er hatte in all den Jahren nicht gut geschlafen. »Amen.«

In der kommenden Woche kam er mit Tränen in den Augen und einem Strahlen auf dem Gesicht zurück. So hatte ich ihn noch nie gesehen. »Jede Nacht habe ich tief geschlafen, und jeden Morgen bin ich mit einem Lied auf den Lippen aufgewacht. Und ich bin glücklich . . . zum ersten Mal seit achtundzwanzig Jahren glücklich.« Seine

Frau konnte bestätigen, daß es tatsächlich so war. Das war vor vielen Jahren, und das Wunderbare daran ist, daß die alten Schmerzen niemals zurückgekehrt sind, obwohl dieser Mann seitdem natürlich auch Höhen und Tiefen erlebt hat. Er war sofort völlig geheilt.

Nach und nach brachte mich dies zu dem unabwendbaren Schluß, daß der heilende Dienst Jesu für den ganzen Menschen gedacht ist. Und so zerbröckelten meine Vorbehalte gegenüber dem Gebet um physische Heilung ein wenig. Aber meine ersten Erfahrungen mit dem Gebet für Kranke waren schlimm. Zuerst betete ich für einen Krebspatienten – er starb. Dann betete ich für eine Frau, die unter furchtbar entstellender Arthritis litt – sie blieb weiterhin verkrüppelt.

Ich nahm an, ich müßte noch einige wichtige Dinge lernen! »Lehre mich, Herr«, betete ich. Innerhalb weniger Tage kam die Antwort durch eine ältere Dame, die weder mich, noch meine innere Frage kannte. Sie sagte: »Wenn ihr anfangt, um Heilung zu beten, dann beginnt nicht gleich mit den schwierigsten Fällen *wie Krebs oder Arthritis*. Fangt mit einfachen Dingen an.«

Ich fiel fast vom Stuhl. Das war die Grundlage! Es war das Prinzip des Fortschritts, das ich bei jeder anderen Unternehmung auch immer berücksichtigt hatte, aber irgendwie hatte ich vergessen, es im geistlichen Leben anzuwenden. Diese grundlegende Wahrheit öffnete mir eine völlig neue Welt. Ich fing an, für kleine Dinge wie Ohrenschmerzen, Kopfschmerzen und Erkältungen zu beten – was immer sich in dem Umfeld meiner Familie und Freunde zutrug. Und langsam, Schritt für Schritt, entdeckte ich die Wege des heilenden Gebets.

Seither habe ich viel gelernt. Einige, für die ich bete, sind immer noch nicht gesund geworden, viele andere haben Heilung erfahren, besonders Menschen, für die ich in einer Gruppe oder liebevollen Gemeinschaft bete.

Die erstaunliche Frage

Aber was ist mit der Tatsache, daß nicht jeder, für den gebetet wird, auch geheilt wird? Ich nenne es eine Tatsache, weil andere Beobachtungen uns zeigen, daß Jesus der einzige ist, von dem gesagt werden kann: »Er heilte sie alle« (Mt 12,15). Sicherlich wird nicht jeder gesund, für den ich bete. Und ich kann mir vorstellen, Sie erleben dasselbe. Und manchmal kann ausbleibende Heilung tragische Dimensionen annehmen, die in einer echten Glaubenskrise enden. Warum werden einige nicht geheilt?

Die direkteste Antwort auf diese erstaunliche Frage ist: Ich weiß es nicht. Ich wünsche mir unbedingt, daß jeder Mensch, der ein Heilungsgebet erbittet, sofort und völlig gesund wird. Aber so geschieht es einfach nicht. Einige werden geheilt, und wir danken Gott dafür. Viele andere erleben eine deutliche Verbesserung, obwohl sie nicht völlig gesund werden. Aber bei anderen zeigt sich überhaupt keine Veränderung. Ich kenne sogar Menschen, die selbst einen wirkungsvollen Heilungsdienst tun und doch selbst durch physische Behinderung geschwächt sind.

In mancher Hinsicht ist das Heilungsgebet unglaublich einfach – wie ein Kind, das seinen Vater um Hilfe bittet. In anderer Hinsicht ist es unglaublich kompliziert und ein verwobenes Spiel zwischen dem Menschlichen und dem Göttlichen, zwischen Gedanken und Körper, zwischen Seele und Geist, zwischen Dämonischem und Engelgleichem. Kenneth Swanson erinnert uns: »Wir leben alle in einer gefallenen Welt, wo Krankheit, Leid und Schmerz Teil unseres Lebens sind.«

Manchmal stellen wir bei einem Problem eine falsche Diagnose und beten zum Beispiel um körperliche Heilung, wenn die wahre Not durch eine emotionale Heilung behoben würde. Manchmal vernachlässigen wir die natürlichen Mittel der Gesundung, wie ausgewogene Ernährung, Bewegung und Schlaf. Manchmal weigern wir uns, die Medizin als einen Weg Gottes anzuerkennen. Manchmal beten wir nicht speziell genug oder dringen nicht bis an die Wurzel des Problems. Manchmal sind wir keine angemessene Leitung für den Fluß der Liebe und Macht Gottes; der Glaube und das Mitgefühl in uns sind noch nicht genügend entwickelt. Manchmal ist Sünde in unserem Leben, die Gottes Arbeit behindert. Ich könnte noch weitermachen, denn es gibt viele Gründe dafür, warum Heilung nicht geschieht. Was aber auch immer der Grund sein mag – traurige Tatsache ist, daß wir manchmal einem Menschen Auge in Auge gegenüberstehen, für den wir gebetet haben, der aber nicht gesund geworden ist.

Was sollen wir tun? Zuerst lassen Sie mich sagen, was wir *nicht* tun sollten. Unter keinen Umständen sollten wir denen, für die gebetet wird, sagen, es sei ihr Fehler, daß sie nicht genug Glauben haben, oder es müsse Sünde in ihrem Leben geben, die das Gebet aufhält. Das wird die Last nur verdoppeln, die sie sowieso schon tragen. Es war schon schlimm genug für sie, uns aufsuchen zu müssen. Wenn wir irgend jemanden beschuldigen müssen, dann nehmen wir am besten uns selbst als die Betenden. Vielleicht ist es *unser* Glaube, der zu klein ist, oder *unsere* Sünde, die es verhindert, daß Gottes Gnade und Barmherzigkeit fließen können.

Die Frage der Schuld ist hier jedoch nicht das Thema. Als die Jünger das Schuldspiel spielten – »Rabbi, wer hat gesündigt, dieser [Mann] oder seine Eltern, daß er blind geboren ist?« –, verwarf Jesus ihre Frage als irrelevant. Die einfache Tatsache ist, daß wir über das heilende Gebet mehr lernen müssen. Es gibt noch so viel, was wir nicht verstehen. Oft stehen wir voller Staunen vor den großen Geheimnissen Gottes. Bei Gelegenheit versagten auch die Jünger Jesu bei ihren Versuchen mit dem Gebet um Heilung (Mk 9,14-29).

Was wir immer zeigen müssen, ist Mitgefühl. Immer! Die Schreiber der Evangelien bemerken oft, daß Jesus »voller Mitgefühl« für die Menschen war. In einer Geschichte kam ein Aussätziger zu Jesus und flehte darum, geheilt zu werden. Als Jesus den Aussätzigen ansah, wurde er von Mitgefühl bewegt. Die hebräische und aramäische Wurzel des Wortes bedeuten in etwa: *in seinem Innersten*. Es hat den gleichen Stamm wie das Wort für »Schoß« und so können wir von dem schützenden Herzen Jesu sprechen, der dem Aussätzigen barmherzige Heilung brachte. Jesus hätte auf Abstand gehen und dem Mann befehlen können, gesund zu werden, statt dessen berührte er ihn. Die mitfühlende Berührung Jesu ist etwa so, als würden wir einen Aids-Kranken berühren und unser Leben dadurch aufs Spiel setzen, daß wir seine Blutung mit unseren bloßen Händen stoppen. Solch ein Mitgefühl zeigte Jesus.

Das Auflegen der Hände

Da ich das Thema »Mitgefühl« angesprochen habe, ist dies vielleicht der richtige Moment, um das Auflegen der Hände zu besprechen. Das ist eine Praxis, die in der ganzen Bibel bezeugt wird, und ein wichtiger Dienst, der uns zum Wohl der Gemeinschaft der Gläubigen aufgetragen ist. Gott will uns dadurch geben, was wir uns wünschen oder nötig haben oder von dem Gott in seiner unendlichen Weisheit weiß, daß es gut für uns ist. Es gehört zu den grundlegendsten Dingen der Guten Nachricht, ohne die wir nicht erwachsen werden können (Hebr 6,1-6).

Das Auflegen der Hände wird in der Bibel an vielen Stellen beschrieben, z.B. beim Stammessegen, bei der Geistestaufe und bei der Vermittlung von Geistesgaben.[1] Aber am häufigsten wird es beim Heilungsgebet angewandt. Jesus legte seine Hände auf die Kranken in Nazareth und heilte sie (Mk 6,5). Er legte seine Hände zweimal auf den Blinden in Betsaida, bevor der sein Sehvermögen völlig zurückerhielt (Mk 8,22-26). Im Schlußteil des Markusevangeliums werden gewöhnliche Gläubige zu diesem Dienst ermutigt (Mk 16,18).

Das Auflegen der Hände an sich heilt keine Kranken – es ist Christus, der die Kranken heilt. Das Auflegen der Hände ist ein einfacher Akt des Gehorsams, der unseren Glauben vertieft und Gott die Möglichkeit gibt, die Heilung in Gang zu sezten. Einige salben den Kranken noch zusätzlich mit Öl und folgen so dem Rat in Jakobus 5,14. Wie viele andere habe ich entdeckt, daß ich manchmal einen sanften Energiefluß wahrnehme, wenn ich Menschen die Hände auflege und für sie bete. Ich weiß, daß ich diesen Energiefluß des himmlischen Lebens nicht machen kann, aber ich kann ihn stoppen. Wenn ich mich weigere oder es ablehne, ein offener Kanal zu sein, damit Gottes Kraft in einen Menschen fließen kann, dann hört er auf. Auch kann Haß oder Neid den Fluß des Lebens sofort beenden. Ein weiteres Hindernis ist unvergebene Schuld bei der Person, die diesen Dienst empfängt.

Offensichtlich hält uns gesunder Menschenverstand und Respekt vor der Integrität anderer davon ab, uns in dieser Hinsicht auf leichte und sorglose Weise zu engagieren. Wir gehen nicht einfach herum und patschen unsere Hände jedem auf den Kopf, wie es uns gerade einfällt. Paulus warnt uns davor, unbedacht Menschen die Hände aufzulegen, weil es sie in Dinge führen kann, für die sie vielleicht noch nicht bereit sind (1Tim 5,22).[2] Geheiligter Menschenverstand lehrt uns, was zu einer bestimmten Zeit angemessen ist.

Kinder haben übrigens mit dem Auflegen der Hände weniger Schwierigkeiten als Erwachsene. Ich wurde einmal in das Haus einer Familie gerufen, in dem der Säugling sehr krank war. Der vierjährige Bruder war auch im Zimmer, und ich sagte ihm, ich bräuchte seine Hilfe, um für seine kleine Schwester zu beten. Er kletterte neben mir auf einen Stuhl. »Laß uns ein kleines Spiel spielen«, sagte ich. »Da wir wissen, daß Jesus immer bei uns ist, laß uns einfach so tun, als ob er da drüben auf dem Stuhl sitzt. Er wartet geduldig, bis wir ihm unsere Aufmerksamkeit schenken. Wenn wir ihn und die Liebe in seinen Augen sehen können, dann fangen wir an, mehr an seine Liebe zu denken als daran, wie krank Julie ist. Er lächelt, steht auf und kommt zu uns herüber. Wenn das passiert, dann legen wir beide unsere Hände auf Julie, und während wir dies tun, legt Jesus seine Hände auf unsere Hände. Er läßt sein heilendes Licht genau in deine kleine Schwester scheinen, so wie ein ganzer Haufen von Soldaten, die reingehen und die bösen Viren bekämpfen, bis sie alle weg sind. Okay?« Der Junge nickte ernst. Gemeinsam beteten wir genauso, wie ich es ihm beschrieben hatte, und wir dankten Gott, daß dies der richtige Weg war. Während wir beteten, spürte ich, daß mein kleiner Gebetspartner ungewöhnlichen Glauben zeigte.

Am nächsten Morgen ging es Julie gut. Ich kann Ihnen natürlich nicht beweisen, daß unser kleines Gebet Julie gesund gemacht hat. Ich weiß nur, daß Julie geheilt wurde, und das war alles, was ich wissen mußte.

Schritte geradeaus

Ich bezweifle, daß irgend jemand, der diese Zeilen liest, einen Heilungsdienst vor tausenden von Menschen in einem großen Saal tun wird. Aber im Laufe eines normalen Tages wird es zahlreiche Gelegenheiten geben, um den Menschen um uns herum das heilende

226

Licht Christi zu bringen. Deshalb möchte ich Ihnen ein einfaches Verständnis vom Heilungsgebet vermitteln, das Ihnen, so hoffe ich, in gewöhnlichen Situationen helfen wird.

Erstens: Wir hören zu. Das ist der Schritt des tiefen Verständnisses. Wir hören auf Menschen und wir hören auf Gott. Manchmal teilen Menschen ihre tiefsten Nöte in einer beinahe saloppen, nebensächlichen Weise mit. Aber wenn wir wirklich zuhören, dann steigt oft ein Streben in uns auf, ein inneres »Ja«, und das ist die göttliche Einladung zum Gebet. Wir fragen freundlich, ob sie in dieser Situation Gebet wünschen. Nach über zwanzig Jahren, in denen ich auf diese Weise für Menschen gebetet habe, hat noch nie jemand meinen Vorschlag abgelehnt – und ich habe dies in Flughäfen, Einkaufszentren und bei großen Veranstaltungen getan. Es ist die natürlichste Sache der Welt, auf diese Art Liebe und Anteilnahme zu zeigen.

Wir hören auch auf Gott und bitten ihn, uns den Schlüssel zum Problem zu zeigen. Manchmal geschieht das durch direkte Offenbarung, manchmal weil wir zwischen den Zeilen lesen, und manchmal ist es eine Kombination von beidem. Ein Freund von mir hörte einmal einer gut gekleideten Frau zu, wie sie in einem rasenden Monolog die traurige Geschichte ihrer emotionalen Krankheiten, psychologischen und psychiatrischen Behandlungen herunterrappelte. Immer mehr stand meinem Freund dabei ein Satz vor Augen: »Sag ihr, daß ihre Sünden vergeben sind.« Schließlich sagte er: »Ihre Sünden sind Ihnen vergeben.« Sie erzählte einfach weiter von ihrer Krankheit und den Krankenhausaufenthalten. Wieder sagte er: »Ihre Sünden sind Ihnen vergeben« – und sie fuhr wieder in ihrem Monolog fort. Schließlich packte er sie bei den Schultern, blickte ihr direkt in die Augen und sagte: »Sehen Sie mich an. Ich versuche, Ihnen zu sagen, daß Ihnen Ihre Sünden vergeben worden sind!«

Die Frau hielt mitten im Satz an, als ob ihr der Atem genommen worden war. »Was haben Sie gesagt?« fragte sie.

»Ihre Sünden sind Ihnen vergeben.«

Tränen traten ihr in die Augen. »Wirklich?«

Mein Freund antwortete einfach und liebevoll. »Ja, das sind sie.«

Der Damm war gebrochen, und die Flut stürzte aus ihren Augen. Sie drehte sich zu ihrem Mann um und erklärte durch die Tränen: »Meine Sünden sind mir vergeben!« Es war der Durchbruch, der unbedingt notwendig war, und es war der Schlüssel zu völliger Heilung. Diese gute Frau bedurfte weiterhin Seelsorge, das war ganz klar. Aber in den zwölf Jahren seit diesem Ereignis mußte sie nie wieder in eine psychiatrische Klinik eingewiesen werden und lebte ein relativ normales Leben. Also erstens: Wir hören zu.

Zweitens: Wir bitten. Das ist ein Schritt des Glaubens. Wenn wir Klarheit darüber erhalten haben, was notwendig ist, laden wir Gott ein, mit seiner heilenden Hand zu kommen. Wir sprechen klar und eindeutig aus, was wir wollen. Wir schwächen unsere Bitte nicht mit Worten wie »wenn« und »aber«. Wir sprechen mit der Stärke Martin Luthers, als er für seinen kranken Freund Melanchthon betete: Wir flehen mit großem Eifer zum Herrn und zählen all die Verheißungen der Bibel auf, an die wir uns erinnern können, und sagen, daß er unser Gebet erhören müsse, wenn wir weiterhin an seine Verheißungen glauben sollen.

Ich besuchte einmal einen Jungen, den ich Franky nennen will. Er lag im Krankenhaus und litt an einer ständig schlimmer werdenden Augenkrankheit. Jedes Mal, wenn ich ihn besuchte, lernten wir uns ein wenig besser kennen, aber der Zustand seiner Augen verschlimmerte sich. Die Eltern erzählten mir, daß die Ärzte das Schlimmste befürchteten. Einmal, als ich ins Krankenhaus kam, waren die Jalousien heruntergelassen und das Licht war aus. Franky konnte mich nicht erkennen, obwohl er durch den Schatten wußte, daß jemand ins Zimmer getreten war.

Ich stand da und überlegte, was ich Franky sagen könnte. Plötzlich hatte ich den dämonischen Gedanken, daß die Blindheit vielleicht der Wille Gottes für ihn war. Aber sofort stieg der Glaube in mir auf, und ich murmelte zu mir selbst: »Nein! Jetzt ist nicht die Zeit, um zur Annahme dieser Behinderung zu raten. Wir müssen immer noch kämpfen.« Zu Franky sagte ich leise: »Wir wissen beide, daß deine Augen nicht besser werden, aber irgendwie denke ich, wir sollten Gott um Hilfe bitten. Darf ich meine Hand auf deine Augen legen und Jesus mit seinem heilenden Licht einladen zu kommen? Ich kann dir nicht versprechen, was passieren wird, aber ich bin sicher, daß es nicht schaden kann.« Franky stimmte sofort zu, und zusammen baten wir um das, worum ich mich an diesem Punkt nicht zu fragen getraut hatte.

In der folgenden Woche besuchte ich Franky wieder. Sonnenlicht strömte ins Zimmer. Franky hatte einen Baseballhandschuh und den Ball in der Hand und war bereit, das Krankenhaus zu verlassen. Seine Eltern erzählten mir, daß sich die Verschlimmerung auf wunderbare Weise ins Gegenteil verwandelt hätte. Das Sehvermögen von Franky war jetzt beinahe normal. Ich weiß nicht, was für eine medizinische Behandlung die Ärzte Franky verabreicht haben, aber ich bin ihnen für ihre Bemühungen dankbar. Und ich bin so froh, daß Franky und ich es an einem dunklen Nachmittag wagten, um sein Augenlicht zu bitten. Wir bitten.

Drittens: Wir glauben. Das ist ein Schritt der Gewißheit. Wir glauben mit unserer ganzen Person: mit Leib, Seele und Geist. Manchmal bekennen wir zusammen mit dem Vater des besessenen Kindes: »Ich glaube, hilf meinem Unglauben« (Mk 9,24). Aber ob wir uns stark oder schwach fühlen – wir müssen daran denken, daß unsere Gewißheit sich nicht auf ein besonderes Gefühl stützt, sondern auf dem Vertrauen in die Treue Gottes gründet. Wir konzentrieren uns auf seine Vertrauenswürdigkeit und besonders auf seine verläßliche Liebe. Francis MacNutt schreibt: »Ich persönlich ziehe es vor, mich auf die Liebe zu konzentrieren, die Gott in Jesus sichtbar gemacht hat und aus der seine heilende Macht strömt.«

Ich war neu an der Universität, und es war die zweite Woche des Semesters. Ich ging früh in den Hörsaal, um eine Vorlesung über Frömmigkeitsformen zu halten. Eine Studentin – ich nenne sie Maria – war bereits da, und so lernten wir uns kennen. Als ich einige Stunden später über das Universitätsgelände ging, bemerkte ich eine Gruppe, die sich in einer Ecke versammelte. Als ich hinüberging, um zu sehen, was los war, tauchte ein Krankenwagen mit Blaulicht auf. Ein Beobachter erzählte mir, daß eine Studentin beim Einbiegen in eine Kurve von der Ladefläche eines Kleinlasters gefallen war. Als sie die Studentin in den Krankenwagen hoben, erkannte ich sie als die junge Frau, die ich morgens im Hörsaal kennengelernt hatte. Ich war davon überzeugt, daß unser morgendliches Treffen kein Zufall war.

Schnell sprang ich in den Krankenwagen und erklärte den Sanitätern, daß ich ihr »Pastor« sei, damit ich in ihrer unmittelbaren Nähe für sie beten konnte. Ich hielt Marias Hand, während sie behandelt wurde. Sie war bewußtlos, Blut tropfte aus ihrem Ohr.

Freunde von Maria versammelten sich langsam im Wartezimmer der Notaufnahme des Krankenhauses. »Ihr könnt mir helfen«, bat ich sie. Ich gab ihnen einen Schnellkurs in Heilungsgebeten. »Sie hat Blutungen im Gehirn und eine Schwellung aufgrund der Verletzung«, erklärte ich. »Unsere Gebete müssen sich also darauf konzentrieren, daß die verletzten Kapillargefäße im Gehirn heilen und daß die Schwellung im Gehirn zurückgeht.« Sie nahmen diese Gebetsaufgabe sehr ernst, und einige blieben die ganze Nacht im Krankenhaus. Sie glaubten tatsächlich, daß ihr Gebet Marias Situation verändern konnte.

Der Arzt bat mich, Marias Eltern anzurufen, die acht Stunden Autofahrt entfernt in Texas wohnten. »Sagen Sie ihnen, sie sollen so schnell wie möglich kommen«, sagte er. »Wir müssen vielleicht operieren.«

Marias Eltern trafen gegen Mitternacht ein, und ich gab ihnen die neuesten Informationen über Marias Zustand. »Ja, sie ist noch bewußtlos, aber sie haben sie noch nicht operiert. Sie brauchen es vielleicht nicht, wenn die Blutung und die Schwellung rechtzeitig zurückgehen.« Ich erklärte ihnen daraufhin, wie wir für Maria beteten, und machte ihnen ein paar Vorschläge, wie sie im Gebet helfen könnten. Normalerweise sind Eltern bei diesen Gebetsanstrengungen aufgrund ihrer verständlichen Angst keine besondere Hilfe, aber Marias Eltern waren anders und beteten mit ungewöhnlichem Glauben.

Es war ein ganz anderes Treffen als das, was ich kurz zuvor mit einigen aus der Fakultät gehabt hatte, die auch für Maria beten wollten. Einer betete: »Wir geben dir Maria in deine Hände; es gibt nichts, was wir sonst tun könnten.« Ich verstand die Empfindung, aber er lag völlig falsch, denn es gab eine ganze Menge, was wir tun konnten, um das heilende Licht Christi zu Maria zu bringen.

Ein anderer betete: »Herr, hilf Maria, gesund zu werden, wenn es dein Wille ist.« Ich wußte, daß meine Kollegen nicht wirklich daran glaubten, daß es Maria besser gehen könnte, obwohl sie es gut meinten; ihre Gebete behinderten den Glauben. Ich verließ den Raum so schnell wie möglich und kehrte zu meinen Studenten ins Krankenhaus zurück, die voller Glauben, Hoffnung und Liebe waren.

Schließlich ging ich nach Hause, um etwas zu schlafen. Später hörte ich von den Studenten, was gegen 6.00 Uhr am nächsten Morgen geschehen war. Die Eltern waren in einem Motel in der Nähe des Krankenhauses untergebracht. Sie wollten so beten, wie ich es ihnen vorgeschlagen hatte. Sie stellten sich in Gedanken vor, wie Maria aus ihrer Bewußtlosigkeit aufwachen würde. In genau dem Moment öffnete Maria ihre Augen und lächelte eine Studentin an, die neben ihr saß. Innerhalb einer Woche wurde Maria aus dem Krankenhaus entlassen; sie war völlig geheilt. Ich glaube, es geschah zu einem großen Teil aufgrund des treuen Glaubens jener Studenten und der Eltern. Also drittens: Wir glauben.

Viertens: Wir danken. Einfache Höflichkeit führt uns dazu, für die Dinge zu danken, um die wir gebeten haben. Ich habe niemals so beten können, wie einige es tun: prahlerisch verkünden sie die Dinge, die sie im Glauben »erreicht« haben. Was ich sage, klingt etwa so: »Danke, Herr: Was wir gesehen und gesagt haben, ist der Weg, den du gewählt hast. Amen.« Mit den Augen des Glaubens sehe ich sogar ein wenig voraus – ein paar Wochen oder Monate oder Tage, das ist egal – und danke für das, was sein kann . . . und was dank der Gnade Gottes sein wird.

Dankbarkeit ist oft sehr machtvoll. Ein Psychiater in England hielt einmal Vorlesungen über die Geschichte von vererbten Eigenschaften in einer Familie und die Notwendigkeit des Heilungsgebetes, damit sich negative Charakteristiken nicht auf zukünftige Generationen vererben. In der folgenden Woche begann eine Teilnehmerin der Vorlesung damit, die Familiengeschichte in ihre Gebete mit einzubeziehen. Es war eine ältere Dame, die weit in den Siebzigern war, aber sie konnte keine Probleme finden, über die sie beten konnte. Ihre Familie hatte eine gesegnete Geschichte mit vielen Pastoren und anderen Menschen, die Gott wirklich liebten und ihm dienten. Sie konnte keine größere Krankheit oder tragische Todesfälle entdecken. Als sie an ihre Vorfahren dachte, überkam sie große Dankbarkeit, und sie dankte Gott für ihr wunderbares Erbe.

Diese gute Frau erkannte nicht, daß ihre eigene Situation des Gebetes bedurfte. Als Kind war sie an Polio erkrankt und hatte seitdem ein verkümmertes Bein. Sie mußte eine Krücke benutzen, um zu gehen. Aber das war etwas, mit dem sie ihr ganzes Leben lang gelebt hatte; sie hatte nicht im Traum daran gedacht, dafür zu beten. Und so ging sie zu Bett, lobte und dankte Gott für die Frauen und Männer, die sie nie getroffen hatte, aber denen sie so viel verdankte. Am nächsten Morgen stand sie auf und entdeckte, daß ihr Bein völlig geheilt war – eine Konsequenz eines dankbaren Herzens. Wir danken.

Gesunde Skepsis und ganzheitlicher Glaube

Ich wünschte, ich hätte Platz, in weitere Details zu gehen, denn es gibt noch so viel zu lernen. Vielleicht bleiben Sie skeptisch in bezug auf das Heilungsgebet. Das ist nicht ganz schlecht – es gibt Menschen, die von einem bißchen gesunder Skepsis profitieren.

Augustin war auch so einer. Er zweifelte die Wahrheit des Heilungsgebetes an und schrieb in seinen frühen Schriften, daß Christen sich nicht dauernd nach der Gabe der Heilung ausstrecken sollten.

Aber im Jahre 424 n.Chr. kamen ein Mann und seine Schwester in seine Stadt Hippo, um Heilung von krampfartigen Anfällen zu suchen. Sie kamen jeden Tag in die Gemeinde Augustins und beteten um Heilung. Bis zum zweiten Sonntag vor Ostern geschah nichts. Der junge Mann war in der vollen Kirche und betete. Augustin war noch in der Sakristei und bereitete sich auf den Gottesdienst vor, als der junge Mann hinfiel, als sei er tot. Die Menschen um ihn herum wurden von Angst ergriffen, aber im nächsten Moment stand er auf und starrte sie an, völlig normal und vollkommen geheilt. Augustin nahm den jungen Mann zum Abendessen mit sich nach Hause, und sie sprachen lange miteinander. Langsam bröckelte die Skepsis Augustins vor dem Zeugnis dieses jungen Mannes. Schließlich bat er Bruder und Schwester, sich am dritten Tag nach Ostern auf die Chorstufen zu stellen, wo die ganze Gemeinde sie sehen konnte – der eine völlig normal, die andere krampfhaft zitternd –, während er eine Aussage des jungen Mannes vorlas. Er bat dann alle, sich zu setzen, und begann eine Predigt über Heilung. Augustin wurde jedoch durch Rufe aus der Gemeinde unterbrochen, denn die junge Frau war auch auf den Boden gefallen und sofort geheilt worden. Augustin schreibt dazu: ». . . und alles jubelte zum Lobe Gottes, mit Stimmen ohne Worte, so tosend laut, daß unsere Ohren es kaum ertragen konnten.«[3]

All dies passierte, während Augustin sein Meisterwerk *Der Gottesstaat* schrieb; er widmete daher einen seiner Schlußteile den Heilungswundern, die in seiner eigenen Diözese passierten. Innerhalb von zwei Jahren hatte er Kenntnis von beinahe siebzig Heilungswundern erhalten.

Hoffentlich werden wir wie Augustin fähig, unsere natürliche Skepsis gegen einen gesunden Glauben einzutauschen, während wir das demütige Zeugnis jener hören, die die heilende Berührung Gottes erfahren haben.

Mein Herr und mein Gott, ich habe tausend Argumente gegen das Heilungsgebet. Du bist das eine Argument dafür ... du gewinnst.
Hilf mir, ein offener Kanal zu sein, durch den deine heilende Liebe zu anderen fließen kann.
Im Namen Jesu.
Amen.

19. Das Leidensgebet

Das leidende Gebet rettet die Welt.   St. Mary of Jesus

Wir wenden uns jetzt einem Thema zu, das sehr unbeliebt ist. Ich würde es gar nicht behandeln, wäre ich nicht zutiefst davon überzeugt, daß es Ihnen mit dem Leben und Dienst des Gebetes sehr ernst ist. Ich spreche vom Leidensgebet.

Beim Leidensgebet lassen wir unsere Nöte und Wünsche, sogar unser Umgestaltetwerden und unsere Einheit mit Gott weit hinter uns. Wir übergeben Gott die unterschiedlichen Schwierigkeiten und Versuchungen, denen wir uns gegenübersehen, und bitten ihn, sie vergebend zu nutzen. Wir nehmen auch freiwillig die Sorge und die Trauer anderer in uns auf, damit sie frei werden. Durch unsere Leiden sehen andere, die ebenfalls leiden, das Angesicht des leidenden Gottes.

Kein besseres Vorbild

Es gibt kein besseres Vorbild für diese leidende Liebe, die uns erlöst, als Jesus am Kreuz auf Golgatha, der die Menschen freispricht: »Vater, vergib ihnen, denn sie wissen nicht, was sie tun« (Lk 23,34). Das ist die unwiederholbare, entscheidende Erlösungstat Gottes, und auf diesem Weg können wir Christus nicht folgen. Er mußte diesen Weg allein gehen.

Aber er lädt uns ein, seine Leiden zu teilen und so an der Erlösung der Welt teilzuhaben. Paulus verstand dies. »Nun freue ich mich in den Leiden, die ich für euch leide, und erstatte an meinem Fleisch, was an den Leiden Christi noch fehlt, für seinen Leib, das ist die Gemeinde« (Kol 1,24).[1] Die Idee des Paulus ist nicht die, daß etwas an den Leiden Christi fehlte, als ob es einen Mangel an seiner stellvertretenden Sühne zur Rettung der Welt gäbe. Weit gefehlt. Sondern wir sind eingeladen, in der »Gemeinschaft seiner Leiden« (Phil 3,10) Partner Christi zu sein.

234

Erlösendes Leiden

Aber bevor Sie denken, ich würde Sie zu einer Art seltsamem religiösem Masochismus führen, lassen Sie uns ein wenig zurückgehen und sehen, ob wir ein klareres Bild von all dem bekommen können. Es geht mir um eine Art des Leidens, das ist klar, aber es ist ein erlösendes Leiden. Wir kennen alle die unerlöste, negative Variante – Leiden, das völlig grausam und sinnlos ist. Mit all unserer Kraft müssen wir dagegen ankämpfen, denn es widerspricht dem Leben im Reich Gottes.

Aber es gibt eine Form des Leidens, die eine Bedeutung und ein Ziel hat. Es ist die Art, die das Leben anderer bereichert und der Welt Heilung bringt. Auf rein menschlicher Ebene verstehen wir dies sofort, wenn es um unsere Kinder geht. Wir sind froh, wenn wir uns viele Dinge vorenthalten müssen, so daß sie im Leben eine bessere Chance bekommen. (Das ist übrigens der Grund, warum die Rebellion im Teenageralter für uns so schwer zu ertragen ist – wir fürchten, daß all unsere Opfer umsonst gewesen sind.)

Für uns ist es schwer, den Gedanken des erlösenden Leidens anzunehmen, denn unsere ganze Kultur lehnt jegliche Form des Unbequemen oder des Schwierigen ab. Aus dem gleichen Grund finden wir es schwierig, die Worte Jesu über das Tragen unseres Kreuzes mit dem Versprechen vom überfließenden Leben zu vereinbaren. Aber das gesamte Leben Jesu zeigt, daß Gnade und Leiden zusammengehören. Und Paulus, dessen Leiden unzählig waren und der sie aufgeschrieben hat, erklärte: »Denn ich bin überzeugt, daß dieser Zeit Leiden nicht ins Gewicht fallen gegenüber der Herrlichkeit, die an uns offenbart werden soll« (Röm 8,18). Papst Paul VI. schreibt: »Christen können zur gleichen Zeit zwei völlig unterschiedliche und entgegengesetzte Erfahrungen machen – Trauer und Freude –, die einander ergänzen.«

Beim erlösenden Leiden stehen wir auf der Seite der sündigen und traurigen Menschen. Dabei können wir nicht auf Distanz bleiben. Ihr Leiden ist ein schmutziges Geschäft, und wir müssen darauf vorbereitet sein, mitten in den Dreck zu treten. Wir werden nicht nur *für* andere »gekreuzigt«, sondern *mit* ihnen. Wir beten im Leiden, und während wir dies tun, werden wir verändert. Unsere Herzen werden erweitert, um alle Menschen auf- und anzunehmen. Wir reden nicht mehr von »ihnen«, sondern von »uns«. Unsere Überlegenheit, ob intellektueller, kultureller oder geistlicher Art, schmilzt einfach dahin. Gemeinsam stehen wir unter dem Kreuz.

Nicht das Leid, sondern die Freude und die unwiderstehliche Energie stehen hinter dem erlösenden Leiden. Nicht, daß wir den Schmerz lieben oder unbedingt Märtyrer sein wollen. Dies ist kein Leiden zum Selbstzweck. Gott benutzt uns offenbar für ein größeres Ziel – und das ist eine recht überraschende Tatsache, wenn man es sich recht überlegt. Darum kann von Jesus gesagt werden, daß er »angesichts der vor ihm liegenden Freude das Kreuz auf sich nahm« (Hebr 12,2 nach der Einheitsübersetzung). Deshalb können wir heute in die Worte des Petrus einstimmen: »Freut euch, daß ihr mit Christus leidet, damit ihr auch zur Zeit der Offenbarung seiner Herrlichkeit Freude und Wonne haben mögt« (1Petr 4,13).

Werte finden

Das Leidensgebet hat einen großen Wert. Zuerst einmal rettet es uns vor einem oberflächlichen Größenwahn. Vielleicht haben Sie schon einmal erlebt, wenn jemand über Glaube und Treue und Sieg spricht. In einer Hinsicht sind all diese Worte richtig, und die Geschichten hören sich bestimmt gut an, aber irgendwie stimmt etwas nicht. Das Problem ist, daß Sie jemandem zuhören, der auf der Kuschelseite des Glaubens lebt und der mit dem Sakrament des Leidens noch nicht getauft worden ist. Augustin schreibt: »Wie tief in der Tiefe sind jene, die nicht aus der Tiefe rufen.«

Aber wir haben einen Retter, der »voller Schmerzen und Krankheit war« (Jes 53,3). Und er hat in seinem Leben »Bitten und Flehen mit lautem Schreien und mit Tränen dargebracht« (Hebr 5,7). Ich frage Sie: ist der Diener besser als der Herr? Es gibt einen Triumph, der in Christus ist, aber der führt durch das Leiden hindurch, und nicht darum herum. Die triumphierende Bemerkung des Paulus ist kein Triumphalismus. Sein »wir sind mehr als Überwinder« kommt von der anderen Seite der Trübsal, Angst, Verfolgung, Hunger, Blöße, Gefahr und des Schwerts (Röm 8,35b-39).

Die schneidenden Worte von William Penn stimmen: »Kein Kreuz, keine Krone.« Für die Jünger Jesu gehört das Leiden einfach dazu. Thomas Kelly schreibt: »Nach dem Muster seines eigenen Herzens hat Jesus das Kreuz entlang der Straße des heiligen Gehorsams gepflanzt.«

Und das ist ein Wunder: das Leiden ist nicht umsonst! Gott nimmt es und nutzt es für etwas Wunderschönes, weit schöner als das, was wir uns vorstellen können. Im Moment erhaschen wir hier und dort nur einen Blick davon – wie das Licht, das der Mond widerspiegelt. Aber es kommt der Tag, an dem all die Jalousien aufgezogen und wir die Herrlichkeit unserer Leiden sehen werden, die wie die Mittagssonne strahlt. Jesus sagt uns ganz offen: »In dieser Welt habt ihr Angst, aber seid getrost, ich habe die Welt überwunden« (Joh 16,33).

Noch ein Vorteil: unsere Herzen werden vergrößert und sensibler durch das Leiden. Wir werden zu »verwundeten Heilern«, wie Henri Nouwen uns gelehrt hat zu sagen. Die platten Antworten, die alles sofort in Ordnung bringen, sind für immer verschwunden. Wir halten den Schmerz aus, der uns darauf vorbereitet, das Leid anderer zu tragen. »Je mehr die Liebe unser Herz mit Sandpapier bearbeitet, desto sensibler wird es für Leiden«, schreibt Glenn Hinson. Wir erkennen das Leid unserer Zeit am besten in unseren eigenen Herzen, und das ist der Anfangspunkt für unseren Dienst.

Ich betete einmal für eine junge Frau, deren Vater Pastor war. Es gab viele wunderbare Dinge über diesen Pastor zu sagen, aber bei dieser Gelegenheit war das Herz seiner Tochter wegen der vielen Mängel schwer: Die unzähligen Male, wo er abends noch wegging, weil der Dienst es erforderte. Dazu das niedrige Gehalt, das wenige Spielzeug, billige Ferien und keine Extras. Herum schnüffelnde und tratschende Gemeindemitglieder, die an allem etwas auszusetzen hatten. Ich kenne diese unzähligen Mängel, und sie schmerzen mich.

Ich fragte mich, ob meine eigenen Kinder auch einmal eine Geschichte wie diese zu erzählen haben würden, denn auch ich war ein junger Pastor, und auch für mich waren die Stunden lang, das Geld knapp und die Gemeindeglieder nörgelig.

Nachdem sie erzählt hatte, stellte ich mich hinter sie und legte meine Hände so auf ihren Kopf, wie man es beim Handauflegen macht. Ich wollte für die Heilung des kleinen Mädchens in dieser Frau beten, das Mädchen, das unter all diesen Mängeln zu leiden gehabt hatte. Aber ich konnte nur ein paar Worte sagen, denn ich spürte, wie eine tiefe Trauer über ihren Schmerz in mir hochkam. Ich betete für den Vater um Vergebung, der nicht wußte, was er getan hatte. Aber dann konnte ich nicht weitersprechen, denn eine große Gebrochenheit überkam mich, und ich schluchzte an ihrer Statt. Gefühle dringen bei mir nicht so schnell an die Oberfläche, und deshalb können Sie vielleicht verstehen, warum das, was hier passierte, ungewöhnlich war, um es gelinde auszudrücken. Ich stand hinter ihr, und Tränen fielen auf den Boden vor mir, während ich in ihren Schmerz drang, für ihren Vater Buße tat und um die Heilung für das Kind in ihr flehte. Offensichtlich taten die Tränen das, was Worte nicht hätten aussagen können, denn sie ging und war im Grunde geheilt. Diese Art von Gebet lernen wir nur in der Leidensschule.

Soll ich die Vorteile von bußfertigem Leiden aufzählen und sie wie die einzelnen Punkte einer Einkaufsliste abhaken? Ich glaube nicht, denn obwohl sie alle stimmen – jedes einzelne –, können sie zu solch platten Antworten werden, mit denen wir uns vor wunden Nerven schützen. Nein, ich glaube, es ist besser, wenn wir uns der Praxis des Leidensgebets zuwenden.

Was tun wir?

Ihre und meine Aufgabe wäre so viel einfacher, wenn wir das Problem des Bösen genau auseinandernehmen könnten. Dann könnten wir in angemessener Weise und mit Abstand über all die Theorien diskutieren. Unsere Frage ist jedoch nicht: »Warum gibt es Leid in der Welt?«, sondern: »Wie kann ich dem Leid, das in der Welt ist, so begegnen, daß es Erlösung und Heilung bringt?« Wir müssen die Frage nach der Praxis stellen.

Was tun wir? Wir machen das, was Mose getan hat. Nachdem er die Kinder Israel aus der ägyptischen Gefangenschaft geführt hat, danken sie ihm dadurch, daß sie rebellieren und sich ein goldenes Kalb machen. Doch Mose wehrt sich, sie aufzugeben, und sagt:

238

»Nun will ich hinaufsteigen zu dem Herrn, ob ich vielleicht Vergebung erwirken kann für eure Sünde« (2Mo 32,30b). Was für ein Gebet! Was für ein selbstloses, vermittelndes und doch leidendes Gebet! Das ist genau die Art von Gebet, an der wir teilhaben dürfen.

Was tun wir? Wir tun das, was Daniel getan hat. Daniel hat sein ganzes Leben in den Königspalästen Babylons verbracht, aber jetzt liest er in den Schriften des Propheten Jeremia, daß die Tage der Zerstörung Jerusalems vollbracht sind. Das veranlaßt ihn zu einem der schönsten Gebete der ganzen Bibel, das nur von dem Gebet Jesu beim letzten Mahl übertroffen wird. Es ist ein Bußgebet: »Ich betete aber zu dem Herrn, meinem Gott, und bekannte« (Dan 9,4). Aber Daniel bekennt nicht seine Sünden, sondern die Sünden seines Volkes Israel. Und er weigert sich, in sicherer und selbstgerechter Entfernung zu bleiben; statt dessen identifiziert er sich sofort mit den Sünden seines Volkes. »*Wir* sind abtrünnig geworden . . . *wir* gehorchten nicht der Stimme des Herrn . . . *wir* haben gesündigt« (Dan 9,5-19). Und es geht noch weiter: Daniel stellt sich zu seinem Volk; er tut Buße für sein Volk und vermittelt zwischen Gott und seinem Volk. Schließlich beendet er sein Gebet mit genau der richtigen Perspektive: »Wir liegen vor dir mit unserm Gebet und vertrauen nicht auf unsre Gerechtigkeit, sondern auf deine große Barmherzigkeit« (Dan 9,18). Was für ein Gebet! Das ist es, was auch wir tun sollen.

Es hat so viele gegeben, die so gelebt und gebetet haben. Denken Sie an Josef und sein Exil. Denken Sie an Maria unter dem Kreuz. Denken Sie an Stephanus und seine Steinigung. Denken Sie an Paulus und seine Anfechtungen. Denken Sie an die Liste der leidenden Giganten des Glaubens in Hebräer 11 und an die passende Beschreibung, ». . . deren die Welt nicht wert war« (Hebr 11,38).

Ich wiederhole es noch einmal: dies ist kein Leiden um des Leidens willen. Es gibt hier kein Verlangen nach Märtyrertum. Es ist das bewußte Aufnehmen der Sünden und Leiden anderer, damit sie geheilt werden und neues Leben erhalten mögen. George MacDonald schreibt: »Der Sohn Gottes leidet bis zum Tod, aber nicht, damit den Menschen das Leid erspart bliebe, sondern damit ihre Leiden genauso seien.«

Die passive und die aktive Seite

Es gibt eine passive und eine aktive Seite bei der Sache mit dem Leidensgebet. Die passive Seite bedeutet die Versuchungen, die uns im Laufe des Tages kommen. Die können einfach verwirrend sein oder auch wirklich tragisch. Manchmal kommen sie durch Ungehorsam oder falsches Leben, und wenn das der Fall ist, dann müssen wir unser Leben ändern. Aber es gibt andere Zeiten, wenn wir uns im Wirbel einer guten Welt fangen lassen, die schlecht geworden ist: zusammenbrechende Wirtschaft, die unsere Ersparnisse auffrißt, eine persönliche Fehde im Büro, die unsere Position gefährdet, ein schlimmer Unfall, der unser Leben für immer verändert.

Wenn wir unter solchen Dingen leiden – für die wir nicht verantwortlich sind und über die wir keine Kontrolle haben –, dann müssen wir sie geduldig ertragen und unser Vertrauen auf Gott setzen. Nur wenige von uns haben Kapazitäten frei für Verzweiflung und Elend. Aber das Leidensgebet vergrößert die Kapazitäten. Oft erfahren wir die Leere der Seele nur zu diesem Zweck. Jean-Nicholas Grou schreibt: »Laß dein Leiden für Gott geboren sein; leide in Unterwerfung und Geduld, und leide in Einheit mit Jesus Christus, und du wirst ihm ein wunderbares Gebet darbringen.«

Wir können sicher sein: Gott, der alles kennt und alles sieht, wird am Ende alles richtigstellen. Und noch besser: Er wird jede Träne trocknen. In der Zwischenzeit nimmt er auf geheimnisvolle Weise unsere Leiden und nutzt sie, um die Welt zu heilen.

Ich bin mir der Gefahr bewußt, die in dem Rat liegt, den ich gerade gegeben habe. Man kann es fälschlicherweise als Passivität gegenüber Ungerechtigkeit und dem Bösen auslegen. Das dürfen wir niemals tun. Wir stehen unter göttlichem Befehl, das Böse in jeder Form zu bekämpfen. Aber Passivität ist selten *unser* Problem. Wir neigen dazu, jede kleine Unbequemlichkeit zu bekämpfen, die uns in den Weg kommt. Mit der geistlichen Reife kommt die Fähigkeit zu unterscheiden, zwischen den Versuchungen, die Teil des normalen Lebens unter dem Kreuz sind, und den Ungerechtigkeiten einer bösen Welt, die einer Korrektur bedürfen.

Die aktive Seite des Leidens meint jene Zeiten, wenn wir freiwillig die Trauer und die Leiden anderer in uns aufnehmen, damit sie frei werden. – Eine Frau, die ich Anne nennen möchte, kam einmal zu Carolynn in die Seelsorge mit Fragen zum Gebet. Man konnte Anne nicht sofort ansehen, daß sie depressiv war. Nach kurzer Zeit kam auch der verborgene Grund zum Vorschein – der plötzliche und tragische Verlust ihres Kindes. Carolynn hat eine Gabe dafür, Lasten zu tragen, und als sie zu beten begann, nahm sie Annes Trauer stellvertretend in sich auf. Ein Schluchzer nach dem anderen überkam Carolynn, als sie über den Tod von Annes Kind trauerte. Sie bat Gott, Annes Schmerz wegzunehmen und ihn durch das Kreuz Jesu Christi zu erlösen. Als sie dies tat, hörte das Schluchzen auf und wurde durch einen ruhigen Frieden ersetzt.

Später erhielt Carolynn einen Brief von Anne, in dem sie ihr neues Leben beschrieb, was ihr während des letzten Gebetstreffens geschenkt worden war. Die Heilung, die Anne an diesem Tag erfahren hatte, war sehr wichtig, obwohl es keine völlige Heilung war, denn die Wurzeln dieser Dinge reichen sehr tief und haben viele Ableger. Natürlich hatte sich Annes Depression soweit gelichtet, daß sie wieder normal leben konnte. Durch Carolynns erlösendes Leiden hatte Gott einen Heilungskanal in die Vergangenheit Annes geschlagen, so daß sie nun selbst um den Verlust ihres Kindes trauern konnte.

Ich muß zu dieser Geschichte noch einen kleinen Ratschlag hinzufügen. Wir brauchen dann die Lasten anderer nicht länger auf uns zu laden, sondern wir lassen sie los und geben sie in die Arme des Vaters. Ohne dieses Loslassen werden die Lasten für uns zu schwer, und Depression setzt ein. Außerdem ist es nicht notwendig. Unsere Aufgabe ist in Wahrheit gering: den Schmerz der anderen solange auszuhalten, bis sie ihn selbst loslassen können. Dann können wir gemeinsam alle Dinge Gott übergeben.

Stellvertretend für andere Buße tun

Das Leidensgebet steht in seiner ganzen Nacktheit vor uns, wenn uns die Gnade zuteil wird, im Namen anderer Buße zu tun, besonders für unsere Feinde, wenn wir ihnen vergeben und sie damit befreien. Dietrich Bonhoeffer sagt, wenn wir für unseren Feind beten, dann »nehmen wir seine Not und Armut, seine Schuld und Verlorenheit mit auf uns, treten vor Gott für ihn ein. Wir tun stellvertretend für ihn, was er nicht tun kann.«[2]

Im Konzentrationslager Ravensburg, wo schätzungsweise 92 000 Männer, Frauen und Kinder umgebracht wurden, wurde ein Stück Papier neben dem Körper eines toten Kindes gefunden. Auf dem Papier stand dieses Gebet:

»O Herr, gedenke nicht nur der Männer und Frauen guten Willens, sondern auch jener mit krankem Willen. Aber gedenke nicht nur der Leiden, die sie uns auferlegt haben; gedenke auch der Früchte, die wir dank des Leidens erwirkt haben: unsere Freundschaft, unsere Loyalität, unsere Demut, den Mut, die Großzügigkeit, die Weite des Herzens, die aus all diesem erwachsen ist. Und wenn sie gerichtet werden, dann laß all die Früchte, die uns erwachsen sind, zu ihrer Vergebung sein.«[3]

Der Gedanke des Umkehrens im Namen anderer ist Ihnen vielleicht neu. »Müssen die Menschen nicht für sich selbst Buße tun?« fragen Sie sich vielleicht. Sie haben natürlich recht. Jeder von uns muß für sich selbst in tiefer Trauer für die Angriffe auf die göttliche Barmherzigkeit Buße tun. Aber – und das ist das Wunder – unsere bußfertigen Gebete im Namen anderer scheinen es irgendwie einfacher und eher möglich für sie zu machen, selbst umzukehren. Wie das funktioniert, weiß ich nicht. Aber ich bin mir ganz sicher, daß es funktioniert. Nicht, daß jeder, für den wir beten, sofort in einen Heiligen verwandelt wird. (Noch nicht einmal das Opfer Jesu brachte ein solches Ergebnis. Wenn wir es richtig verstehen, dann wollen wir solch ein Ergebnis womöglich gar nicht.) Nein, es ist mehr wie ein Fallenlassen von kleinen Tropfen der Gnade und Barmherzigkeit – Tropfen, die abgeschüttelt werden können, aber die man nicht ignorieren kann.

Die Seufzer des ringenden Glaubens

Das Stehen zwischen Gott und Menschen fordert eine Art Ringen mit Gott. Das ist Teil des Leidens, so als ob man mit seinem besten Freund eine Auseinandersetzung hat. Tertullian nennt es »eine Art heiliger Gewalt Gottes«. Wie Jakob, der die ganze Nacht mit dem

Engel kämpfte, weigern wir uns, loszulassen, es sei denn, wir erhalten einen Segen, nicht für uns, sondern für andere. Wir streiten mit Gott, so daß seine Barmherzigkeit über seine Gerechtigkeit siegt. Nur wenn wir Gott ganz nahe sind, können wir mit ihm ringen.

Dieses intensive wechselseitige Handeln zwischen Gott und uns ist nicht untypisch, denn wie Donald Bloesch sagt, kämpft Gott »sogar mit sich selbst und will seine Heiligkeit, die keine Sünde duldet, mit seiner unendlichen Liebe für die sündige Menschheit versöhnen«. Trotzdem können wir uns ein Ringen mit Gott nur schwer vorstellen. Wir bevorzu- gen eher das Bild einer friedlichen Harmonie. Unsere Schwierigkeit ist teilweise in der Unfähigkeit unserer Kultur begründet, den Kampf mit der Liebe zu vereinbaren. Wir nehmen an, daß eine liebevolle Beziehung von sich aus friedvoll und voller Harmonie sein muß, aber auf menschlicher Ebene sind es jene Dinge, die wir am meisten schätzen, über die wir auch gleichzeitig am heftigsten streiten. Der Kampf gehört zur Liebe, denn er ist Ausdruck unserer liebevollen Sorge.

Damit ist nicht die Wut gemeint. Es ist kein Wimmern. Es ist, wie Martin Luther es nennt, ein fortwährend heftiges Handeln des Geistes, während er zu Gott aufgehoben wird. Wir befassen uns mit ernsthaften Dingen. Unsere Gebete sind wichtig, weil sie einen Einfluß auf Gott haben. Wir wollen, daß Gott weiß, wie ernst es uns ist. Wir schlagen an die Türen des Himmels, weil wir ganz oben gehört werden wollen. Wir erleiden Qualen. Wir schreien. Wir rufen. Wir beten voller Schluchzen und Tränen. Unsere Gebete werden wie die Seufzer des ringenden Glaubens. Charles H. Spurgeon schreibt: »Das Gebet hat im Himmel Erfolg und nutzt die Allmacht für eigene Wünsche.«

Fasten ist ein Ausdruck dieses Kampfes. Es ist der freiwillige Verzicht auf eine normale Handlung um einer intensiven geistlichen Aktivität willen. Es ist ein Zeichen der Ernsthaftigkeit und der Intensität. Wenn wir fasten, dann lehnen wir absichtlich das erste Recht ab, das der menschlichen Familie im Garten Eden gegeben wurde – das Recht auf Nahrung. Wir lehnen Nahrung ab, weil wir wollen, daß anderen eine weit größere Nahrung zuteil wird. Wir verpflichten uns dazu, jedes Joch zu brechen und alle Gefangenen freizulassen. Unser Fasten ist ein Zeichen, das uns nicht an unserem Kampf für die Gebrochenen und Unterdrückten hindern kann.

In dem Buch *Nachfolge feiern* biete ich genaue Anleitung zur Praxis des Fastens, und es gibt viele andere gute Bücher dazu. Ich möchte hier das Fasten nur als Mittel unterstreichen, um uns freudig leiden zu lassen. Zum größeren Wohl anderer enthalten wir uns etwas vor. Unser Fasten hat bei Gott Gewicht, und es hat eine Auswirkung auf andere. Pastor Hsi aus China war so sehr in Sorge darum, daß seine Frau von einer tiefen Depression und geistigen Qualen frei würde, daß er »drei Tage und Nächte Fasten in seinem Haus anordnete, und er selbst widmete sich dem Gebet. Körperlich schwach, doch stark im Glauben, verließ er sich auf die Verheißungen Gottes«. Sein konsequentes Gebet für sie war erfolgreich, und sie wurde wieder völlig gesund. Nach einer gewissen Zeit wurde sie zu einer guten Partnerin in seinem bemerkenswerten Dienst.

Das ist keine exzessive, ungesunde Askese. Es hat nichts mit den extremen Leiden und Selbstgeißelungen zu tun, die eine Perversion des echten Opfers darstellen. Wir haben keine Freude am Leiden, und wir suchen es auch nicht ohne Grund. Unser Fasten ist ein Teil des Ringens mit Gott. Es ist Teil der Geburtswehen, die wir erleiden müssen, damit wir sehen, wie das neue Leben entsteht.

Der Kampf mag schmerzhaft sein, aber die Netto-Ergebnisse sind den Kampf wert, denn, wie Sören Kierkegaard es ausdrückt – und auch Gott sagt es so –: »Der gerechte Mann sehnt sich nach dem Gebet mit Gott und siegt – darin, daß Gott den Sieg behält.«

Leiden am Leib Christi

Die Bibel lehrt uns, daß wir »Leib Christi« sind. Diese Beschreibung der Gemeinschaft des Glaubens ist keine romantische Metapher, sondern echte Wahrheit. Jesus Christus lebt durch seinen Geist weiterhin in der Gemeinde, und unsere Leiden sind seine Leiden. Johannes Calvin schreibt: »So wie Christus *einmal* in seiner eigenen Person gelitten hat, so leidet er *täglich* in seinen Gliedern.« Und diese Leiden sind erlösende Leiden. Sie werden von Gott genutzt, um Menschen zu verändern, umzugestalten und sie auf den Weg Christi zu ziehen.

So wie unsere Leiden seine Leiden sind, so sind seine Leiden unsere Leiden. Ab und zu erhalten wir das Privileg, an den Leiden Christi durch eine bestimmte Not in der Gemeinde teilzuhaben. Ein Geistlicher in Afrika wachte eines Nachts tränenüberströmt auf. Immer wieder kam ihm ein seltsamer Name in den Sinn, den er nicht kannte. Er spürte, daß es ein Ruf ins Gebet war, aber für wen und wofür sollte er beten? Er wußte es nicht. Trotzdem betete er im Geiste über diesem Namen, den er nicht kannte, und erlitt intensivste Qualen, während er es tat. Nach einigen Stunden wurde die Last leichter, und er wußte, daß sein Dienst der Fürbitte getan war. Am nächsten Tag berichteten die Zeitungen die traurige Geschichte eines christlichen Dorfes, dessen Einwohner während der Nacht massakriert worden waren. Das Dorf hatte denselben Namen, über dem der Geistliche in der Nacht vorher gebetet hatte.[4] Auf irgendeine Art, die wir nicht verstehen, durfte der Geistliche an den Leiden der Menschen des Dorfes teilhaben und so die Leiden Christi teilen. Unser Privileg im Gebet mag vielleicht nicht so aufsehenerregend sein, aber es ist doch genauso wichtig.

O Heiliger Geist Gottes, so viele Menschen leiden heute. Hilf mir, sie in ihrem Leiden zu verstehen. Ich weiß nicht wirklich, wie man das macht. Ich bin versucht, ein schnelles Gebet anzubieten und sie wegzuschicken, anstatt mit ihnen die Verzweiflung des Leidens zu ertragen. Zeige mir den Weg zu ihrem Leiden.
Im Namen Christi und um seinetwillen.
Amen.

20. Vollmächtiges Gebet

Gott hat das Gebet eingerichtet, um seinen Geschöpfen die Ehre zu verleihen, Ursache zu sein.

Blaise Pascal

Beim vollmächtigen Gebet rufen wir den Willen des Vaters auf Erden an. Wir sprechen dabei nicht so sehr *mit* Gott, sondern *über* Gott. Wir bitten Gott nicht, etwas zu tun, sondern wir befehlen durch die Vollmacht Gottes, damit etwas geschieht.

Es gibt persönliches Gebet, und es gibt das Gebet in der Gemeinde, aber worüber wir hier sprechen, ist etwas völlig anderes. Oft haben wir persönliche Sorgen; wir fragen Gott, und er antwortet. Manchmal sehnen wir uns nach der Nähe Gottes und werden durch die intime Freundschaft ermutigt. Aber es gibt auch Gebet, das Gott nutzt, um in das feindliche Gebiet einzudringen, um das es hier geht.

Als die Kinder Israel mit dem Rücken zum Roten Meer standen und die Armee des Pharaos immer näher kam, lesen wir in der Bibel, daß sie »laut zum Herrn riefen«. Aber Gott sagte zu Mose: »Was schreist du zu mir? Sage den Israeliten, daß sie weiterziehen. Du aber hebe deinen Stab auf und recke deine Hand über das Meer und teile es mitten durch« (2Mo 14,15-16a). Bei dieser Gelegenheit war das Gebet, so wie wir es kennen, nicht angebracht. Im Grunde sagte Gott: »Hört auf zu beten und fangt an, die Vollmacht zu nutzen, die ich euch gegeben habe!« Gott befahl Mose, die Kontrolle über die Situation zu übernehmen, und genau das tat dieser. Und das ist genau das, was wir beim vollmächtigen Gebet tun.

Sich trauen

Ich selber bin vor vielen Jahren beinahe zufällig über diese Art des Gebets gestolpert. Unser ältester Sohn Joel hatte als Säugling oft Ohrenentzündungen, obwohl wir sehr vorsichtig mit ihm waren.

Sie waren sehr schmerzhaft, und oft waren wir mit ihm die ganze Nacht wach. In einer jener Nächte, als ich mit ihm wachte, betete ich jedes Gebet, das mir in den Sinn kam, aber nichts schien zu helfen. Es war etwa 4.00 Uhr, und ich war die ganze Zeit auf und ab gegangen und hoffte trotz allem, daß die Schmerzen soweit zurückgehen würden, daß er mit dem Wimmern aufhören und endlich einschlafen konnte. Ich war müde und frustriert.

Plötzlich hatte ich die Idee, den Schmerz direkt anzusprechen. Der Gedanke schien mir ein wenig seltsam, aber leise tat ich es dennoch: »Danke, daß wir jetzt wissen, daß es eine Entzündung in Joels Ohr gibt. Wir bieten ihm die beste medizinische Versorgung, die uns möglich ist. Ich habe die Mitteilung erhalten, und du brauchst jetzt nicht länger Schmerzsignale an sein Ohr zu senden. In Jesu Namen, hör also auf damit!« Sofort hörte Joel auf zu weinen und zu schluchzen. Er lehnte seinen Kopf an meine Schulter und schlief sofort ein. Das passierte so plötzlich und so vollständig, daß ich völlig verwirrt war. Am Tag darauf war seine Ohrenentzündung völlig verschwunden. (Ein paar Monate später ließen wir seine Mandeln herausnehmen, weil der Arzt vermutete, daß sie an den ständigen Entzündungen schuld waren.)

Vollmacht und Mitgefühl gehören zusammen

Ehrlich gesagt, ich wünschte mir, ich müßte Ihnen nichts über vollmächtiges Gebet schreiben. Es ist ein Bereich, der heutzutage schrecklich mißbraucht wird. Das alte Sprichwort, »Macht entstellt, und absolute Macht entstellt absolut«, enthält eine Menge Wahrheit. Diese Art des Gebets kann außerordentlich gefährlich sein, und das ist auch der Grund, warum ich fast bis zum Ende des Buches gewartet habe, um dieses Thema anzusprechen. Hoffentlich haben wir mittlerweile die verändernde Gnade Gottes in ausreichendem Maße erfahren, so daß die alte Gewohnheit, andere rücksichtslos zu behandeln, entweder effektiv bekämpft oder wenigstens aufgedeckt worden ist.

Ich habe entdeckt, daß Exzesse beim vollmächtigen Gebet häufig dann auftreten, wenn es Menschen nicht gelingt, die Vollmacht

Christi mit der mitfühlenden Nächstenliebe Christi zu verbinden. Dostojewski stellt dieses Problem in seinem Buch *Die Brüder Karamasow* gut dar, wenn er die beiden Mönche, Vater Ferapont und Vater Sossima, beschreibt. In dem Roman ist Vater Ferapont der kalte und strenge Asket, aber er hat Macht, echte geistliche Macht. Jeder erzittert, wenn Vater Ferapont den Raum betritt. Vater Sossima dagegen ist das Musterbeispiel des mitleidigen, freundlichen und sorgenvollen Priesters. Jeder liebt Vater Sossima.[1]

Bei unserem vollmächtigen Gebet haben wir eine weit bessere Chance, segensreich zu wirken, wenn wir die Macht Vater Feraponts und die mitfühlende Nächstenliebe Vater Sossimas miteinander verbinden. Zu oft meinen wir, daß Macht und Mitgefühl einander ausschließen müßten, aber in Jesus waren sie auf wunderbare Weise vereint. Die Vollmacht braucht das Mitgefühl, um nicht zerstörerisch zu werden. Das Mitgefühl bietet eine Umgebung, in der die Vollmacht wirken kann.

Das Geländer aus Scharfsinn und Klugheit

Aber Mitgefühl allein reicht nicht aus. Wir brauchen auch die Geistesgabe des Scharfsinns und die Kardinaltugend der Klugheit, um ein Geländer für die richtige Ausübung des vollmächtigen Gebets zu schaffen. Scharfsinn ist eine übernatürliche Geistesgabe, und die Klugheit ist weltweit anerkannt als zentrale Tugend für jene, die ein aufrechtes Leben führen wollen. Die zwei balancieren sich so aus wie ein Gyroskop, das Herz des Kreiselkompasses, der früher gebraucht wurde, um Schiffe und Flugzeuge auf Kurs zu halten. Der Scharfsinn ist wie die rotierende Achse des Gyroskops, und die Klugheit entspricht seiner horizontalen Achse; die Kombination beider ermöglicht Bewegungsfreiheit im Zusammenhang von Gleichgewicht und Richtung.

Scharfsinn ist die göttliche Fähigkeit zu sehen, was tatsächlich geschieht, und zu wissen, was in einer gegebenen Situation erforderlich ist. John Woolman sagt: »Wir fühlen und verstehen den Geist der Menschen.« Die Gabe des Geistes ist entscheidend, weil eine genaue Diagnose notwendig ist, um effektiven Dienst tun zu können.

248

Wir müssen zum Beispiel in der Lage sein, zwischen verschiedenen Eigenschaften zu unterscheiden – einerseits denen, die durch emotionale Wunden entstanden sind, und andererseits jenen, die aufgrund von dämonischem Wirken zutage treten. Wir dürfen niemals so sehr von der geistigen Welt fasziniert sein, daß wir meinen, jede kleinste Sache sei durch eine übernatürliche Macht ausgelöst worden. Und wir dürfen auch nicht so sehr von naturalistischen Annahmen der modernen Gesellschaft eingenommen sein, daß wir die Zeichen des Transzendenten nicht mehr entdecken.

Die beste Art und Weise, mehr über die Gabe des Scharfsinns zu lernen, ist, jemandem sehr nahe zu sein, der sich in diesem Bereich bewegt. Suchen Sie nach solchen Menschen. Sie sind nicht so schwer zu finden, obwohl sie nur selten die Aufmerksamkeit auf sich lenken. Es sind die Menschen, zu denen die Leute gehen, wenn sie Hilfe oder einen Rat brauchen. Über diese Menschen werden Kommentare gemacht, wie z.B.: »Sie ist so weise«; »ich wußte nicht, wie er davon wissen konnte, aber er hat genau das gesagt, was ich hören mußte«; »jedesmal, wenn ich sie sehe, dann fühle ich mich, als würde ich die Dinge viel besser verstehen«. Wenn Sie solche Menschen entdecken, dann suchen Sie Wege, um bei ihnen zu sein, und lernen Sie von ihnen.

»Unter Klugheit versteht man den gesunden Menschenverstand, der sich im praktischen Leben betätigt. Es bedeutet, daß man sich die Mühe macht, zu überlegen, was man tut, und die möglichen Folgen zu überdenken.«[2] Es ist eine Tugend, die heutzutage selten ist. Manche Menschen verlieren jeglichen gesunden Menschenverstand, wenn sie einmal die Vollmacht begriffen haben, die sie in Christus haben – und manchmal verlieren sie auch ihre guten Gewohnheiten. Sie gehen umher und ordnen dies und das, sie tun das auf die unfreundlichste und zerstörerischste Weise. Jesus hat das niemals getan. Er wußte, wann er reden und wann er schweigen sollte. Er benahm sich immer der Situation angemessen, in der er sich befand. Sogar seine Lehren sind voll mit gutem »Menschenverstand«. Als er uns zum Beispiel sagte, daß wir die Perlen nicht vor die Säue werfen sollen, wollte er ihnen nichts vorenthalten, sondern sie bekommen ihn einfach nicht (Mt 7,6). Auch wir sollten Verständnis dafür haben, Menschen nicht Wahrheiten zu überlassen, die sie noch nicht annehmen können, denn sie würden ihnen nicht bekommen. Dieser gesunde Menschenverstand durchdrang alles, was Jesus sagte und tat.

Oft agieren Scharfsinn und Klugheit Hand in Hand. Ich habe einen Bekannten, den ich Derek nennen will. Er ging ins Krankenhaus, um einen Freund zu besuchen, der dem Tode nahe war. Als Derek mit dem Fahrstuhl nach oben fuhr, dachte er, er müßte der Krankheit einfach sagen, daß sie weggehen sollte, aber als er das Zimmer betrat, sah er, daß sein Freund schlief. Derek tat daraufhin eine seltsame Sache: Er ging ans Ende des Krankenhausbettes und betete um Führung: »Herr, wie soll ich beten?« Sofort spürte er den inneren Drang, der Krankheit zu sagen, »sie solle verschwinden«. Er fühlte eigentlich keinen Drang zum Gebet selbst. Es schien am besten zu sein, wenn er seinen Freund einfach besuchte.

Also ging Derek zu seinem Freund, berührte ihn an der Schulter, um ihn aufzuwecken, und sagte: »Guten Morgen. Ich bin gekommen, um dir ein wenig Gesellschaft zu leisten.«

Dereks Freund antwortete schwach, jedoch dankbar: »Oh, ich bin so froh. Alle, die gekommen sind, haben mir immer nur die Hände aufgelegt und versucht, mich gesund zu machen, und alles, was ich will, ist, nach Hause in den Himmel zu kommen. Ich habe so gehofft, jemand würde kommen und mich einfach nur besuchen.« Deshalb müssen wir weise und sensibel zugleich sein, damit wir den Befehl des Glaubens nur *dann* aussprechen, wenn es richtig und gut ist.

Die Führung der Leiter

Wir müssen es auch wagen, das vollmächtige Wort zu sagen, wenn es wirklich gut und richtig *ist*. Wir kommen nicht um die Tatsache herum, daß Jesus so betete und seinen Jüngern befahl, es ebenso zu tun. In einem bedeutenden Abschnitt sagt Jesus: »Wahrlich, ich sage euch: Wer zu diesem Berge spräche: Heb dich und wirf dich ins Meer, und zweifelte nicht in seinem Herzen, sondern glaubte, daß geschehen werde, was er sagt, so wird's ihm geschehen« (Mk 11,23).

Beachten Sie, daß er uns nicht rät, mit Gott über den Berg zu sprechen; er sagt, wir sollen mit dem Berg direkt sprechen. Das ist nicht die Art von Gebet, an die wir normalerweise denken, aber es ist ganz bestimmt Gebet.

Bei einer Gelegenheit versuchten die Jünger Jesu, ein Kind zu heilen, das Zeichen einer dämonischen Besessenheit hatte. Sie versagten furchtbar. Schließlich übernahm Jesus den »Fall«. Er erhielt eine kurze Einführung über die Situation des Kindes, und als er den Glauben des Vaters sah, bedrohte er den dämonischen Geist und sagte: »Du sprachloser und tauber Geist, ich gebiete dir: Fahre von ihm aus und fahre nicht mehr in ihn hinein!« Das Kind schrie und wand sich in schrecklichen Krämpfen, und dann, als der Geist es verließ, fiel es wie tot auf den Boden. Tatsächlich dachte jeder, der Junge sei tot, bis Jesus ihn an die Hand nahm und ihn, völlig gesund, hochhob.

Die Jünger waren verständlicherweise über all dies verblüfft, und sie konnten es kaum erwarten, Jesus allein zu erwischen, um ihn nach *seinem* Erfolg und nach *ihrem* Versagen zu fragen. Die Antwort Jesu war einfach und direkt: »Diese Art kann durch nichts ausfahren als durch Beten« (Mk 9,14-29). Aber beachten Sie, daß Jesus in dieser Situation nicht so betete, wie wir es normalerweise erwarten würden. Er sprach überhaupt nicht mit Gott. Statt dessen sprach er direkt mit dem dämonischen Geist und befahl ihm zu verschwinden.

Das ist auch ein Gebet, aber es ist ein befehlendes Gebet. Diese Art Gebet findet sich immer wieder während des Dienstes Jesu. Er befahl dem Wind und den Wellen, aufzuhören, indem er sagte: »Still! Seid still!« Er befahl den Aussätzigen: »Seid rein.« Er berührte blinde Augen und sagte: »Werdet sehend!« Den tauben Ohren sagte er: »Werdet hörend!« Und dem Gelähmten befahl er: »Steh auf!« Am Grab seines Freundes Lazarus befahl er: »Komm heraus!« Und den dämonischen Geistern gebot er: »Fahret aus!«

Nicht nur Jesus übte das befehlende Gebet aus; er delegierte auch dieselbe Autorität an andere. Als er die Zwölf aussandte, gab er ihnen »die Gewalt und Macht über alle bösen Geister, und daß sie Krankheiten heilen konnten, und sandte sie aus, zu predigen das Reich Gottes und die Kranken zu heilen« (Lk 9,1-2). Im Grunde gab er ihnen auf, die Existenz des Reiches Gottes zu verkünden und seine Gegenwart mit den Werken seiner Macht zu demonstrieren. Und genau das taten sie: »Und sie gingen hinaus und zogen von Dorf zu Dorf, predigten das Evangelium und machten gesund an allen Orten« (Lk 9,6).

Als er die Siebzig aussandte, gab er ihnen den gleichen Auftrag mit: »Und heilt die Kranken, die dort sind, und sagt ihnen: Das Reich Gottes ist nahe zu euch gekommen« (Lk 10,9). Sie kehrten begeistert von ihrer Mission zurück und sagten: »Herr, auch die bösen Geister sind uns untertan in deinem Namen!« (Lk 10,17) Jesus war hocherfreut, denn jetzt wußte er, daß die himmlische Macht auch auf Menschen delegiert werden konnte. »Zu der Stunde freute sich Jesus im heiligen Geist und sprach: Ich preise dich, Vater, Herr des Himmels und der Erde, weil du dies den Weisen und Klugen verborgen hast und hast es den Unmündigen offenbart« (Lk 10,21).

Der Leitung Jesu folgen

Die Abschnitte, die ich gerade mit Ihnen besprochen habe, sind mir nicht neu, aber jahrelang dachte ich, daß der Dienst der Vollmacht nur etwas für einige Auserwählte sei – Apostel, Heilige und so weiter. Selbstverständlich würde nicht von mir erwartet werden, so etwas zu tun. Aber dann las ich die schockierenden Worte Jesu: »Wahrlich, wahrlich, ich sage euch: wer an mich glaubt, der wird die Werke auch tun, die ich tue, und er wird noch größere als diese tun; denn ich gehe zum Vater« (Joh 14,12). Ich konnte mich meiner persönlichen Verantwortung und meiner Mitwirkung nicht länger entziehen.

Das waren jedoch keine guten Neuigkeiten für mich. Ich machte mir Sorgen darüber, wohin solche Dinge führen könnten. Ich machte mir Sorgen, daß Menschen die Souveränität Gottes verlassen und Dinge aus eigener Kraft versuchen würden. Ich sorgte mich um den Stolz und die Anmaßung bei diesem vollmächtigen Gerede. Und vor allem hatte ich Angst, daß Menschen ihr inneres Gleichgewicht verlieren könnten . . . ich hatte Angst, daß ich selbst das Gleichgewicht verlieren könnte.

Aber schnell erkannte ich, daß die Gefahr der Oberflächlichkeit ebenso eindeutig und offen war wie die Gefahr des Übermaßes, vielleicht sogar noch größer. In meiner Sorge darum, nicht auf der anderen Seite vom Pferd zu fallen, wurde mir klar: Mein Wunsch, religiöse Seriosität zu bewahren, könnte ganz leicht in einen gebändigten Glauben münden. Ich wußte, daß dies nicht passieren durfte. Ich mußte heraustreten, selbst wenn die Wasser tief aussahen.

Vor einigen Jahren traf ich eine gutaussehende Frau, während ich Vorlesungen in Santa Barbara, Californien, hielt. Ich will sie Gloria nennen. Das Thema meiner Vorlesungen war kontemplatives Gebet, und die Atmosphäre bei den Vorlesungen wurde durch die Schönheit eines stattlichen Eukalyptusbaums vor einem Fenster und die roten Ziegeldächer mehrerer Haciendas noch verbessert. Nach einer Nachmittagsvorlesung bat mich Gloria um einen Gesprächstermin, und wir gingen in einen wunderschönen Raum in der Bibliothek, wo wir ungestört reden konnten. Ich erinnere mich an die Regale aus Eiche und den wunderschön gearbeiteten Tisch in der Mitte des Raumes. Und ich erinnere mich auch an die zurückhaltende Würde, mit der Gloria sich bewegte. »Weltgewandt«, dachte ich so bei mir.

Aber die Geschichte, die sie mir an diesem Tag erzählte, war überhaupt nicht weltgewandt. Gloria war eine zutiefst gläubige Frau und litt seit sechs Monaten unter intensiven Anfechtungen des Bösen. Das ist die einzige Weise, wie ich es beschreiben kann. Als Gloria vor sechs Monaten auf einer einwöchigen Freizeit war, verspürte sie plötzlich und unerwartet akute Magenschmerzen. »Die Schmerzen machten mich fast verrückt«, sagte sie mir. »Und ich fühlte, daß jemand da war, eine schreckliche, furchtbare Gegenwart. Ich begann, heftig zu weinen. Dann fühlte ich mich unglaublich schwer auf den Beinen, so schwer, als würde ich ein Kreuz tragen. Dann sah ich ein monströses Ding. Es war riesig, dunkel und häßlich. Es sprach mit einer Grabesstimme, wie ein Tier. Ich hatte den Eindruck, der Teufel versucht, mich aufzufressen.«

Von Schmerzen gebeugt, schaffte Gloria es unter großem Aufwand, in die Kapelle zu kommen. Sie beträufelte sich mit heiligem Wasser, legte sich auf den Boden und sagte: »Ich werde nun Gott anbeten.« Dort, auf dem Boden der Kapelle, schlief sie ein.

Als Gloria erwachte, fühlte sie sich etwas besser. Während der Abendliturgie nahm sie das Abendmahl und ging dann zu Bett in der Hoffnung, daß der Vorfall vorbei war. Mitten in der Nacht wurde sie jäh wachgerüttelt. »Mein Körper bewegte sich so heftig, daß ich Angst hatte, mein Hals würde brechen«, sagte sie mir. »Ich konnte nur einen Gedanken fassen: ›Der Teufel will mich zerstören!‹« Sie stolperte in die Halle und hämmerte an die Tür des Priesters, der die Freizeit betreute. Aus seinem tiefen Schlaf gerissen, war er unsicher, was zu tun wäre. Er rief nach einer der Schwestern des Freizeitheims, und zusammen blieben sie mit Gloria auf, bis die Dunkelheit sich ein wenig lichtete. »Sie dachten, ich sei geisteskrank«, vertraute Gloria mir an. »Was sonst hätten sie denken sollen?«

»Diese Episoden und die Dunkelheit haben sechs Monate lang angehalten.« Gloria teilte mir all dies geradeheraus und in völlig normaler Weise mit. »Und dann warnten Sie uns in Ihrer Vorlesung vor Geistern, die gegen den Weg Gottes sind, und ich dachte, vielleicht würden Sie mich verstehen. Ich kann mit niemandem reden. Bitte, können Sie mir helfen?«

Ich hatte ihr bis dahin vielleicht vierzig Minuten lang zugehört und wußte, daß ich einer Frau gegenübersaß, die völlig bei Verstand war. Ich wußte, daß die Anfechtungen, die Gloria erlebt hatte, von dem Feind ihrer Seele kamen. Ich sagte fest, und hoffentlich voller Mitgefühl: »Ja, ich kann Ihnen helfen.« (Tatsache war, daß ich nicht halb so selbstbewußt war, wie meine Worte sich anhören mußten, und ich wußte: Wenn Hilfe kommen sollte, dann würde sie gewiß nicht von mir kommen können. Aber ich wußte auch, daß dies nicht die Zeit war für theologische Haarspalterei.)

Ich legte meine Hand auf Glorias Kopf und betete mit all der Vollmacht und dem Feingefühl, das ich aufbringen konnte. Ich befahl der Dunkelheit – was immer das auch war – sie zu verlassen. Gloria begann zu weinen . . . ein tiefes Weinen, das von starken Seufzern begleitet war. Ich lud den Frieden und die Liebe Gottes ein, in sie einzukehren, und jeden Teil ihres Leibes, ihrer Seele und ihres Geistes zu füllen. Und die Dunkelheit verschwand. Der Frieden kam. Zusammen saßen wir in völliger Stille da und spürten den Strom von Gnade und Barmherzigkeit.

Das war vor zehn Jahren, und die Dunkelheit ist niemals wieder zurückgekehrt. Als ich vor kurzem an dieses Ereignis dachte, berichtete mir Gloria am Telefon, daß das Gebet damals »wie ein Lied war, was für mich komponiert wurde«. Ich mag diese Beschreibung und möchte nur hinzufügen: Wenn das so war, dann war es ein Lied von oben.[3]

Rat nach gutem Menschenverstand

Ein paar Ratschläge sind in dieser Hinsicht notwendig. *Zuerst* einmal hoffe ich, daß Sie aufgrund der Geschichte nicht annehmen, Magenschmerzen seien ein Angriff des Teufels. Zumeist ist der Schmerz einfach ein Schmerz – dazu ist nichts weiter zu sagen. Wir brauchen nicht unter jedem Busch nach einem Dämon zu suchen. Außerdem sind viele unserer Gebetsanstrengungen in dieser Hinsicht überhaupt nicht im dramatischen, kosmischen Sinne. Statt dessen konzentrieren sie sich auf viel einfachere Dinge, obwohl diese natürlich ebenso wichtig sind. In der Macht Gottes lernen wir, Vollmacht über alltägliche Dinge zu haben, wie über unsere Eßgewohnheiten, unsere sexuellen Phantasien, unsere Ängste und unser Versagen.

Zweitens: Wir brauchen keine besondere Stimme aufzulegen oder hoch und runter zu springen oder irgend etwas Besonderes zu vollbringen. Wenn die Macht Gottes anwesend ist, dann brauchen wir keine speziellen Effekte, und wenn die göttliche Autorität abwesend ist, dann werden alle gymnastischen Anstrengungen dieser Welt sein Fehlen nicht ersetzen können. Anstatt also etwas zu sein, was wir nicht sind, können wir normal sprechen und tun, was immer uns in der Situation angemessen erscheint.

Drittens: Wir haben besondere Rücklagen, auf die wir zurückgreifen können. Es ist bekannt, daß wir eine besondere Beauftragung des Heiligen Geistes für spezielle Situationen im Dienst erhalten. Wenn es angebracht ist, dann sollten wir warten, bis die Macht des Geistes angestiegen ist, uns die ganze Zeit mit dem Licht Jesu Christi und mit seinem Blut bedecken und uns mit dem Kreuz Christi versiegeln. Zusätzlich ist vielen Engeln Gottes befohlen worden, uns im Kampf beizustehen. Wir können Gott um ihre Hilfe bitten.

Viertens: Während wir fest und entschlossen mit dem Bösen umgehen, bleiben wir doch immer freundlich und mitfühlend mit dem einzelnen Menschen. Er sollte weder zur Schau gestellt, noch sollte seine Situation in irgendeiner Weise ausgenutzt werden. Dies sind besondere Menschen, für die Christus gestorben ist, und wir sollten ihnen die größte Höflichkeit und Respekt entgegenbringen.

Fünftens: Vollmächtiges Gebet ist kein Ersatz für disziplinierte Lebensgewohnheiten. Oft brauchen Menschen keine Erlösung, sondern Selbstdisziplin. In solchen Fällen müssen wir einen übergreifenden Lebensstil finden, der die normalen Elemente des geistlichen Lebens einschließt.[4]

Sechstens: In dieser Arbeit tut es uns gut, mit anderen in Verbindung zu bleiben. Dies ist kein Dienst auf die Schnelle. Manchmal will Gott einen einsamen Elia oder einen Johannes den Täufer, aber öfter noch verankert er uns in einer Gemeinschaft, in der es Verantwortlichkeit und Unterstützung gibt. Das ermöglicht uns gleichzeitig, mit Menschen zusammen zu sein, ohne im Mittelpunkt der Aufmerksamkeit zu stehen – das an sich ist schon ein großer Segen.

Und siebtens: Obwohl wir immer in der Stärke Gottes bleiben wollen, müssen wir unsere Anstrengungen in die tiefste Demut des Geistes tauchen. Ehrlich gesagt, es gibt viel, was wir nicht wissen, und vieles, das wir nicht wissen können. Manchmal wünschte ich mir, ich könnte auf eine Intensivstation oder in geschlossene psychiatrische Kliniken gehen und Menschen heil werden lassen, einen nach dem anderen. Aber ich kann das nicht, und ich kenne keinen, der das kann. »Dir fehlt der Glaube«, mögen einige vielleicht sagen. Ich bin sicher, sie haben recht. Mir fehlen tatsächlich eine Menge Dinge. Ich höre jedoch nicht auf zu versuchen, und ich werde immer weiter versuchen, denn manchmal – nicht immer, aber manchmal – passieren die tollsten Dinge. Und wenn das passiert, dann können wir dem Gott des Himmels nur danken und ihn loben.

Vom Himmel auf die Erde

Normale Formen des Gebets steigen von der Erde zum Himmel auf. Wir bitten um Vergebung, wir danken, oder wir suchen Heilung. Um ein räumliches Bild zu vermitteln: unsere Gebete gehen nach oben.

Aber das vollmächtige Gebet bewegt sich genau in die andere Richtung. Wir zapfen die Rücklagen des Himmels an, um uns um eine bestimmte Sache auf der Erde zu kümmern. Es ist ein Gebet nach unten, wenn Sie so wollen.

William Law beschreibt das Gebet als mächtiges Instrument, »nicht damit der Wille des Menschen im Himmel passiert«, sondern »damit Gottes Wille hier auf Erden geschieht«. Ole Hallesby betont dieselbe Wirklichkeit, wenn er schreibt: »Das Gebet ist *das* Mittel, durch das Gott in unserer Welt die Ewigkeitskraft einsetzen kann.« Wir beten tatsächlich vom Himmel auf die Erde.

Der Apostel Paulus berichtet uns, daß Gott, nachdem er Jesus von den Toten auferweckt hatte, ihn eingesetzt hat »zu seiner Rechten im Himmel, über alle Reiche, Gewalt, Macht, Herrschaft und alles, was sonst einen Namen hat . . . und alles hat er unter seine Füße getan . . .« (Eph 1,20b-22). Jesus hat durch seine Himmelfahrt und seine himmlische Macht Vollmacht über jede geistliche und materielle Macht.

Danach bringt der Apostel Sie und mich ins Bild. Paulus sagt: Gott hat jene, die durch die Gnade des Glaubens gerettet wurden, »mit ihm auferweckt, und mit ihm eingesetzt im Himmel in Christus Jesus« (Eph 2,6). Jesus hat uns nicht nur eine Autoritätsposition über allen geschöpflichen Dingen gegeben, sondern auch wir haben dort unseren Platz.

Das führt logischerweise zu der bekannten Beschreibung des geistlichen Kampfes durch Paulus (Eph 6,10-20). Der Argumentationsstrang ist folgender: Die himmlische Position der Autorität Christi (Eph 1) gibt uns unsere himmlische Position der Vollmacht (Eph 2), die wiederum in der Fähigkeit mündet, den Kampf des Lammes gegen alle Mächte und Gewalten zu kämpfen (Eph 6). Wir üben das vollmächtige Gebet von dieser himmlischen Position der Autorität aus.

Wir kämpfen den Kampf des Lammes

Als Mittel, um das Reich Gottes voranzutreiben, konzentriert sich das vollmächtige Gebet vorwiegend gegen die Mächte und Gewalten der gegenwärtigen Dunkelheit. Paulus schreibt: »Denn wir haben nicht mit Fleisch und Blut zu kämpfen, sondern mit Mächtigen und Gewaltigen, nämlich mit den Herren der Welt, die in dieser Finsternis herrschen« (Eph 6,12). Wenn Paulus dies sagt, dann meint er nicht, daß »Fleisch und Blut« unwichtig sind, sondern daß der wahre Kampf tiefer geht. Hinter den abwesenden Landesherren der Ghettohütten stehen die geistlichen Mächte von Gier und Habsucht. Hinter dem unverständlichen und exzessiven Widerstand gegen die Gute Nachricht verbergen sich dämonische Mächte des Ungehorsams und der Ablenkung. Unter den organisierten Strukturen von Ungerechtigkeit und Unterdrückung sind Gewalten mit Privileg und Status. Bei der sexuellen Gewalt, dem Haß zwischen Rassen und der Kindesmißhandlung, die so sehr Teil unserer modernen Gesellschaft geworden sind, sind teuflische Mächte der Zerstörung und Brutalität am Werk. Paulus sagt daher, wenn wir uns zum Beispiel Menschen gegenübersehen, die der Guten Nachricht gegenüber taub sind, wenn Gesetze ungerecht und gewaltsam sind oder wenn Führer unterdrückerisch sind, dann gehen wir mit kosmischen Mächten und Kräften um, die geradewegs aus der Tiefe kommen.

Beim vollmächtigen Gebet engagieren wir uns in dem Krieg des Geistes gegen das Königreich der Dunkelheit. In der Offenbarung, dem letzten Buch der Bibel, wird Christus sowohl als geopfertes Lamm dargestellt als auch als siegreicher König (Offb 5 und 19). Diese große eschatologische Vision des Sieges durch Leiden ist eine Beschreibung der umfassenden Mission und des Kampfes des wandernden Volkes Gottes. Ole Hallesby schreibt: »Die Gebetskammer ist ein blutiger Kampfplatz. Hier werden heftige und schicksalsschwere Schläge ausgeteilt.«

Aber denken Sie daran: Uns ist gesagt worden, daß die Tore der Hölle dem Angriff der Gemeinde nicht standhalten werden (Mt 16,18). Das Königreich der Dunkelheit zieht sich vollkommen zurück, wenn wir unsere Kampfausrüstung anlegen. »Zieht an die Waffenrüstung Gottes, damit ihr bestehen könnt gegen die listigen

Anschläge des Teufels«, schreibt Paulus. Und dies sind die Waffen der echten Macht: Der Gürtel der Wahrheit, der Panzer der Gerechtigkeit, die Stiefel des Friedens, den Schild des Glaubens, der Helm des Heils, das Schwert des Geistes und das Leben des Gebets (Eph 6,13-18). Christus, so schreibt James Nayler,

> ». . . gibt uns geistliche Waffen in [unsere] Herzen und Hände . . ., um Krieg zu machen . . . um zu siegen, nicht als Fürst dieser Welt, mit Peitschen und Gefängnissen, mit Folter und Schmerzen . . . sondern mit dem Wort der Wahrheit . . . indem wir dem Haß die Liebe entgegensetzen, indem wir mit Gott gegen den Feind kämpfen, mit Gebeten und Tränen Tag und Nacht, mit Fasten, Klagen und Weinen, mit Geduld, mit Glauben, in Wahrheit, in unbescholtener Liebe, in Sanftmut, und in allen Früchten des Geistes, so daß wir das Böse durch das Gute überwinden, mit welchen Mitteln auch immer.«[5]

Vollmacht ausüben

Geistliche Kampfführung ist nicht etwas, worüber wir reden, es ist etwas, was wir tun. Wie machen wir das? Wir tun es, indem wir alle zerstörerischen Gelübde brechen – bewußt oder unbewußt –, die über dem Leben von Menschen hängen. Viele haben sich mit inneren Schwüren selbst verurteilt. Weil wir diese Dinge sehen und wissen, daß es für Menschen nicht gut ist, unter einer solchen Knechtschaft zu leben, sprechen wir das vollmächtige Wort, das den Fluch zerbricht. Viele haben Flüche, die seit Jahrhunderten über ihnen liegen: der Fluch des Alkoholismus, der Fluch einer Geisteskrankheit und vieles mehr. Ob der Fluch nun physischer, emotionaler oder geistlicher Natur ist – wir brechen ihn im Namen und durch die Vollmacht Jesu Christi.

Wie machen wir das? Wir tun es, indem wir die Vollmacht über die Krankheiten von Geist, Seele und Leib beanspruchen. Krankheit ist ein Feind, und wir wollen sie bekämpfen. Wir sprechen ein Gleichgewicht in das Leben von phobischen und neurotischen Persönlichkeiten. Wir weisen Fieber zurück und drehen den Krebszellen die Blutversorgung ab. Wir fordern, daß Ganzheitlichkeit und Wohlergehen in das Leben der Menschen fließen.

Wie machen wir das? Wir tun es, indem wir gegen jeden »Berg« angehen, der uns in unserem Fortschritt mit Gott behindert. Wir befehlen Ängsten aller Art, zu gehen und niemals wieder zurückzukommen. Wir stehen gegen jede Art von bösen Gedanken, Verdächtigungen und jeglicher Entstellung auf. Wir binden den Geist der Angst, des Neids und der üblen Nachrede, und wir setzen den Geist des Vergebens, der Liebe und der Treue frei.

Wie tun wir das? Wir tun es, indem wir Dämonen austreiben. Wo immer wir böse Mächte am Werk entdecken, gebieten wir ihnen entschlossen, daß sie verschwinden. Wir haben die Macht, nicht sie. Bei dem Dienst der Macht nehmen wir die Vollmacht in Anspruch, was immer auch in unserem Leben gegen das Reich Gottes stehen mag.

Wir tun es, indem wir gegen jegliches soziale Übel und gegen institutionalisierte Ungerechtigkeit angehen. Wir rufen zur Veränderung von institutionellen Strukturen auf, die die Armut der Armen zementieren. Wir lehnen uns gegen ungerechte Gesetze auf, die jene entmenschlichen und erniedrigen, für die Christus gestorben ist. Wir arbeiten für die Gesetze der Gleichberechtigung und der Gerechtigkeit. Wir geben den Armen; wir ernähren die Hungrigen; wir schützen die Obdachlosen. All diese Dinge und soviel mehr sind die Aufgabe des vollmächtigen Gebets. Es ist eine Arbeit, die von Anfang bis Ende im Geist des tiefsten Gebets und der größten Demut getan wird, denn wir vertrauen der Macht Gottes, nicht unserer Schlauheit. Richard Sibbes schreibt: »Was vermag das Gebet nicht zu tun, wenn das Volk Gottes seine Herzen ausrichtet und auf das Gebet konzentriert? Das Gebet kann den Himmel öffnen. Das Gebet kann das Grab öffnen. Das Gebet kann das Gefängnis öffnen und die Fesseln abstreifen.«

In dem starken Namen Jesu Christi stehe ich gegen die ganze Welt, gegen das Fleisch und den Teufel. Ich widersetze mich jeder Macht, die mich abzulenken versucht von meinem Zentrum in Gott. Ich lehne die entstellten Konzepte und Ideen ab, die Sünde plausibel und wünschenswert erscheinen lassen. Ich gehe gegen jede Versuchung an, die mich von der völligen Gemeinschaft mit Gott abhält.

Durch die Macht des Heiligen Geistes spreche ich direkt zu den Gedanken, Gefühlen und Wünschen meines Herzens und befehle ihnen, ihre Befriedigung in den unendlichen Möglichkeiten der Liebe Gottes zu suchen, anstatt in der mageren Kost der Sünde. Ich rufe das Gute auf, das Wahre und das Schöne, in mir aufzusteigen und das Böse abklingen zu lassen. Ich bitte um mehr Rechtschaffenheit, mehr Frieden und mehr Freude im Heiligen Geist.

Durch die Autorität des allmächtigen Gottes reiße ich die Festungen Satans in meinem Leben ein und in dem Leben jener, die ich liebe, und in der Gesellschaft, in der ich lebe. Ich nehme in mir die Waffen der Wahrhaftigkeit, der Gerechtigkeit, des Friedens, der Rettung, das Wort Gottes und das Gebet auf. Ich befehle jedem bösen Einfluß zu verschwinden: du hast hier kein Recht, und ich lasse dir kein Einfallstor. Ich bitte um mehr Glauben, mehr Hoffnung und mehr Liebe, so daß ich durch die Macht Gottes ein Licht auf dem Berg sein kann, das dazu beiträgt, daß Wahrheit und Gerechtigkeit gedeihen.

Diese Dinge bete ich im Namen dessen, der mich liebt, und der sich für mich hingegeben hat.

Amen.

21. Radikales Gebet

Die Hände zum Gebet zu falten, ist der erste Schritt eines Aufbäumens gegen das Chaos in der Welt.

Karl Barth

Radikales Gebet geht bis an die Wurzel, ins Herz, in das Zentrum. Das Wort »radikal« kommt von dem lateinischen Wort *radix,* und das bedeutet Wurzel. Radikales Gebet weigert sich, uns bei den großen Themen des Lebens auf Messers Schneide stehen zu lassen. Es wagt, zu glauben, daß Dinge anders sein könnten. Sein Ziel ist die völlige Umwandlung von Menschen, Institutionen und Gesellschaften. Denn das radikale Gebet ist prophetisch.

Offenbarung in Oregon

Im Frühjahr 1978 fuhren Carolynn und ich für ein paar Tage an die Küste Oregons, um uns von einem anstrengenden Winter zu erholen. An unserem ersten Morgen dort stand ich sehr früh auf, die ersten Sonnenstrahlen waren gerade zu sehen. Carolynn schlief noch, und so huschte ich hinaus, um einen frühen Spaziergang am Strand zu machen. Wenn man von den Möwen absieht, war ich dort ganz allein. Es war Ebbe, und der Nebel der Nacht hatte gerade erst begonnen, sich zu verflüchtigen. In der Nähe sah ich einen riesigen Monolith, der als Haystack Rock bekannt ist. Oben auf dem Stein nisteten Scharen von Papageientauchern – kleine schwarze Vögel mit rötlichen Schnäbeln und weißem Gesicht. Mit der abnehmenden Flut konnte ich ganz um diese faszinierende Steinburg herumgehen, die geradewegs aus dem Sand herausragte. Ich betrachtete verwundert die Beharrlichkeit dieses Steins, der den unablässigen Angriffen der Meereswellen widerstand.

Die Sonne kam nun über die weit entfernten Berge hervor. Die reine Schönheit ließ mir den Atem stocken. Ich rief laut: »Dies ist wunderschön!« Ich wollte dabei überhaupt nicht religiös sein; ich nahm einfach das Wunder des Lichts, der Bäume, des Meeres und des Nebels in mich auf. Und doch gab es eine Antwort – eine klare, unverhohlene und ehrliche Antwort: »Ich weiß, ich habe es geschaffen.« Ich stotterte: »Danke, Herr!« Und wieder gab es eine Antwort: »Bitte schön!«

Ich erstarrte. Ich weiß nicht, wie es Ihnen geht, aber ich bin es nicht gewohnt, Stimmen zu hören.[1] Und doch war das, was folgte, nicht im entferntesten seltsam, obwohl es bestimmt ungewöhnlich war. Es war eher wie ein normaler Dialog zwischen Freunden, und nicht wie diese dummen Stereotype der Science Fiction, die wir in den Medien sehen. Die Erfahrung dauerte vielleicht eineinhalb Stunden. Allerdings hatte ich keine Uhr dabei, um ganz sicher zu sein. Ich betete Gott an, lachte, dankte und stellte an einem Punkt sogar Fragen, die mich oft beschäftigt hatten. Bei einer Frage meinte ich Gott herzlich über meine Naivität lachen zu hören.

Was danach passierte, ist schwer zu beschreiben. Ich war an einer Klippe angekommen, die den Strand überragte. Oben drauf war ein Wäldchen aus Hemlocktannen, Sitkarfichten und einer riesigen Zeder. Ich nahm an, daß die Zeder mehrere Jahrhunderte alt war. Dann, als ich drei Schritte nach rechts gemacht hatte, sah ich, was meinen Blicken bisher durch einen gesunden Baum verborgen geblieben war: eine weitere riesengroße, aber offensichtlich verfaulte Zeder. Einige grüne Triebe kamen an beiden Seiten durch, aber es war nur eine Frage der Zeit, bis das Schicksal des Baums besiegelt sein würde – anscheinend war er schon einmal in der Vergangenheit von einem Blitz getroffen worden. Abgesehen von diesen beiden riesigen Bäumen war an dieser Szene nichts Außergewöhnliches.

Als ich jedoch den zerfallenden Baum untersuchte, kam mir ein Wort des Herrn in den Sinn: »Dies ist meine Gemeinde!« Als ich diese Worte hörte, traten mir Tränen in die Augen. Ich hatte mein ganzes Leben lang in Gemeinden gearbeitet, und ich wußte, daß es stimmte. Die Gemeinde zerfiel – trotz ihrer Größe und ihrer teilweise sehr lebendigen Bereiche. Dann drehte ich mich aus irgendeinem Grunde um 180 Grad und blickte in einiger Entfernung auf den Haystack Rock. Inzwischen war die Flut gekommen, und der Stein war völlig vom Wasser umgeben. Die Wellen brachen sich an ihm.

Das göttliche Wort hieß weiter: »Aber so wird meine Gemeinde sein!« Eine große Hoffnung stieg in mir auf, als ich auf den massiven Stein voller Stärke und Ausdauer blickte.

Dann erhielt ich den Befehl, der wohl einer der Hauptgründe für diese Begegnung überhaupt war. Es war der Auftrag, für eine Generation neuer Leiter zu beten, die das Volk Gottes in der Gemeinschaft entschlossener Treue sammeln konnten.

Hiermit schien die Begegnung sich dem Ende zu nähern, und so machte ich mich auf den Rückweg, um Carolynn von all dem zu berichten, was ich gesehen und gehört hatte. In den Jahren seit dieser Erfahrung habe ich immer so gebetet, wie ich angewiesen war, obwohl ich es nicht so treu gemacht habe, wie ich es hätte tun sollen. Aber ich habe den Eindruck, daß eine große Anzahl von Menschen auf der Welt ähnlich geführt wurde, so daß inzwischen große Gebetswellen für prophetische Leiter nach oben, zum Thron Gottes, aufsteigen. Ich glaube, wir sehen jetzt, wie sich Propheten langsam hervorkommen – viele von ihnen in Ländern der Dritten Welt –, Propheten, die Menschen zu starken und mutigen Ausdrucksweisen des Glaubens und des Gehorsams rufen.

Der prophetische Botschafter

Ich bin mir dessen bewußt: Einige Leute haben theologische Gründe für ihre Überzeugung, daß die Geistesgabe der Prophetie mit der apostolischen Zeit zu Ende war. Für andere ist das Wort nicht länger von Nutzen aufgrund der gegenwärtigen Mißbräuche und Stereotypen. Ich verstehe diese Bedenken; trotzdem habe ich mich entschlossen, das Wort Prophet weiter zu benutzen, weil es mir so am Strand von Oregon mitgeteilt wurde, und weil es eine reiche, biblische Tradition gibt, die uns über das informiert, wovon wir reden.

Wie sehen diese Propheten aus? Sie kommen aus jeder Klasse und jeder Art von Leuten. Einige sind gelehrt, andere sind Analphabeten. Einige kommen aus organisierten Gemeinden und Konfessionen, andere kommen von außerhalb dieser Strukturen. Einige sind Frauen, andere sind Männer, einige von ihnen sind Kinder.

Sie lieben Jesus von ganzem Herzen. Sie alle geben Zeugnis für den Ruf Gottes in ihrem Leben und für die Hand Gottes in ihrem Dienst. Es macht für sie keinen Unterschied, wer vorne steht, wer die Aufmerksamkeit bekommt, oder wer in der Geschichtsschreibung gewürdigt wird. Nur wenige von ihnen sind den modernen Medien bekannt, denn ihnen fehlen die Eigenschaften, um »pressewürdig« zu sein – Geld, Macht und Skandale.

Sie sind zumeist unbedeutend, selbst in der religiösen Welt. Nicht, daß sie ohne Einfluß wären; aber der Einfluß selbst wird als unwichtig angesehen. Wer interessiert sich schon dafür, ob ein paar tausend Stammesangehörige in Zaire zu Christus finden? Ihnen fehlt nicht die Wirkungskraft, aber ihre Art der Wirkungskraft wird als unerheblich angesehen. Wer bemerkt schon, ob anonyme Leute in Los Angeles anfangen, ihre Feinde zu lieben und ihren Besitz mit anderen zu teilen? Für den normalen Menschen ist es eine kleine Minderheit, aber für das Reich Gottes sind sie wahre Größen. Sie sind die geistlichen Erben von Debora und Elia, von Amos und Jeremia, von Paulus und den Töchtern des Philippus.

Unter der Führung und durch die Macht des Heiligen Geistes wird das Volk Gottes noch einmal versammelt werden. (Ich meine nicht im Sinne von Organisaton, sondern im Sinne von organisch.) Schon heute ist eine große Zahl von Kindern, Frauen und Männern an die Wirklichkeit und Macht des Reiches angeschlossen.

Es gibt jene darunter, die gesehen haben, wie Steine ohne jedes Zutun herunterfielen und die Königreiche dieser Welt zerstörten, und sie wurden zu einem großen Berg, der die ganze Erde erfüllt (Dan 2). Es sind jene, die den lebendigen Stein gesehen haben – den Stein, den die Bauleute verworfen hatten –, und dieser Stein wurde zum Eckstein, und sie selbst wurden zu lebendigen Steinen, die ein geistliches Haus schufen, eine heilige Priesterschaft (1Petr 2). Es sind jene, die in das Königreich unseres Gottes und unseres Herrn Jesus Christus gekommen sind.

Es sind jene, die sich eine neue Zukunft vorstellen können, eine Zukunft der Gerechtigkeit, des Friedens, der Freude im Heiligen Geist. Sie werden von einer heiligen Macht geführt, um das Rechte zu tun. Sie werden aus Bindungen befreit zur wahren Menschlichkeit. Sie können nicht betrogen, manipuliert oder verlegen gemacht werden. Sie lieben ihre Feinde und beten für jene, die sie hassen.

Nach und nach wird ihre Gegenwart und ihre Handlung jene Strukturen zu Fall bringen, die von Habgier, Stolz und Angst aufrechterhalten werden. Ihre einfache Weigerung, mit der Unterdrückung, den Vorurteilen und dem Klassenkampf der modernen Gesellschaft zu kooperieren, wird die Welt bis zur Unkenntlichkeit verändern.

Ich glaube, daß Sie, die Sie diese Worte lesen, zu der Gemeinschaft der fest Entschlossenen gehören. Die Hand Gottes ist auf Ihnen gewesen und hat Sie berührt und Sie zu ihm gezogen.

So wichtig der prophetische Botschafter auch ist, die prophetische Nachricht ist wichtiger. Die prophetische Nachricht beschreibt einen radikalen Lebensweg und einen radikalen Weg des Gebets. Wir müssen nun versuchen, die Grundlinien dieser Nachricht aufzuzeichnen.

Geistliche Herausforderung

Die wahre prophetische Nachricht ruft uns immer zur geistlichen Herausforderung der Welt, wie sie jetzt ist. Unser Gebet untergräbt den Status quo insoweit, wie es völlig authentisch ist. Es ist eine geistliche Untergrundbewegung. Wir sind Revolutionäre in einer Welt der Ungerechtigkeit, Unterdrückung und Gewalt. Wie Amos fordern wir, daß »das Recht wie Wasser und die Gerechtigkeit wie ein nie versiegender Bach« fließe (Amos 5,24). Wir flehen im Namen der Witwen und Waisen, oder was für Hilflose sonst in unserer Umgebung sind. In unseren Gebeten und in unseren Taten stehen wir fest gegen Rassismus, Sexismus, Nationalismus, Altershaß und jeden anderen »ismus«, der trennt, teilt und aufsplittet.

Wir werden zur Stimme für jene ohne Stimme und bringen ihre Anliegen vor dem Thron des Himmels vor. Wir fordern, gehört zu werden. Wir bestehen darauf, daß Änderungen gemacht werden. »Biblisches Gebet ist impertinent, beständig, schamlos und unschicklich. Es ist eher wie das Feilschen auf einem Basar, als wie die höflichen Monologe der Kirchen«, schreibt Walter Wink. Wie Abraham handeln wir mit Gott über das Schicksal der Stadt (1Mo 18). Wie Mose streiten wir mit Gott über das Schicksal des Volks (2Mo 32). Wie Esther flehen wir vor Gott um das Schicksal der Nation (Est 4).

Unsere geistliche Herausforderung schließt auch den Versuch ein, Gottes Meinung zu ändern, wenn wir glauben, daß dies mit der göttlichen und unveränderlichen Liebe übereinstimmt. »Manchmal bedeutet das Gebet des Glaubens die Herausforderung Gottes, die an Unverschämtheit grenzt«, schreibt Donald Bloesch. Martin Luther sagt, daß die Macht des Gebetes so groß ist, daß »sie Himmel und Erde überwunden hat«. Er könnte sogar von einem »Sieg Gottes« sprechen in dem Sinne, daß wir versuchen, Gott an seine eigenen Verheißungen zu binden.

Wir reden mit Gott über die Zerbrochenen und Zerschlagenen, die Hilflosen und Obdachlosen. Wir sprechen auch mit anderen. Unsere geistliche Herausforderung führt zu einer entschiedenen Haltung gegen jede Ungerechtigkeit und Unterdrückung. Wir sind erbost darüber, daß Menschen beim bloßen Augenzwinkern eines ungerechten Herrschers ins Gefängnis geworfen werden, oder daß ein Kind, das sich auf der Straße herumtreibt, emotional oder körperlich mißhandelt wird. Wir sind betroffen, daß in unserer Kultur der Körper einer Frau gegen sie ausgespielt wird, oder daß die Armen nur noch weiter in ihre Armut getrieben werden. Statt dessen müssen wir unsere Ohren taub stellen gegenüber den karikierenden Botschaften der Medien und im Gebet den Weg Christi mitten in den komplexen Themen unseres Tages aufzeigen.

Die Waffen unseres Widerstandes stellen uns als völlig unbedeutend für eine Welt dar, die sich auf Macht, Effizienz und Kontrolle stützt. Wir reden die Wahrheit. Wir beten für unsere Feinde. Wir lehnen die Zusammenarbeit mit Ungerechtigkeit ab. Glaubwürdig wie wir sind, sind diese Waffen machtvoll, um die Festung niederzureißen und die Geburt eines gerechten und friedvollen Reiches Gottes herbeizuführen.

»Soziale Heiligkeit«

Die wahre prophetische Aussage ruft uns zur »sozialen Heiligkeit« auf, um eine Formulierung John Wesleys zu gebrauchen. Durch unser Gebet und durch unser Leben sabotieren wir alle Klassen- und Statusunterschiede.

Jesus war und ist ein sozialer Revolutionär. Als er die Kranken heilte, tat er mehr, als nur die Krankheiten zu heilen: Er heilte die Krankheit in einer Gesellschaft, die die Menschen an die Seite drängte. Als er die Seligpreisungen verkündete, nahm er auch die Menschen der Klassen und Kategorien auf, die die Gesellschaft als ungesegnet ablehnte. Er sagte diesen Menschen, auf die man spie, die man trat und die man im Stich ließ, daß sie im Reich Gottes angesehen sind. Er segnete die Kinder; er sprach mit der ausgestoßenen Frau; er plauderte mit dem reichen Schnösel (Mk 10,13-16; Joh 4,1-26; Lk 19,1-10).

Wir sollen dasselbe tun. In unserm Gebet und in unserm Leben achten wir alles und brechen jede Barrikade. Die Klassenunterschiede werden heutzutage etwas anders definiert. Die Dünnen mögen wir, die Dicken nicht. Die Erfolgreichen schätzen wir, die Hilflosen nicht. Die intelligenten Menschen schätzen wir, die Unwissenden nicht. Und so geht es unendlich weiter. Aber für die Kinder des Reiches Gottes ist es nicht wichtig, *was* ein Mensch ist, sondern *daß* er ein Mensch ist.

Die soziale Revolution Jesu ging bis in die höchsten Kammern der religiösen Macht. In der Bergpredigt sagte er den Menschen im Grunde, daß das gesamte Tempelritualsystem ausgetrocknet und weggeblasen werden könnte, und der Segen würde doch noch weiter bestehen. Wissen Sie, Jesus befreite die Menschen, anstatt sie in die Gefangenschaft zu führen.

Und so tun wir es auch. Durch unsere Gebete und durch unsere Worte lassen wir Menschen in die Freiheit und binden sie nicht an uns. Wenn wir für andere beten, dann führen wir sie zu Jesus, ihrem jetzigen Lehrer, so daß sie uns nicht länger brauchen. Jeder Glaube, der den Segen für Menschen von jemand anderem oder etwas anderem als Gott selbst abhängig macht, ist in dieser Beziehung ein falscher Glaube.

Soziale Heiligkeit führt uns über Grenzen des Lebensstandards und über geografische Grenzen hinaus. Als Jesus den Nächsten in seinem Gleichnis vom barmherzigen Samariter bestimmte, ging er damit völlig gegen die gängige Meinung, nämlich daß der Nächste wie wir ist. Unter der Anleitung des Heiligen Geistes bekam Petrus die Einsicht, daß »Gott die Person nicht ansieht; sondern in jedem

Volk, wer ihn fürchtet und recht tut, der ist ihm angenehm« (Apg 10,34b-35).

Ein ehrenwerter alter Weiser fragte seine Jünger: »Wie können wir wissen, wann die Dunkelheit verschwindet und der Morgen heraufzieht?« »Wir können einen Baum in der Entfernung erkennen und wissen, daß es eine Ulme und kein Wacholder ist«, sagte einer seiner Schüler. »Wenn wir ein Tier sehen und wissen, daß es ein Fuchs ist und kein Wolf«, stimmte ein anderer ein.

»Nein«, sagte der alte Mann, »diese Dinge werden uns nicht helfen.« Verwirrt fragten die Schüler: »Wie können wir es dann wissen?«

Der Meisterlehrer baute sich zu seiner vollen Größe auf und antwortete leise: »Wir wissen dann, daß die Dunkelheit verschwindet und der Morgen kommt, wenn wir einen anderen Menschen sehen und erkennen: er ist unser Bruder oder unsere Schwester; denn sonst bleibt es dunkel, egal, wie spät es ist.«

Die ganze Welt umarmen

Die wahre prophetische Nachricht ruft uns immer dazu auf, unsere Arme weit auszubreiten und die ganze Welt zu umarmen. In heiliger Kühnheit bedecken wir die Erde mit der Gnade und Barmherzigkeit Gottes. Das ist eine große Aufgabe, eine noble Aufgabe. Gott hat das Schicksal dieser Welt in unsere Hände gelegt, und durch unsere Gebete halten wir den göttlichen Zorn zurück. Wie Helmut Thielicke schreibt: Der Weltkreis lebt und wird wie durch Atlasarme gehalten von den Gebeten derer, in denen die Liebe nicht erkaltet und die ihre Hände emporhalten. *Von diesen Händen lebt die Welt, von sonst nichts!* Also achten wir auf die Winde und beten nicht nur für einzelne, sondern für ganze Nationen, nicht nur für die Erneuerung der Kirche, sondern für die Umwandlung der ganzen Welt. Wir beten und arbeiten für das Reich, das auf die Erde kommt – auf die ganze Erde –, wie auch im Himmel.

So lehrte mich eine wunderbare und weise Frau des Gebets, wie ich für die Nationen beten sollte.[2] Wir sollen damit anfangen, so sagte sie, indem wir uns auf eine Nation konzentrieren und im Gebet überlegen, wie sie sein soll. Wenn es zum Beispiel eine Angreifernation ist, dann spüren wir vielleicht, daß sie sich von der Selbstverherrlichung zurückziehen sollte und anfangen, kleine Schritte des Handels, des Kommerzes und der finanziellen Zusammenarbeit zu unternehmen. Manchmal beschränken wir unsere Gebete auch auf die Entscheidungsträger, damit die Richtung der ganzen Nation auf die Gerechtigkeit hin verändert wird. Wir segnen die Tugenden, die diese Politiker und Meinungsführer erkennen lassen, und bitten darum, daß ihre Stärken, wie die Brote und die Fische, vervielfältigt und zum Guten verwendet werden.

Dann, und das ist am wichtigsten, tun wir Buße für die Sünden der Welt. Dabei ist es gut, wenn wir mit unserm eigenen Land anfangen – welches Land das auch sein mag. Da keine Nation makellos vor Gott ist, stehen wir als Vertreter unserer eigenen Nation und tun Buße für die Sünden.

Das ist keine leichte Aufgabe, wie viele, die es getan haben, bestätigen können. Wir müssen jegliche Propagandagebärde und nationales Selbstinteresse hinter uns lassen und müssen in Trauer und Leid niederknien, wegen der Arroganz, dem Egoismus und der Habgier, die nationale Ungerechtigkeit verursachen. Nachdem wir dies getan haben, können wir auch im Namen anderer Nationen Buße tun. Wir öffnen sogar noch größere geistliche Quellen, wenn wir die Gnade und die vergebende Macht erhalten, im Namen unserer Feinde Buße zu tun.

Zusätzlich hören wir die Stimme des wahren Hirten, der uns aufruft, allen Völkern die befreiende Gute Nachricht des Lebens in Christus zu sagen. Wir tun dies mit voller Überzeugung im Glauben, aber wir tun es auch mit demütigem Herzen, denn wir wissen, daß Jesus, das wahre Licht, seine Wahrheit bereits in die Herzen der Menschen scheinen läßt (Joh 1,9). Unsere Aufgabe ist daher, zu sehen, wo Gott gearbeitet hat, und in diesem Zusammenhang verkündigen wir die ewige Gute Nachricht Jesu Christi. George Fox schreibt: »Alle Nationen der Welt müssen das Wort hören oder lesen. Sparen Sie nicht an Platz, sparen Sie nicht an Zunge oder Tinte; sondern seien Sie dem Herrn Gott gehorsam, und seien Sie tapfer für die Wahrheit auf Erden ... gehen Sie fröhlich über die Welt.«

Freud, / in dieser lieben
Gaben; / schau an der schönen
mir und dir / sich aus-

das Erdreich decket seinen
; / Narzissus und die Tulipan, /
als Salomonis Seide.

and / und malen sich an ihrem
ten; / die Wiesen liegen hart
ustgeschrei / der Schaf und
r Hirten.

hn, / des großen Gottes großes

Wenn wir dies tun, dann sind wir an den Ort gekommen, wo wir andere um Gottes willen lieben – und nicht um unsretwillen. Uns wird deshalb ein grenzenloses Mitgefühl für alle Völker gegeben.

Christliche Gemeinschaft

Unsere Verpflichtung für die ganze Welt muß auch spezifiziert werden, und so ruft uns die wahre prophetische Aufgabe in die christliche Gemeinschaft. Wir leben nicht isoliert und wir beten nicht isoliert. Christsein bedeutet Plural, nicht Singular.

Die verstreute Gemeinde muß zur versammelten Gemeinde werden. Wir wissen noch nicht genau, wie sie aussehen wird. Mir scheint, wir betreten eine Art »geistliche Zentrifuge«. Eine Zentrifuge ist ein Apparat, der sich mit solch enormer Geschwindigkeit dreht, daß die existierende physikalische Dichte aufgehoben wird und neue Dichte entsteht.

Wir sehen, wie dies genau vor unseren Augen geschieht. Alte Dichte, alte Wege, wie wir unser religiöses Leben ordnen, brechen zusammen, und neue Möglichkeiten treten hervor. Es bleibt uns überlassen, die wir von unserm ewigen Propheten Jesus Christus zusammengerufen worden sind, uns die Zukunft vorzustellen.

In den kommenden Tagen können wir erwarten, daß die christliche Gemeinschaft vorwiegend eine von vier Ausdrucksformen annimmt, obwohl es unzählige Variationen gibt: in traditionellen Strukturen, im verbindlichen gemeinsamen Leben, unter der Leitung von geistlichen Mentoren und in einem Gefüge kleiner geistlicher Gruppen. Diese vier Ausdrucksformen brauchen einander nicht auszuschließen; in vieler Hinsicht werden sie einander ergänzen und zusammen funktionieren.

Viele der bestehenden institutionellen Strukturen werden überleben und aufblühen. Einige der Propheten, wie der heilige Franziskus vor vielen Jahren, hören den Ruf, »meine Gemeinde zu bauen« aus bereits bestehenden Strukturen. Ihr Weg wird nicht einfach sein, denn es gibt viele Hindernisse. Die Beobachtung Jesu über die Nutzlosigkeit, neue Weine in alte Schläuche zu füllen, zeigt die Schwierigkeit klar auf (Mt 9,17). Eins der zentralsten Themen, auf die wir beim institutionellen Leben treffen, wird sein, wie wir einen Ort für die prophetischen Dienste finden. Können wir jenen die Ehre eines Propheten einräumen, die mit prophetischem Mantel auftreten, oder müssen wir sie immer gleich umbringen?

Die Aufgabe ist riesig, und es wird viele Rückschritte geben, aber es wird auch Fortschritt geben. Gott arbeitet daran, neues Leben in alte Knochen zu hauchen. Ein bekanntes Wort aus der Reformationszeit besagt, daß die Kirche immer wieder reformiert werden muß. Ich glaube, daß dies wirklich möglich ist, und fortwährendes Gebet muß für jene entstehen, die in den Dienst gerufen sind, die Gemeinde und die Kirchen zu reformieren. Wir wollen uns an jedem neuen Leben freuen, das hervorbricht, an jeder schöpferischen Kraft der Erneuerung.

Gemeinschaftliches Leben ist der intensivste Ausdruck der christlichen Gemeinschaft, und es hat sie zu allen Zeiten der Kirche gegeben. Ich bin kein Mitglied, stehe aber in enger Verbindung mit einer Gruppe, die gemeinschaftlich ist und sich »Friends of Jesus Community (Freunde der Jesusgemeinschaft)« nennt. Diese vier Haushalte haben ihre Rücklagen zusammengelegt, um ein kleines Mietshaus in der Innenstadt zu kaufen und zu helfen, daß die Wunden des Rassismus geheilt werden. Sie schreiben: »Als Freunde Jesu kam unser Ruf zu bewußter Gemeinschaft aus der Überzeugung, daß wir eine engere Gemeinschaft haben und miteinander teilen müssen, wenn wir den falschen Schwerpunkten unserer Kultur widerstehen und Gottes Ruf treu sein wollen, unser Leben mit den Armen und Machtlosen zu teilen.« Aus Erfahrungen erster Hand kann ich Ihnen sagen, daß ihr Zeugnis tatsächlich auf vielen Ebenen bemerkenswert ist. Viele andere Gruppen haben ähnliche Unternehmungen ins Leben gerufen.

Jene, die sich nach einer umfassenden christlichen Gemeinschaft sehnen, müssen mit schwierigen Punkten kämpfen: Wie man eine echte Autorität bekommt, ohne autoritär zu werden; wie man ein hohes Maß an bewußtem gemeinschaftlichem Leben verwirklicht, ohne sich nach innen zu krümmen; wie man sein Leben öffnet für Menschen in ganz anderen Lebenssituationen. Intensive Gebete um prophetische Sicht sind nötig, um neue Lösungen für alte Probleme zu finden.

Einige haben es auf ihrem Weg mit Christus als hilfreich empfunden, andere Menschen als Mentoren in geistlichen Dingen aufzusuchen. Geistlicher Leiter ist die alte Bezeichnung dafür; andere nennen ihn einen geistlichen Freund. Ich selber ziehe die Bezeichnung geistlicher Mentor vor. Geistliche Mentoren sind Menschen, die mit Urteilskraft, Weisheit und Wissen gesegnet sind. Es ist ihre Aufgabe, Menschen zu helfen, Gottes Fußspuren in ihrem Leben zu entdecken, und sie ab und zu zu drängen, in eine Richtung zu marschieren, in die sie vielleicht sonst nicht gegangen wären.

Das ist ein Ausdruck christlicher Gemeinschaft, aber es soll nicht der einzige bleiben. Andere Ausdrucksmöglichkeiten des Gruppenlebens sind gefordert, besonders gemeinschaftliche Anbetung. Die große Herausforderung für jene, die sich in dieser Richtung bewegen, ist, für ihre Gemeinde in überschaubarer Zeit genügend geistliche Mentoren zu finden, die das Leben der Gemeinde positiv prägen können. Sonst wird es das exklusive Interesse einer privilegierten Minderheit werden. Wir müssen beten, damit Gott dort einen Weg schafft, wo noch kein Weg ist.

Ein Modell einer christlichen Gemeinschaft, das ausgezeichnete Möglichkeiten für die Zukunft bietet, ist die Form der kleinen Gruppe. Sie zielt darauf, Auferbauung und Verbindlichkeit anderen gegenüber zu leben. Zum Beispiel treffe ich mich jede Woche mit einer kleinen Gruppe von vier Leuten, die einander helfen wollen, bessere Jünger Jesu zu werden. Wir tun dies mit Hilfe von fünf Fragen, die wir bei jedem Treffen beantworten. Die Fragen sind einfach genug, aber manchmal bringen sie uns an den Kern der Dinge. Ich schreibe Ihnen diese Fragen auf; überlegen Sie, wie Sie darauf antworten würden:

Welche Erfahrungen hast du diese Woche mit Gebet und Meditation gemacht?

Welchen Anfechtungen warst du in dieser Woche ausgesetzt?

Welche Bewegungen des Heiligen Geistes hast du in dieser Woche gespürt?

Welche Gelegenheiten, anderen zu dienen, hast du in dieser Woche gehabt?

Wo bist du Christus in dieser Woche in deiner Stillen Zeit begegnet?[3]

Viele Fragen müssen für jene geklärt werden, die verbindlich zu einer kleinen geistlichen Gruppe gehören: Wie man geistliche Mentoren fördert, während man eine gemeinsame Leitung bewahrt; wie man das freie Wachstum von Gruppen zuläßt, ohne zerstörerische Übertreibungen; wie man Verbindlichkeit übt, ohne gesetzlich zu werden. Gebete werden gebraucht, um neue Träume zu träumen und neue Visionen zu entwickeln.

Was immer die besondere Form unseres gemeinsamen Lebens auch sein mag, es ist überaus wichtig, daß wir in der Gemeinschaft beten. Während unsere Gebete oft privat und persönlich sind, ist es doch niemals außerhalb der Wirklichkeit der anbetenden und betenden Gemeinschaft. Tatsache ist, daß wir kein Gebetsleben außerhalb der Gemeinschaft aufrechterhalten können. Entweder werden wir es als nutzlos aufgeben, weil uns die Unterstützung und das wachsame Auge der anderen fehlt, oder wir werden es zu unserer eigenen Sache machen. Ohne das verständnisvolle Leben in der christlichen Gemeinschaft werden wir das Gebet schnell zu einem selbstrechtfertigenden Monolog machen, der unser Gesicht wahren soll.

Christliche Gemeinschaft ist ein Geschenk Gottes, das durch die Macht des Heiligen Geistes geschaffen ist und auf der Vergebung in Jesus Christus beruht. Wir leben alle in dem gnädigen Schatten des Kreuzes, wir vergeben und uns ist vergeben worden.

Dallas Willard schreibt: »Das Ziel Gottes in der Geschichte ist die Schöpfung einer alles einschließenden Gemeinschaft liebender Menschen, in der er selbst in der Gemeinschaft erster Erhalter und wunderbarster Bewohner ist.« Ich glaube, daß Gott eine solche Gemeinschaft noch in unserer Zeit sammelt. Es ist eine Gemeinschaft, die den wiederkommenden Herrn erwartet *und* soziale Aktionen unternimmt; die in Jesus den Herrn der Welt *und* den leidenden und dienenden Messias sieht. Es ist eine Gemeinschaft des Kreuzes und der Krone, des Konfliktes und der Versöhnung, der mutigen Taten und der leidenden Liebe. Es ist eine Gemeinschaft, die bevollmächtigt ist, das Böse in jeglicher Form anzugreifen und es durch das Gute zu überwinden. Es ist eine Gemeinschaft, die durch die Vision der unendlichen Herrschaft Gottes ermutigt wird, nicht nur durch das unmittelbar Bevorstehende, sondern durch das, was bereits in unserer Mitte geboren ist.

Das königliche Gesetz

Allein Gottes Liebe (*agape*) kann die Gemeinschaft erhalten, die Gott ins Werden ruft; daher erinnert uns die prophetische Weisung immer, daß die dynamische Liebe Gottes und die Liebe zu unserem Nächsten im Zentrum der Guten Nachricht liegen. Wir lieben Gott, indem wir unseren Nächsten lieben, und wir können unseren Nächsten so lieben, wie wir Gott lieben. Die zwei Gebote sind untrennbar miteinander verbunden.

Wenn wir versuchen, unseren Nächsten zu lieben, ohne Gott zu lieben, dann werden wir versuchen, unsere Beziehungen mit Wunschträume zu befrachten, was sie am Ende zerstören wird. Unbeholfene menschliche Liebe liebt den anderen um seiner selbst willen, während die *agape* andere um Gottes willen liebt. Menschliche Liebe streckt sich nach anderen aus in der Erwartung, eine Antwort zu erhalten; ja, sie braucht und fordert eine Antwort. Bonhoeffer schreibt: »Darum wird die seelische Liebe zum persönlichen Haß, wo sie der echten geistlichen Liebe begegnet, die nicht begehrt, sondern dient.«[3a] Wenn wir versuchen, unseren Nächsten zu lieben, ohne eine lebendige Liebesbeziehung zu Gott zu haben, wird es die Gemeinschaft zerstören.

Wenn wir versuchen, Gott zu lieben, ohne unseren Nächsten zu lieben, dann trennen wir uns selbst von der »Hauptschlagader Gottes« ab. Gottes Liebe verlangt nach Ausdruck; sie kann nicht allein stehen. Sie »atmet« Gott, wenn Sie so wollen. So wie das Blut von unserem Herzen in unsere Lunge fließen *muß*, so *muß* Gottes Liebe in seine Schöpfung fließen. Wenn wir Gott daher mit unserem ganzen Herzen, unserer ganzen Seele, unserem Verstand und unserer Stärke lieben, dann werden wir auch notwendigerweise zu unserem Nächsten hingezogen. Wir sehen das Angesicht Gottes in unserem Nächsten; und unseren Nächsten zu vernachlässigen bedeutet, Gott zu vernachlässigen. Wenn wir unseren Nächsten bei unseren Anstrengungen, Gott lieben zu wollen, vernachlässigen, dann werden wir Gott auch bald vergessen. Nur durch das königliche Gesetz der Liebe wird unsere Liebe zum anderen und unsere Barmherzigkeit zu einem Segen. Ohne sie können wir versuchen, was wir wollen, aber unser Dienst wird immer mit einer herablassenden Arroganz behaftet bleiben. Vinzenz von Paul sagt: »Nur durch deine Liebe, nur durch deine Liebe, vergeben dir die Armen das Brot, das du ihnen gibst.«[4] Das Gebet läßt unsere Liebe frei fließen, in vertikaler und in horizontaler Richtung. Während wir beten, werden wir in die Liebe Gottes gezogen, der uns unwiderstehlich zu unserem Nächsten hinzieht. Wenn wir versuchen, unseren Nächsten zu lieben, dann entdecken wir unsere völlige Unfähigkeit, dies zu tun, und so werden wir unweigerlich wieder zurück zu Gott getrieben. Und so treten wir in die niemals endende Gemeinschaft der Liebe ein, die der christlichen Gemeinschaft ihr Leben gibt.

Schluß

Vielleicht ist Ihnen aufgefallen, daß wir wieder zum Anfangspunkt zurückgekommen sind. Ich begann dieses Buch mit den Worten Augustins: »Wahres, echtes Gebet ist nichts als Liebe.« Und hier sind wir wieder bei der Liebe angelangt. Auf dieser ganzen Reise habe ich versucht, Ihnen etwas über das Herz Gottes zu schreiben, das sich in echter und annehmender Liebe nach uns ausstreckt und uns in die Intimität des Gebets ruft. Wir sahen einige der Wege, wie Gottes liebevolle Freundschaft uns *in* die Veränderung treibt, die wir brauchen; wie sie uns verändert, uns formt und uns bildet. Wir hörten den Ruf *nach draußen* in eine zerbrochene Welt, für die wir eintreten sollen.

Vor zweitausend Jahren stellte Jesus Petrus bei einem morgendlichen Frühstück am See von Tiberias nur eine Frage: »Simon, Sohn des Johannes, hast du mich lieb?« (Joh 21) Jesus hatte ihn nicht nach seiner Effektivität, seinen Fähigkeiten oder sonst irgend etwas gefragt, sondern nur nach Liebe. Dreimal fragte Jesus: »Simon, hast du mich lieb?«

Petrus suchte nach einer angemessenen Antwort auf diese tiefgehende Frage. Schließlich stieß er hervor: »Herr, du weißt alles; du weißt auch, daß ich dich liebhabe.« Danach gab Jesus Petrus Arbeit, die er tun sollte: »Weide meine Schafe.«

Uns ist die gleiche Frage gestellt. Und uns ist die gleiche Arbeit aufgetragen.

Ein Segen

Mögest du jetzt, durch die Macht des Heiligen Geistes,
den Geist des Gebetes erhalten. Möge es,
im Namen Jesu, die wunderbarste Beschäftigung
deines Lebens werden. Und möge der Gott des Friedens
dich stärken, dich segnen und dir Freude bereiten.
Amen.

Zu: Vorwort

[1] Julian of Norwich, *Enfolded in Love: Daily Readings with Julian of Norwich,* trans. Members of the Julian Shrine, New York 1980, S. 1
[2] Donald L. Alexander, Ed., *Christian Spirituality: Five Views of Sanctification,* Downers Grove 1988, S. 182
[3] *Hymns for the Family of God,* Nashville 1976, Lied Nr. 222
[4] Eine kleine Anmerkung zu den persönlichen und weniger persönlichen Geschichten in diesem Buch. Wo andere Menschen mit einbezogen sind, da habe ich ihre Erlaubnis erhalten, diese Geschichte weiterzuerzählen. Hier und da habe ich Dinge etwas verändert, um die Anonymität des einzelnen zu wahren. In bezug auf mich selbst zögere ich normalerweise, persönliche Gebetserfahrungen offen anderen mitzuteilen. Im Falle dieses Buches jedoch wurde ich, soweit ich das sagen kann, von höherer Autorität angewiesen, diese Dinge mit Ihnen und anderen zu teilen.

Zu: 1. Einfaches Gebet

[1] Einheitsübersetzung. Wenn nicht anders angegeben, sind Bibelzitate dem revidierten Luther-Text von 1984 entnommen.
[2] C.S. Lewis: *Du fragst mich, wie ich bete,* Lahr, 3. Aufl. 1985, S. 29
[3] Tevjes Gebete sprechen uns deshalb so an, weil es einfache Gebete sind. Es gibt kein besseres Beispiel dafür als dieses Lied »Wenn ich einmal reich wär'«, wo er die Frage an Gott richtet, die viele von uns dem Allmächtigen einmal stellen möchten: »Herr, der du den Löwen und das Lamm gemacht hast, du bestimmst, daß ich so sein soll, wie ich bin. Würde es denen großen, ewigen Plan durcheinander bringen, wäre ich ein reicher Mann?«
[4] Madame Guyon, *Experiencing the Depths of Jesus Christ,* Goleta 1975, S. 47
[5] Den Wert von »normalen Gebetserfahrungen« habe ich durch Emilie Griffin schätzen gelernt. Sie behandelt das Thema im ersten Kapitel ihres Buches *Clinging.*

Zu: 2. Das Gebet der Verlassenen

[1] Howard Macy, *Rhythms of the Inner Life,* Old Tappan 1988, S. 95
[2] Klagepsalmen eines einzelnen sind die Psalmen 3, 5, 6, 7, 17, 22, 25, 26, 27, 28, 35, 39, 41, 42-43, 51, 54, 55, 56, 57, 59, 61, 63, 64, 69, 71, 86, 88, 102, 109, 130, 140, 141, 143. Klagepsalmen der Gemeinde sind die Psalmen 60, 74, 79, 80, 83, 85, 90, 124, 126, 137, und 144. Aus: Anderson, A. A., The Book of Psalms, vol. I, The New Century Bible Commentary, ed. Ronald E. Clements and Matthew Black, Grand Rapids 1981, S. 38-39
[3] James Walsh, *The Cloud of Unknowing* in *The Classics of Western Spirituality,* New York 1981, S. 145
[4] Bernard von Clairvaux, *The Love of God,* ed. James M. Houston, Portland 1983, S. 107

Zu: 3. Das prüfende Gebet

[1] Ich will eine kurze Erklärung des Wortes »Prüfung« geben. Es steht natürlich in Zusammenhang mit dem Wort für »Test« und hat zum großen Teil auch die gleiche Bedeutung, nur daß für mich hier der akademische Kontext fehlt. Das lateinische Wort *examen* bezieht sich auf den Zeiger einer Waage. D.h. es geht um die akkurate Einschätzung einer tatsächlichen Situation.

[2] *The Collected Works of St. Teresa of Avila*, S. 94

[3] Guyon, *Experiencing the Depths*, Goleta 1965, S. 53

[4] Frank C. Laubach, *Learning the Vocabulary of God*, Nashville 1956, S. 5. In deutsch ist von Laubach das Buch *Die stärkste Macht der Welt – das Gebet* erschienen.

Zu: 4. Das Gebet der Tränen

[1] Edwards, Jonathan, Ed., *The Life and Diary of David Brainard*, Chicago, S. 34-35

[2] M. Basilea Schlink, *Buße – Glückseliges Leben*, 6. Aufl. Darmstadt-Eberstadt 1977, S. 21

[3] Richard Foster, *Nachfolge feiern*, Wuppertal, 4. Aufl. 1996. Vgl. Kap 10, »Beichte«

[4] Die Redewendung stammt aus dem Lied des Popduos Simon and Garfunkel: »I am a rock, I am an island.«

Zu: 5. Das Gebet des Verzichts

[1] *The Journal and Major Essays of John Woolman*, Phillips P. Moulton, Ed., *A Library of Protestant Thought*, New York 1971, S. 185-186

[2] Sören Kierkegaard, *Die Tagebücher*, Düsseldorf 1962

Zu: 6. Das Gebet, das uns verändert

[1] Ein guter Beitrag zum Thema *conversation morum* findet sich in Kapitel 5 des Buches von Esther de Waal, *Gott suchen im Alltag: Der Weg des heiligen Benedikt*, Münsterschwarzach 1992.

[2] Ignatius von Loyola, *Die Exerzitien*, Lahr. Es gibt einige gute Arbeitsbücher, die helfen sollen, die Idee der Abgeschiedenheit von Ignatius in die heutige Situation umzusetzen. Das Buch von Schwester Helen Cecilia Swift, *A Living Room Retreat*, Cincinnati 1981, ist ein gutes Beispiel dafür.

[3] Bloom, *Schule des Gebets*, Tübingen 1981

[4] Vgl. Thérèse de Lisieux, *Geschichte einer Seele*, in: Selbstbiographische Schriften, Einsiedeln 1958

Zu: 7. Das Gebet des Bundes

[1] Thomas Merton, *The Sign of Jonas*, New York 1953, S. 288

Zu: 8. Die Anbetung

[1] Ole Hallesby, *Vom Beten*, Wuppertal, 35. Aufl. 1996, S. 121

[2] *Sitivit sitiri Deus* (Gott dürstet danach, daß man nach ihm dürstet).

[3] Lewis, *Du fragst mich, wie ich bete*, S. 99. Ich verdanke C.S. Lewis die folgenden vier Punkte.

Zu: 9. Das Gebet der Ruhe

[1] Bloom, *Schule des Gebets*, Tübingen 1981
[2] Ein interessanter Nachtrag zu dieser Geschichte: Ca. acht Jahre später wurde ich gebeten, eine Gemeinde durch einen neunmonatigen Lernprozeß zu führen, wo tatsächlich eine vorteilhafte Lösung für die Situation erreicht wurde.
[3] Henri J.M. Nouwen, *Seelsorge, die aus dem Herzen kommt*, Freiburg 1990

Zu: 10. Sakramentales Gebet

[1] The Book of Common Prayer and Administration of the Sacraments and Other Rites and Ceremonies of the Church, together with the Psalter and Psalms of David: According to the use of The Episcopal Church, New York 1979
[2] Die Christen sind unterschiedlicher Meinung über solche Dinge, wie die Anzahl der Sakramente oder wie Gottes Gnade durch die Sakramente vermittelt wird. Für unsere Zwecke ist es jedoch nicht wichtig, was ein Sakrament im eigentlichen Sinne ist und was ein Sakrament bei allgemeinerem Gebrauch ist. Ich wähle den Ausdruck »Gnadenmittel«, um das weniger spezifische Verständnis der vermittelnden Gegenwart Gottes zu beschreiben. Wir wollen Wege entdecken, um das Gebetsleben dadurch zu bereichern, daß Gottes Gnade in dieser geschöpflichen Welt zu uns kommt.
[3] Ich bin mir dessen bewußt, daß zum Beispiel die Quäker und die Heilsarmee keine äußeren Sakramente verwenden und statt dessen die geistliche Natur der Gemeinschaft mit Gott betonen. Selbst sie sind jedoch in dem Sinne sakramental, daß sie glauben, Gottes Leben komme zu uns in diese geschaffene Welt.
[4] Schwabacher Artikel 12, in: Die Bekenntnisschriften der evangelisch-lutherischen Kirche, 1960, S. 61

Zu: 11. Gebet ohne Unterlaß

[1] William James, *Varieties of Religious Experience*, Bergenfield 1958, S. 24
[2] Die Worte »Hesychastik« oder »Hesychasmus« kommen von dem griechischen Wort »hesychia«, das man am besten mit »Ruhe« oder »Frieden« übersetzt. Es ist eine christliche Form des geistlichen Lebens, die ihre Wurzeln bei den ersten Eremiten hat, die während des 4. Jh.s in die kargen Wüsten Ägyptens und Syriens geflohen waren. Im 14. Jh. gab es eine Renaissance des Hesychasmus unter den Mönchen am Berg Athos. Seit dieser Zeit wird er mit der östlichen Orthodoxie in Verbindung gebracht.
[3] Aufrichtige Erzählungen eines russischen Pilgers, eingel. u. hrsg. v. E. Jungclaussen, 4. Aufl., Freiburg 1996
[4] Thomas Kelly, *Testament*, S. 31, 35
[5] Frank Laubach, *Letters by a Modern Mystic*; Laubach, *Learning the Vocabulary of God*
[6] Laubach, *Learning the Vocabulary of God*, S. 8-9

Zu: 12. Das Gebet des Herzens

[1] Das Gebet des Herzens wird auch oft »Abbagebet« genannt. Ich weiß, daß viele unter dieser Bezeichnung leiden, weil sie auf unglaubliche Weise von ihrem menschlichen Vater verletzt worden sind. Ich trauere mit jenen, die durch solche

schrecklichen und zerstörerischen Erfahrungen verwundet worden sind, und ich bete darum, daß ihnen Gnade und Heilung widerfahren möge. Vielleicht ist es für manchen hilfreich, sich daran zu erinnern, daß unser Bild von einem Vater seinen Ursprung in Gott haben soll und nicht umgekehrt.

[2] Joachim Jeremias, *Die Gleichnisse Jesu*, 10. Aufl., Göttingen 1984

[3] Dalrymple, *Simple Prayer*, S. 38. Einige Gelehrte gehen soweit, vorzuschlagen, daß alle Hinweise Jesu auf Gott als Vater, die bei uns im griechischen Neuen Testament stehen, in Wahrheit hebräische und aramäische Abba-Sprache sind.

[4] Kenneth Swanson, *Uncommon Prayer*, S. 198. Es war Euagrios Pontikos (346-399), der diese Ordnung zum ersten Mal so aufstellte. Im Westen nahm Johannes Cassius (360-435) diese drei Stufen und formte sie zu dem um, was wir heute als ›reinigendes Gebet‹ (Lippen), ›erleuchtendes Gebet‹ (Verstand) und ›einigendes Gebet‹ (Herz) kennen.

Zu: 13. Meditatives Gebet

[1] Jim hat seine Geschichte veröffentlicht in *Christianity Today*, vol. 35, no. 8 (July 21, 1991), S. 29-31

[2] Für eine umfassende Behandlung der unterschiedlichen Formen der Meditation, wie auch für eine detaillierte Erläuterung der biblischen Grundlagen für Meditation, vgl. Kapitel 2 in *Nachfolge feiern*.
Die Bibel macht keinen Unterschied zwischen Meditation und Kontemplation. Über Jahrhunderte hinweg haben Autoren die beiden Termini in folgender Weise unterschieden: Während die Meditation vorwiegend ein Nachdenken über die Heilige Schrift, Gott, seine Taten, seine Schöpfung und andere bedeutende Schriftstücke ist, besteht die Kontemplation darin, in dem liebenden Bewußtsein Gottes zu ruhen; sie ist normalerweise nicht mit einem besonderen Gedanken oder einem Abschnitt der Bibel verbunden.

[3] Whyte, *Lord, Teach Us to Pray*, S. 249-51

[4] Aurelius Augustinus, *Bekenntnisse*, Zürich 1950

[5] Thomas à Kempis, *Nachfolge Christi*

[6] Ich habe mit James Bryan Smith zweiundfünfzig der geistlichen Meister von Gregor von Nyssa bis Dietrich Bonhoeffer zusammenzutragen. Es ist unter dem Titel *Devotional Classics* erschienen. In diesem Werk gibt es eine Lesung pro Woche für ein gesamtes Jahr. Jeder Teil enthält eine Einleitung zum Autor, Auszüge aus seinem bzw. ihren Schriften, die für den modernen Leser gekürzt und revidiert sind, Fragen zur Reflexion, eine kurze Bibelarbeit mit Parallelen zur Lesung, eine Bibliographie der wichtigsten Schriften des Autors und zuletzt einen kurzen Essay, der eine Verbindung zwischen der Andachtslesung und der Kultur unserer Zeit schafft. Das Werk (in englischer Sprache) kann per Bestellung angefordert werden unter RENOVARÉ, P.O. Box 879, Wichita, KS 67201-0879, USA.

Zu: 14. Kontemplatives Gebet

[1] Zitiert nach: Thomas Merton, *Contemplative Prayer*, New York 1971

[2] Catherine de Haeck Doherty, *Poustinia: Christian Spirituality of the East for Western Man*, Notre Dame 1983, S. 216

[3] Lewis, *Du fragst mich, wie ich bete*, S. 17

[4] Guyon, *Experiencing the Depths*, S. 125

[5] Thomas Merton, *The Hidden Ground of Love,* ed. William Shannon, New York 1985, S. 156

[6] Es gibt unter den Autoren geistlicher Bücher unterschiedliche Meinungen über den Gebrauch der Vorstellungskraft bei der Kontemplation. Einige verstehen sie als nützliche Hilfe, andere glauben, sie sollte für die Meditation genutzt werden anstatt für die Kontemplation, und eine dritte Gruppe glaubt, daß sie überhaupt nicht genutzt werden darf. Manchmal ist diese Diskussion mit dem Bilderstreit im achten Jahrhundert in Verbindung gebracht worden, in dem viele der Überzeugung waren, daß die Verwendung von Ikonen einem Götzendienst gleichkommt. Guillaume de St. Thierry, ein zisterziensischer Mönch aus dem 12. Jahrhundert, glaubte zum Beispiel, daß das Gebet vor Ikonen Götzendienst sei, weil Gott nur in der Reinheit der Beziehung zu seinem eigenen Bild gefunden werden könne, das in jedes menschliche Wesen eingeprägt sei. Viele Puritaner hatten ähnliche Überzeugungen.
Ich habe mich für die Seite jener entschieden, die es als nützliche Hilfe zum kontemplativen Gebet verstehen. Ich ziehe keine Trennungslinie zwischen Meditation (wo die Vorstellungskraft viel mehr akzeptiert wird) und Kontemplation. Während die Kontemplation normalerweise ohne Worte vor sich geht, muß sie nicht notwendigerweise auch bildlos sein. Einige der großen Kontemplativen, z.B. Juliana von Norwich, erhielten tiefe Visionen von Gott in ihrer Zeit der Kontemplation.

[7] Augustinus, *Bekenntnisse,* S. 236f

[8] Zitiert nach F. Ernest Stoeffler, *The Rise fo the Evangelical Pietism,* Leiden 1965, S. 149

Zu: 15. Alltägliches Gebet

[1] Diese Worte stammen aus dem Lied »Holy Ground« von John Michael Talbot, *Come Worship the Lord,* vol. 2, (Brentwood, TN: Sparrow, 1990)

Zu: 16. Bittendes Gebet:

[1] Hans Urs von Balthasar, *Das betrachtende Gebet,* Einsiedeln 1965, S. 220
[2] Helmut Thielicke, *Das Gebet, das die Welt umspannt,* Stuttgart 1987

Zu: 17. Die Fürbitte

[1] Bloesch, *The Struggle of Prayer,* S. 36-37

Zu: 18. Das Heilungsgebet

[1] Neben dem Heilungsgebet gibt es noch weitere Bereiche, in denen Handauflegung praktiziert wurde und die häufiger waren:
i) Segen. Es war normalerweise ein Stammessegen. In 1Mo 48,14-16 legte Jakob Ephraim und Manasse seine Hände auf und sagte: »Der Engel, der mich erlöst hat von allem Übel, der segne die Knaben.« Als das Volk Kinder zu Jesus brachte, legte er ihnen die Hände auf und segnete sie (Mk 10,13-16).
ii) Taufe des Heiligen Geistes. In der Apostelgeschichte werden drei grundlegende

Arten aufgezeigt, wie man die Taufe im Heiligen Geist erhalten konnte: durch Gehorsam des Glaubens (Apg 1,4-5; 5,32), durch den Dienst am Wort (Apg 10,44-46; 11,15) und durch das Handauflegen. In Apg 8,5-17 erhielten die samaritanischen Gläubigen den Heiligen Geist durch das Handauflegen von Petrus und Johannes. In Apg 9,17 legte Ananias Paulus die Hände auf. In Apg 19,1-6 erhielten die Jünger in Ephesus den Heiligen Geist durch das Handauflegen von Paulus. iii) Gaben des Geistes. Gaben des Geistes werden durch eine souveräne Tat Gottes vergeben (1Kön 3,5-12; 1Kor 12,7-11). Sie werden auch durch Handauflegen weitergegeben. Paulus legte den Jüngern in Ephesus seine Hände auf, und sie erhielten die Gabe der Prophetie (Apg 19,6). Der junge Timotheus wurde von ihm durch einen Akt des Handauflegens ermutigt, die ihm gegebene Gabe weiterzugebrauchen (1Tim 4,14; 2Tim 1,6). iv) Besondere Dienste. Josua erhielt eine besondere Gabe der Weisheit, als Mose ihm die Hände auflegte (5Mo 34,9). Den Leviten wurden die Hände aufgelegt, um sie für die Ausübung ihres Dienstes zu bevollmächtigen (4Mo 8,10-26). Die Apostel legten den ersten Diakonen die Hände auf, damit sie sich um die tägliche Verteilung von Nahrungsmitteln voller Weisheit und Gerechtigkeit kümmern konnten (Apg 6,6). Und Barnabas und Saulus wurden die Hände aufgelegt, um sie zu ihren Missionsreisen auszusenden (Apg 13,3).

[2] Wahrscheinlich hat Paulus hier eine Gabe und Bevollmächtigung zur Leitung im Sinn gehabt. Wenn das so ist, dann wäre es richtig, Menschen nicht in Leitungspositionen zu bringen, bevor sie dazu fähig sind, damit sie nicht durch die Ausübung von Macht und Autorität zu Stolz und verschiedenen Mißbräuchen verleitet werden. Beim Heilungsgebet wurde das Auflegen der Hände anscheinend sehr frei gehandhabt.

[3] Aurelius Augustinus: *Der Gottesstaat*, Bd. III, Salzburg 1953, S. 521

Zu: 19. Das Leidensgebet

[1] Der Satz »was an den Leiden Christi noch fehlt« hat zu einem beträchtlichen Streit geführt. Aufgrund des bestimmten Artikels im Griechischen – *den Leiden Christi* ist es möglich, daß sich dies auf eine bestimmte oder gut bekannte Einheit bezog, wie z.B. das jüdische apokalyptische Konzept der Geburtswehen des Messias, die das kommende Zeitalter einläuten. Wenn dies der Fall ist (und die gegenwärtige wissenschaftliche Diskussion neigt zu dieser Ansicht), dann ist die Idee folgende: mit Tod und Auferstehung Christi ist das kommende Zeitalter angebrochen. Das gegenwärtige böse Zeitalter besteht weiterhin, und die Christen leben in der Schnittstelle dieser beiden Äonen. Die Wehen des Messias, die Leiden Christi, haben schon begonnen, und wenn ihre vorher bestimmte Grenze erreicht ist, dann wird das kommende Zeitalter sich behaupten, und das gegenwärtige böse Zeitalter wird verschwinden. Alle Christen haben an diesen Leiden teil und werden durch sie in das Reich Gottes kommen (Apg 14,22; 1Thess 3,3-7). Der Apostel Paulus trägt durch seine Leiden zu dieser Gesamtsumme der eschatologischen Wehen bei.

[2] Dietrich Bonhoeffer, *Nachfolge*, München 1950, S. 92

[3] Aus Rob Goldman, *Healing the World by Our Wounds*, The Other Side, vo. 27, no. 6 (November-December 1991), S. 24

[4] Diese Geschichte ist aufgeschrieben in Paul Yonggi Cho, *Prayer: Key to Revival*, Dallas 1984, S. 86

Zu: 20. Vollmächtiges Gebet

[1] F.M. Dostojewski, *Die Brüder Karamasow,* Hamburg. Einige der bedeutendsten Passagen sind in Buch 4 und 6.

[2] C.S. Lewis, *Christentum schlechthin,* Freiburg 1959, S. 71

[3] In der Vorbereitung für diese Geschichte besprach ich mit »Gloria« eine ganze Reihe von Ereignissen am Telefon. Ihre Worte, die ich in Anführungsstriche gesetzt habe, stammen aus dieser Unterhaltung. Einige stört diese Geschichte vielleicht, weil sie immer gedacht haben, daß Christen nicht »besessen« sein können. Sie haben in dem Sinne recht, daß ein Dämon einen Christen nicht völlig kontrollieren kann. Der Terminus »besessen« ist eigentlich nicht angebracht und ist eine schwache Übersetzung des griechischen *daimonizomenoi.* Wir sprechen mehr über dämonische Einflüsse und Heimsuchungen als über dämonisches Besitztum und Kontrolle. Nach meiner Kenntnis gibt es keinen Abschnitt in der Bibel, der einfach aussagt, daß Christen nicht »dämonisiert« sein können, wie es heutzutage manchmal behauptet wird. Das ist natürlich ein Argument aus dem Schweigen heraus, aber wenn es mit biblischen Abschnitten in Verbindung gebracht wird, die einen dämonischen Einfluß auf glaubende Menschen anzunehmen scheinen, dann können wir ziemlich sicher behaupten, daß die Möglichkeit der »Umsessenheit« von Christen besteht. Es scheint, als ob der »Geist des Herrn« auf Saul ruhte, aber er einen »bösen Geist« hatte, der ihn quälte (1Sam 10 und 16). Die verkrüppelte Frau, die Jesus »Tocher Abrahams« nennt, war achtzehn Jahre lang von einem bösen Geist gebunden (Lk 13,10-17). Der Mensch, der nach Paulus dem Satan übergeben werden soll zum Verderben des Fleisches, ist scheinbar ein Christ, denn Paulus fügt hinzu: »damit der Geist gerettet werde am Tage des Herrn« (1Kor 5,1-5).

[4] Ich habe darüber ausführlich in dem Buch *Nachfolge feiern* geschrieben.

[5] *A Collection of Sunday Books, Epistles and Papers, Written by James Nayler, etc.,* London 1716, S. 378

Zu: 21. Radikales Gebet

[1] Ich verwende den Ausdruck »Hören«, aber ich meine nicht etwas, was auf Tonband aufgenommen werden könnte. Ganz sicher ist es ein inneres »Hören«, aber es ist auch eine Erfahrung, anders als eine nette Idee, die einem in den Kopf kommt. Ich selber habe nur drei Erfahrungen dieser Art gehabt, und dies ist die zweite. In jedem Fall sind sie an einem kritischen Wendepunkt meines Lebens aufgetreten.

[2] Die Person war Agnes Sanford, und sie hat über diese Art des Gebets in ihren vielen Büchern geschrieben, besonders in *The Healing Light,* Plainfield 1972, Kapitel 15, und *Behold Your God,* St Paul 1973, Kapitel 13.

[3] Diese Fragen sind Teil eines größeren Programms geistlicher Erneuerung. Für weitere Informationen wenden Sie sich bitte an RENOVARÉ, P.O. Box 879, Wichita, KS 67201-0879, USA.

[3a] D. Bonhoeffer, *Gemeinsames Leben,* München 1973, S. 26

[4] Dieses Zitat stammt aus dem französischen Film *Monsieur Vincent* aus dem Jahre 1947 (Paris: EDIC/Union General Cinematographique). Die Drehbuchautoren, Jean-Bernard Luc und Jean Anouilh, legten Vinzens von Paul diese Worte in den Mund, und obwohl es ohne Zweifel Dichtung ist, stimmt der Gedanke völlig mit dem Leben und Geist Vinzenz' überein.

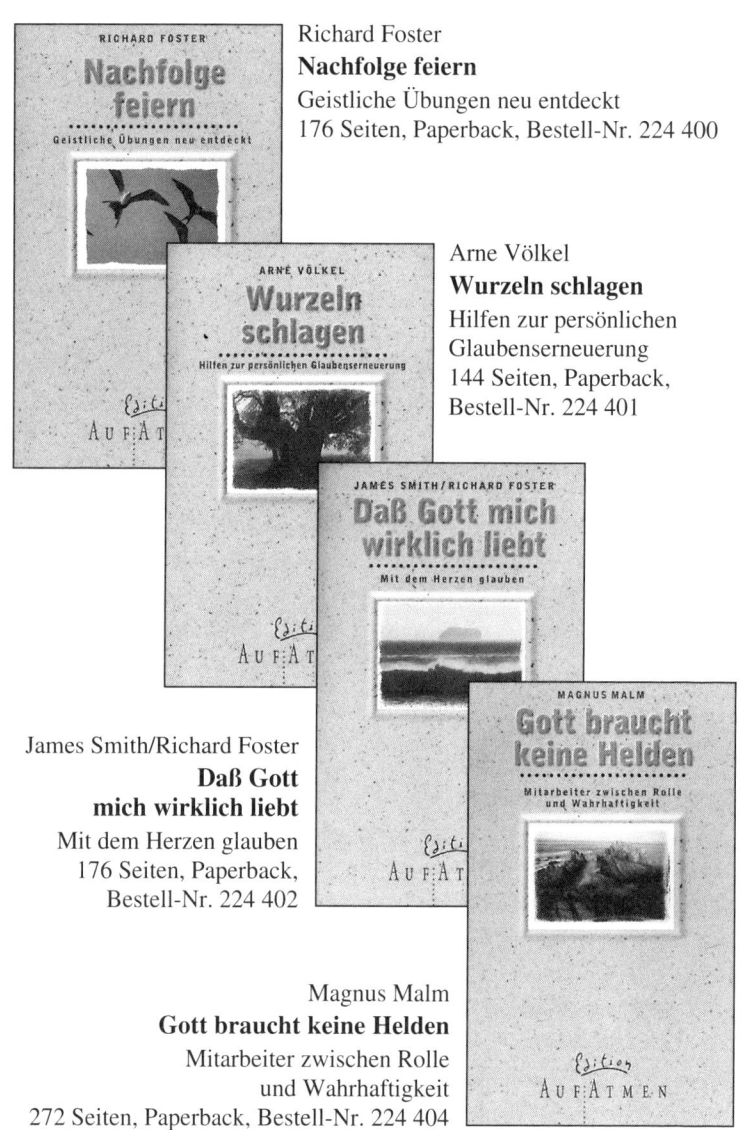

Richard Foster
Nachfolge feiern
Geistliche Übungen neu entdeckt
176 Seiten, Paperback, Bestell-Nr. 224 400

Arne Völkel
Wurzeln schlagen
Hilfen zur persönlichen
Glaubenserneuerung
144 Seiten, Paperback,
Bestell-Nr. 224 401

James Smith/Richard Foster
**Daß Gott
mich wirklich liebt**
Mit dem Herzen glauben
176 Seiten, Paperback,
Bestell-Nr. 224 402

Magnus Malm
Gott braucht keine Helden
Mitarbeiter zwischen Rolle
und Wahrhaftigkeit
272 Seiten, Paperback, Bestell-Nr. 224 404

R. BROCKHAUS VERLAG WUPPERTAL